商管 全華圖書
叢書 BUSINESS MANAGEMENT

Investment & Financial Planning

投資理財規劃

第4版

李顯儀——編著

全華
08256-03

四版序 | Preface

本書此次改版，主要更新稅務資訊以及修改一些投資訊息，並更新每章的證照考題、實務案例與影片連結檔（教學光碟），希望讓教材與時俱進的與實務相結合。

此次的改版，感謝銘傳大學金融系王裕德教授提供寶貴的建議與指正，才能讓此書更為精進。此外，感謝全華圖書商管部編輯亭妏的細心編修，美編部優秀的排版，以及業務部門的推廣，才能讓此書順利改版發行。最後，感謝所有用書的師生們，有您們的鼓勵，才能讓本書有不斷精進、往前邁進的機會。

個人對本書改版之修訂與補充雖竭盡心力，傾全力以赴，奈因個人才疏學淺，謬誤疏忽之處在所難免，敬祈各界先進賢達不吝指正，以匡不逮。若有賜教之處，請email至：k0498@gcloud.csu.edu.tw。

李顯儀 謹識

2024 年 05 月

作者序 | Preface

人一生當中，有幾件重要的事，不外乎是身體健康、心靈平靜以及累積財富等。當然，人們常常為了追求財富的增加，搞得身心俱疲，這也是時有所見。因此如何將錢財有效率的開源節流，確實是現代人的一項重要課題。個人所編撰的「投資理財規劃」一書，希望能提供給投資人，入門且實用的投資理財知識與觀念。

本書的內容盡量以人們一般生活中，常用到的投資理財常識為主，祈能兼顧學堂上課所需、亦能讓坊間讀者為理財所用。希望藉由本書深入淺出的詮釋，引領讀者進入投資理財的領域。以下為本書的主要特點：

1. 架構綱舉目張，內容循序漸進，敘述簡明易讀，並輔以豐富圖表，有利讀者自行研讀。

2. 每章節皆附數個「實務案例與其解說」，讓課本內容與實務相結合，以彰顯內容的重要性與應用性。

3. 書中部分實務例題，以 Excel 進行說明，以讓讀者熟知 Excel 的財務函數，在實務上的應用性。

4. 章末附「練習題」與「證照考題」，讓學生能自行檢測學習情形；另附各章題庫與詳解（教學光碟），以供教授者出習題與考題之用。

5. 提供每章相關實務影片連結檔與解說（教學光碟），並於書末提供教學活動案例，讓上課內容更加貼近實務，並希望能提升學習效果。

光陰似箭，回首 5 年多前，因緣際會下，又回到教科書編撰的行列；譬如朝露，轉眼間走過這幾年，個人專注傾力的完成這些作品。在這風雨飄搖的時代裡，悠悠熙攘的氛圍中，卻要綻放出繽紛的色彩，確實煞費苦心啊。回顧這段期間，時而腦力思緒高昂，又難免受惆悵紛擾，而低檔枯竭徘徊；時以風馳電掣的速度，前進中，又不時受旁務纏身，而須頓足，牛步徐行。回想筆耕過程，所歷經的亢奮欣喜、困惑迷惘等點點滴滴，仍縈繞在心頭。

　　由於時勢等諸多考量，遂先擱筆暫歇；但個人仍持續精進，將不合時宜的內容、不夠殫精竭慮的敘述，予以修補，以臻完善。個人從早期著書至今，已近 20 年，當年的初衷乃希望將本土的實務案例，有系統的融入教科書內，冀對國內的商管教育盡一份心力；這些年來，也莫忘初心的將版稅，不間斷的回饋給社會，希望這個社會能夠更美好。

　　真的感謝老天的眷顧，讓個人除了學術研究外，尚有一塊專書論述的小天地。當然必須感謝，曾參與協助編撰與推廣的所有全華圖書同仁、正修科大企管系與金融系同事們，在系務與用書上的襄助、實務界與學術界等諸多先進的鼓勵與斧正建議、以及家人的照料與協助，才能成就這些作品。

　　現在此暮作，即將付梓，仍須感謝全華的麗娟、奇勝、芸珊在出版上的建議與協助；編輯憶萱的精良編修、以及美編的優秀排版，才能使此書順利出版。最後，乃將此書獻給我人生最重要的雙親——李德政先生與林菊英女士，個人的一切成就將歸屬於他們。

　　個人對本書之撰寫雖竭盡心力，傾全力以赴，奈因個人才疏學淺，謬誤疏忽之處在所難免，敬祈各界先進賢達不吝指正，以匡不逮。若有賜教之處請 email 至：davidlsy2@yahoo.com.tw 或 davidlsy3@gmail.com。

李顯儀　謹識

2018 年 01 月

目錄

Contents

NOTE

第一篇
投資商品

　　一般而言，現代人必須使用金錢去解決生活中，食衣住行育樂等問題，所以金錢的投資運用與規劃，對於現代人而言，是一項必須學習的重要課題。本篇的主要內容為投資商品篇，其包含四大章，主要介紹投資理財規劃中，會使用到的各種投資工具與觀念。這些內容為投資人在進行投資理財時，所應具備的基本常識。

CH 01 投資理財規劃概論

CH 02 基礎金融商品

CH 03 衍生性金融商品

CH 04 基金商品

Chapter 01

投資理財規劃概論

本 章 架 構

　　本章內容為投資理財規劃概論，主要介紹投資概論、投資商品類型以及理財規劃等。其內容詳見下表。

節次	節名	主要內容
1-1	投資概論	介紹投資要素、貨幣的時間價值、以及利率與風險的種類。
1-2	投資商品類型	介紹投資理財常見的實體、與金融等各種商品類型。
1-3	理財規劃	介紹理財規劃的重要基本常識、理財風險屬性、以及理財規劃程序。

本 章 導 讀

　　人一生所擁有的財富，一方面是辛苦工作賺錢或繼承而得，另一方面可藉由投資理財加以累積。所以懂得如何投資理財對現代人而言，實為一項重要的課題。通常現代人從事工商經濟活動後，將辛苦賺得的收入，除了應付日常生活所需外；若有剩餘，通常會多多少少的進行投資理財活動。一般最常見的投資工具，如：股票、基金、定存、保險、外幣、期貨、選擇權等金融商品，甚至不動產、黃金、珠寶等實體商品。通常在進行投資時，除了尋求較佳的投資報酬外，尚須注意因時間所帶來的價值變動、以及投資的風險管控等事宜。

　　當然的，要成就一個全方位的理財規劃活動，除了須考量投資活動所帶來的資金變化外、尚須算計其他資產所得（如：工作收入與繼承財產），所累積的財富增幅，並須衡量人生不同階段，所能承擔的風險與資金需求，這樣才能將資金進行妥善的運用與規劃。由於投資理財規劃活動，所牽扯的常識與技能相當繁複。因此本章將簡要的介紹投資理財規劃中，所須用到的基本常識與觀念，以作為後續章節的基礎，以下各節將分別介紹投資概論、投資商品種類與理財規劃等三部分。

1-1　投資概論

投資（Investment）是一項常見的經濟活動，個人或企業通常會將身邊多餘的資金進行投資活動，其目的乃期望未來能產生更好的效益。通常這個效益需要多少「時間」與承受多少「風險」，才有此「報酬」產生。這些都是我們進行投資所必須清楚了解的地方。以下本節將依序介紹投資要素、貨幣的時間價值、利率與風險的種類。

一、投資的要素

當我們進行投資時，通常會考慮要投資多久？可以產生多少報酬？以及必須承受多少風險？這是我們所必須考量的投資三要素－時間、報酬與風險。以下將分別簡單說明之：

(一) 時間

通常投資的效益發生於未來，所以當評估一項投資時，必須考量需犧牲多少現在資金的「時間」價值（例如：定存的收益），去換取未來的收益。因此投資期間多久，攸關需耗費多少資金的時間機會成本。通常任何投資都必須考量時間因素，所帶來的價值變動。當然的，投資的價值變動，除了考慮時間外，尚須考慮利率（也就是報酬率）的高低。因此時間與利率，對投資理財所產生的價值變動情況，本書將在後續單元會利用「貨幣的時間價值」，以進行介紹說明之。

(二) 報酬

通常進行投資時能獲取多少報酬，是投資人最關心的要素。通常都希望報酬率愈高愈好，既使有正報酬，也希望它比資金最基本的時間報酬還要高（例如：投資報酬率須高於定存的報酬率）。通常在衡量報酬率，大都習慣利用獲取的報酬與原始投資金額相比，也就是「報酬率」的觀念。通常在計算報酬率的種類繁多，本書將在後續單元會利用「利率的種類」，以進行介紹說明之。

(三) 風險

通常投資時會面臨許多不確定性，這個不確定性就是一般我們俗稱的風險。通常風險高低，取決於實際發生的情形、與欲期發生的狀況之差距。一般而言，風險與報酬會成正向關係，高報酬通常伴隨著高風險。此外，投資時每個投資人可以忍受的風險程度並不一致，因此所要求的報酬也會有所差別。通常投資時會面臨各種風險，如何規避風險，對於投資人而言是一項重要議題。有關風險的觀念，本書將在後續單元會利用「風險的種類」，以進行介紹說明之。

二、貨幣的時間價值

如果我們把「資金」當作一個
「商品」，利率就是它的價格，通常
一個商品過去的價格及未來的價格，
有可能經過時間的增減而出現不一樣
的價格。同樣的現在（未來）的一
筆「資金」，經過一段時間後，亦有
其未來（現在）的價格。一般而言，
在衡量投資，因時間因素所造成的變
動，所牽扯到的利率，大都以「複利」

的方式在計算。以下本文將介紹兩種以複利的方式，來衡量貨幣的時間價值之觀念。

(一) 終值與現值

終值（Future Value；FV）乃將現在的一筆資金，經過一段時間往後的滾利，其滾利後的未來價格。例如：現在有一筆 100 元資金，存入銀行 3 年，銀行採複利計算，年利率為 6%，則 3 年後的本利和（終值）為 119.10 元 $[100×(1 + 6\%)^3]$。

現值（Present Value；PV）乃將未來的一筆資金，經過一段時間往前的折現，其折現後的現在價格。例如：假設想在 3 年後，在銀行的帳戶有一筆 100 元資金，銀行年利率為 6%，採複利計算，則現在須存入 83.96 元 $\left[\dfrac{100}{(1+6\%)^3}\right]$ 的資金（現值）。

以下本文舉例題 1-1，乃利用 Excel 的方式來說明，如何計算資金的終值與現值。

 ### 例題 1-1　終值與現值

1. 假設現在將一筆 100 萬元的資金，存入銀行定存 5 年，若利息為 3%，請問 5 年後本利和為何？

2. 假設 5 年後，想在銀行帳戶有 100 萬的存款，若利息為 3%，請問現在應存入多少錢？

解

1. 利用 Excel 解答，步驟如下：

   (1) 選擇「公式」。

   (2) 選擇函數類別「財務」。

   (3) 選取函數「FV」。

   (4) 「Rate」填入「3%」。

   (5) 「Nper」填入「5」。

   (6) 「Pv」填入「-1,000,000」。

   (7) 「Type」填入「0」。

   (8) 按「確定」計算結果「1,159,274.07」。

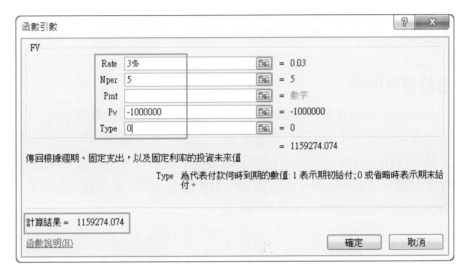

2. 利用 Excel 解答，步驟如下：

   (1) 選擇「公式」。

   (2) 選擇函數類別「財務」。

   (3) 選取函數「PV」。

   (4) 「Rate」填入「3%」。

   (5) 「Nper」填入「5」。

   (6) 「FV」填入「-1,000,000」。

   (7) 「Type」填入「0」。

   (8) 按「確定」計算結果「862,608.78」。

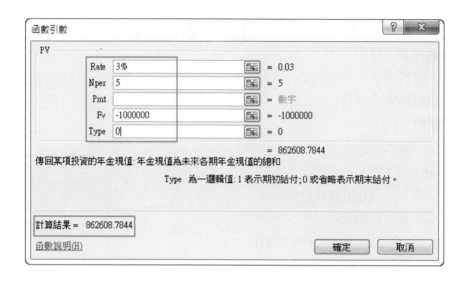

(二) 年金終值與現值

　　年金（Annuity）是指在某一段期間內，每一期都收到等額金額的支付。例如：在十年內，每年年底收到固定 1,000 元的現金流量，則此現金流量就稱為年金。通常這筆年金，經過一段時間後，亦有其未來（現在）的價格，稱為「年金終值（現值）」。一般在計算退休金或購買年金保險時，常常須要用到此觀念，以下舉例題 1-2 與 1-3，乃利用 Excel 的方式來說明，如何計算年金終值與現值。

 例題 1-2　年金終值與現值

假設有一個 20 年到期的年金，每年年底可領 10 萬元，在利率為 2% 的情形下，

1. 請問 20 年後年金終值為何？

2. 請問現在此筆的年金現值為何？

解

1. 利用 Excel 解答，步驟如下：

　(1) 選擇「公式」。

　(2) 選擇函數類別「財務」。

　(3) 選取函數「FV」。

　(4)「Rate」填入「2%」。

　(5)「Nper」填入「20」。

　(6)「Pmt」填入「-100,000」。

(7)「Type」若填入「0」為年底存入。

(8) 按「確定」計算結果「2,429,736.98」。

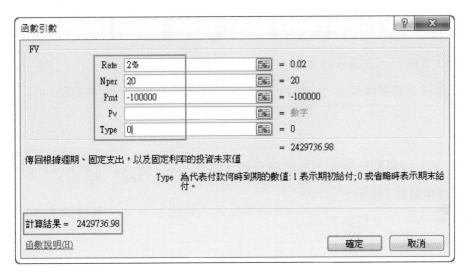

2. 利用 Excel 解答，步驟如下：

(1) 選擇「公式」。

(2) 選擇函數類別「財務」。

(3) 選取函數「PV」。

(4)「Rate」填入「2%」。

(5)「Nper」填入「20」。

(6)「Pmt」填入「-100,000」。

(7)「Type」若填入「0」為年底存入。

(8) 按「確定」計算結果「1,635,143.334」。

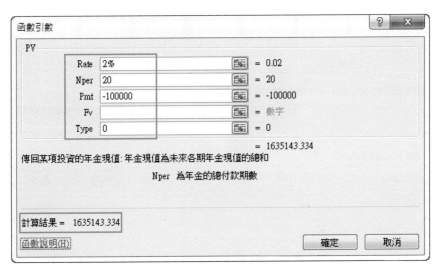

例題 1-3　年金終值與現值

假設有一上班族出社會年齡為 25 歲，每月繳交 3,000 元至退休年金帳戶，預計 40 年後 65 歲退休，在利率為 3% 的情形下，

1. 請問 40 年後，一次請領退休年金終值為何？

2. 若 40 年後，將退休年金，改採月領至 85 歲止，請問月領年金的金額為何？

解

若年利率 3%，以單利計算下，換算成月利率為 0.25%（$\frac{3\%}{12}$），期間 40 年與 20 年，則分別有 480 期與 240 期。

1. 利用 Excel 解答，步驟如下：

　(1) 選擇「公式」。

　(2) 選擇函數類別「財務」。

　(3) 選取函數「FV」。

　(4) 「Rate」填入「0.25%」。

　(5) 「Nper」填入「480」。

　(6) 「Pmt」填入「-3,000」。

　(7) 「Type」若填入「0」為年底存入。

　(8) 按「確定」計算結果「2,778,178.50」。

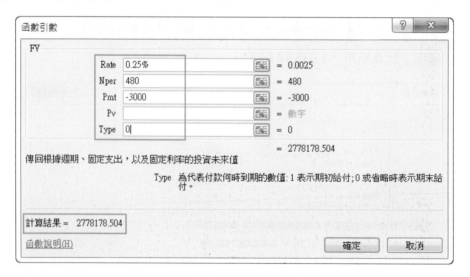

2. 利用 Excel 解答，步驟如下：

(1) 選擇「公式」。

(2) 選擇函數類別「財務」。

(3) 選取函數「PMT」。

(4) 「Rate」填入「0.25%」。

(5) 「Nper」填入「240」。

(6) 「Pv」填入「-2,778,178.50」。

(7) 「Type」若填入「0」為年底存入。

(8) 按「確定」計算結果「15,407.71」。

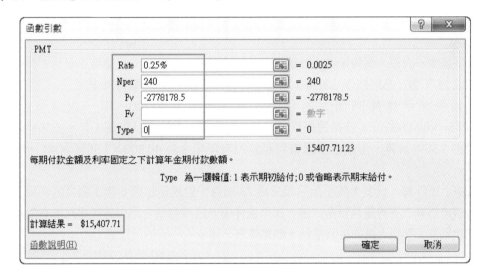

 理財 **NEWS**

勞保年金究竟一次領好，還是月領才好？

　　行政院 2015 年 10 月 29 日通過《勞工退休金條例》修正草案，年齡 60 歲以上且年資超過 15 年的勞工，退休金可以選擇領月退休金或一次領。希望立法院能通過這法案，對勞工朋友來說是有利的，至少多了一個選擇。然而，到底那一種提領的方式比較有利？這然而，只要運用一些簡單計算，便可以發現大多數情況下，月領其實仍然比較划算。

　　勞工退休金條例規定，雇主每月提繳薪資的比率不得小於 6%，而勞工自行提繳比率最多為薪資的 6%，提繳金額進入個人退休專戶，且專戶跟著勞工走，不會因工作更換而有所影響。

假設美美小姐 49 年次，今年 2020 年 5 月就滿 60 歲；美美 20 歲就出社會，累計投保勞保年資共 40 年，那麼美美的老年給付該如何領比較划算？

- **2009 年後投保者，只能選「月領」**

按照規定，若是 2008 年 12 月 31 日之前有勞保年資的勞工，未來領取勞保老年給付時，才能選擇一次請領或月領；如果是在 2009 年 1 月 1 日勞保年金施行後才加入勞保的勞工，退休後只能選擇「月領」。

- **根據試算，平均只要領超過 6.6 年，月領就比一次領划算**

隨著勞保年資逐年增加，退休請領勞保老年給付的月領平均金額也會變多，根據勞保局的最新試算，選擇「月領」的退休勞工，平均只要領超過 6.6 年，總金額就會超過一次請領金額。

若是選擇一次領，保險年資合計每滿一年，按其平均月投保薪資發給 1 個月；保險年資合計超過 15 年者，超過部分，每滿 1 年發給 2 個月，最高以 45 個月為限。

假設美美退休前 36 個月的平均月投保薪資為 40,100，則一次請領金額為 40,100*45＝1,804,500 元。若是選擇月領，領年金的話，年資合計每滿 1 年，按其平均月投保薪資的 1.55％計算，那麼康小姐每月可領的老年年金為 40,100×1.55％ ×40 ＝ 24,862 元。

根據上述計算，只要美美小姐月領超過 73 個月，也就是超過 6 年 1 個月的時間，就是採取月領比划算！不管是月領多少錢，民眾退休後若選擇月領，可以確保每月都有現金流入帳，作為沒有工作收入後的生活補貼，能夠帶來一種令人心安的確定感！

資料來源：節錄自理財周刊 2021/04/12

解說 ·······

在國內所有符合勞基法的工作者，在退休請領退休金時，常為到底要「一次領」還是要「月領」傷透腦筋。根據報導，只要月領超過 6.6 年就會比一次領的金額還要高，因此對退休當下，沒有大筆資金需求者、或不善於理財規劃者而言，或許採「月領」對未來生活比較具有保障。

三、利率的種類

通常投資人進行投資理財時，最在意的事，就是報酬率的高低。一般而言，投資報酬率的高低，除了取決於投資商品的特性外，也須衡量投資人買賣時點所產生的損益狀況。此外，一般市面上，許多投資商品（尤其是固定收益型商品），在購買時都會宣稱可取得多少報酬率，但那所宣稱的利率，並不一定是真正報酬率，這是市場上常常出現的投資陷阱。以下將介紹幾種投資人在進行投資時，所應有的報酬率觀念。

(一) 年報酬率與持有期間報酬率

　　通常我們去銀行存款或買賣債券，利率的報價都是以「年利率」為主。但若我們在某一段期間內，買賣某檔股票或基金後，所計算的損益報酬則為「持有期間報酬率」。持有期間報酬率須經過年化調整之後，才是年利率，所以在計算報酬率時須注意，是以何種「期間」當作標準。若以單利為計算基礎下，年利率與期間報酬率的關係式如下式。以下舉例題 1-4 說明這兩者的差異。

$$年報酬率 = 持有期間報酬率 \times \frac{一年的總期數}{持有期數}$$

 ### 例題 1-4　年報酬率與持有期間報酬率

1. 假設現在銀行的 3 個月定存利率為 3%，則請問持有期間報酬率為何？
2. 假設投資一檔基金，4 個月的報酬率為 6%，請問年報酬率為何？

解

1. 持有期間報酬率 $= 3\% \times \dfrac{3}{12} = 0.75\%$

2. 年報酬率 $= 6\% \times \dfrac{12}{4} = 18\%$

(二) 實質有效年利率

　　在日常生活中，我們向銀行借貸利率皆以年利率報價，但計息的期間如果不是用年為單位，則實質上支付或領取的利息，並不是銀行宣稱的年利率。例如：銀行對信用卡客戶尚未繳清的餘額，宣稱年利率 12% 的借款利率，但實際上，銀行若採每日計息，則實際客戶在繳交利息時，必須換算成實質的「有效年利率」（Effective Annual Rate；EAR）才準確。因此有效年利率的計算，對於投資而言，是一件很重要的觀念。以下舉例題 1-5 與 1-6，乃利用 Excel 的方式來說明，如何計算有效年利率。

例題 1-5　有效年利率

假設有一公司向銀行借款 100 萬元，借款利率為 6%，請問若採每季、月與日複利一次，一年付息一次收取利息，則有效年利率為何？

解▷

利用 Excel 解答，步驟如下：

1. 選擇「公式」。

2. 選擇函數類別「財務」。

3. 選取函數「EFFECT」。

4. 「Rate」填入「6%」。

5. 「Npery」每季、月與日複利分別填入「4」、「12」、「365」。

6. 按「確定」後，每季、月與日複利的計算結果，分別為「6.136%」、「6.168%」、「6.183%」。

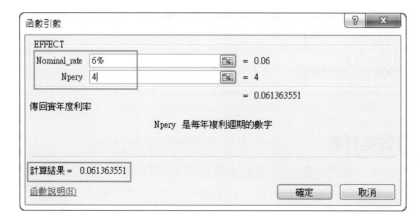

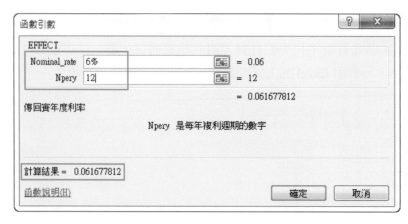

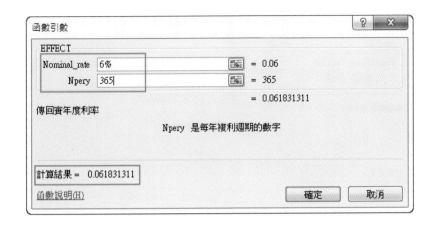

 例題 1-6　有效年利率

若有人向地下錢莊借錢，其借款條件為借貸 1 萬元，每日只要還 50 元利息，請問此借款條件的有效年利率為何？

解

若借 1 萬元，每日還 50 元利息，其每日利息為 0.5%（50/10,000），換算每年 365 天的單利借款利率為 182.5%（0.5%×365 = 182.5%），但通常地下錢莊，以每日 0.5% 複利計算利率。

利用 Excel 解答，步驟如下：

1. 選擇「公式」。
2. 選擇函數類別「財務」。
3. 選取函數「EFFECT」。
4. 「Rate」填入「182.5%」。
5. 「Npery」填入「365」。
6. 按「確定」後，每日複利的計算結果為「517.46%」。

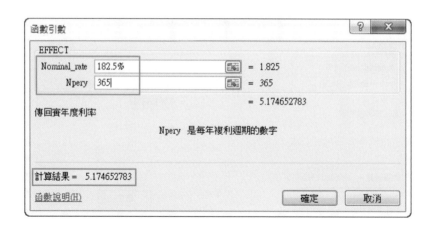

(三) 資本利得報酬率與利息收益報酬率

通常投資某項資產於一段期間內,其獲利金額佔原始金額的比率,此比率即為持有期間報酬率。通常此報酬率來自兩方面,其一為投資本身的增值,另一為本身的額外收入。例如:投資股票可以收取「資本利得報酬率」與「股利收益報酬率」兩種。以下舉例題 1-7 說明這兩者的關係。

 例題 1-7　資本利得報酬率與利息收益報酬率

假設投資人年初購入 A 股票每股市價 25 元,年底 A 股票每股市價為 40 元,A 股於年中配發每股 2 元的現金股利,請問下該年度投資 A 股票的報酬率為何?此報酬率的組成為何?

$$R = \frac{40 - 25}{25} + \frac{2}{25} = 60\% + 8\% = 68\% = 資本利得報酬率 + 股利收益率$$

投資總報酬率為 68%,資本利得報酬率為 60%,股利收益率為 8%。

(四) 無風險利率與超額報酬

　　無論我們進行什麼投資只要投入資金，就必須考量這筆資金的機會成本，如果不去投資，這筆錢最起碼可以很安全（無風險）的放在銀行生利息，所以一般把放在銀行所產生的報酬率，稱為「無風險利率」（Risk-free Rate）。若投資的報酬高於無風險報酬的部分，稱為「超額報酬」（Excess Return）或稱「風險溢酬」（Risk Premium）。例如：某項投資報酬率為 10%，若當年的無風險利率為 3%，則該投資的超額報酬率為 7%。

(五) 內部報酬率

　　當投資人在進行投資時，可能會進行多期的計劃，使得每年或每期都有資金的支出與收入，那怎麼衡量整個投資期間的投資報酬率？通常我們都利用內部報酬率法（Internal Rate of Return；IRR），以衡量多期投資計劃的投資報酬率。所謂「內部報酬率法」（IRR）是在尋求一個折現率，使得所有期數的現金流量之淨現值等於零。通常內部報酬率，可用於衡量投資計劃或商品的報酬率，例如：壽險保單商品的報酬率、或房屋貸款利息等，因此用途非常廣泛。以下舉例題 1-8 與 1-9，乃利用 Excel 的方式來說明，如何計算內部報酬率。

 例題 1-8　內部報酬率法

假設有一壽險保單，前 5 年，每年繳 10 萬元後，之後每年可領 1 萬元的生存保險金持續到期為止，且當到期時，可領回之前所繳的本金 50 萬元。若此保單存續期間分別為 20 年、25 年與 30 年，則投資報酬率為何？

解

以下為 20 年、25 年、30 年三種保單的現金流

期數	1 年	⋯	5 年	6 年	⋯	19 年	20 年	⋯	24 年	25 年	⋯	29 年	30 年
20 年	-10 萬	⋯	-10 萬	1 萬	⋯	1 萬	51 萬						
25 年	-10 萬	⋯	-10 萬	1 萬	⋯				1 萬	51 萬			
30 年	-10 萬	⋯	-10 萬	1 萬	⋯	⋯	⋯	⋯	⋯	⋯	⋯	1 萬	51 萬

利用 Excel 解答，步驟如下：

1. 在 Excel 的計算方格，分別填入 20、25 年與 30 年各期現金流量。

2. 選擇「公式」。

3. 選擇函數類別「財務」。

4. 選取函數「IRR」。

5. 「Values」，分別填入 20、25 年與 30 年各期現金流量。

6. 「Guess」皆填入「0」。

7. 按「確定」後，分別計算 20、25 年與 30 年的 IRR 為「1.731%」、「1.783%」、
   「1.815%」。

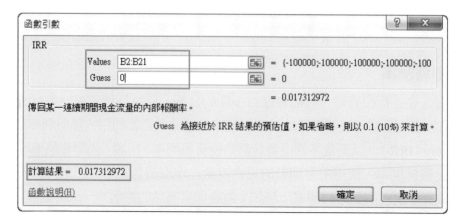

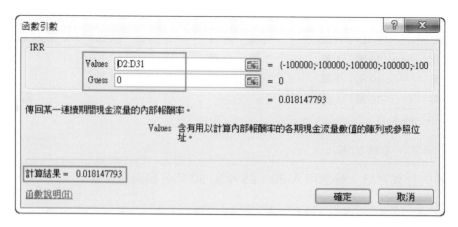

例題 1-9　內部報酬率法

假設有一上班族購入 600 萬的房子，繳交頭期款 100 萬後，餘款每月繳房貸 25,000 元，共繳 20 年，則此房貸利率為何？

解▷

因為 600 萬的房子頭期款繳交 100 萬，所以期初的現金流量價值為 500 萬，之後 20 年，共 240 個月，每月繳 2.5 萬。則各期的現金流量如下表：

期數	0	1	2	…	…	239	240
現金流量	500 萬	-2.5 萬	-2.5 萬	…	…	-2.5 萬	-2.5 萬

利用 Excel 解答，步驟如下：

1. 在 Excel 的計算方格，從 0 期至 240 期填入各期現金流量。

2. 選擇「公式」。

3. 選擇函數類別「財務」。

4. 選取函數「IRR」。

5. 「Values」填入上述現金流量。

6. 「Guess」填入「0」。

7. 按「確定」分別計算結果 IRR 為「0.1563%」。

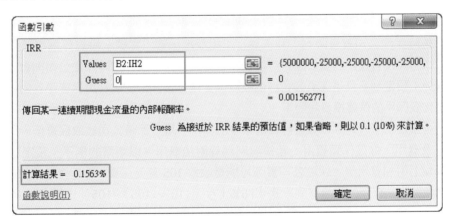

上述利用內部報酬率（IRR），求得每月（期）的利率為 0.1563%，因 1 年有 12 個月，以單利計算下，換算成年利率就是 1.8756%（0.1563%×12）。

理財
NEWS

儲蓄險的「宣告利率」與「預定利率」是什麼？
保險業務說儲蓄險利率很高是真的嗎？

　　儲蓄險是臺灣很受歡迎的理財工具之一，原因在於低利環境下，儲蓄險的利率比一般銀行的定存來得好，但是到底「好多少」？加上儲蓄險的種類很多，還常常出現「預定利率」、「宣告利率」這些有看沒有懂的名詞，不少保險業務員也會以「預定利率」來強調儲蓄險利率有多好。此處就來幫大家釐清「預定利率」、「宣告利率」到底是什麼？儲蓄險真正的報酬率又該如何計算呢？

- **預定利率：保險公司預估的保費年化報酬率**

　　「預定利率」是保險公司所收取保費的「預估」年化投資報酬率。預定利率在設計保單時就已經訂定，用來計算這張保單，保險公司應該要向客戶收多少保費。每一張保單都有「預定利率」，且每張保單只有 1 個預定利率，是固定的預估值，後續不會因市場環境和保險公司投資情況而有所改變。

　　為什麼要有「預定利率」呢？為了支應未來要給付給保戶的保險金，當保險公司收取保費後，會將收到的保費拿去投資，而「預定利率」就是這筆保費的預估的年化報酬率。如果「預定利率」越高，代表「保費」越低，因為保險公司認為這筆保費透過投資能夠賺到的報酬比較高，所以不需要收那麼多保費。

　　舉個例子，假設 1 張儲蓄險 1 年後要給付保戶 110 萬元，如果預定利率 10%，代表保險公司預估收到的保費能有 10% 的投資報酬率，那麼只要從客戶那邊收取 100 萬元（＝110 萬／（1 ＋ 10%））的保費，1 年後就能夠給付客戶 110 萬元了。

　　如果保險公司的保費「實際」投資報酬率高於預定利率，保險公司並不會把多賺的分給保戶，這時保險公司就會賺到「利差益」；相反地，若「實際」投資報酬率低於預定利率，就算賺的錢沒有預期的多，還是得依保單約定給付給保戶，這時保險公司則會有「利差損」。此外，預定利率只是保險公司評估收取保費後，預計自己能利用保費賺到的投資報酬率，並不代表保戶的保單投資報酬率。

　　因為，預定利率只是眾多保費計算因素中的其中一項。保險公司收取保費後，還會有其他的成本及費用，像是保障費用、管銷與利潤等附加費用。以剛剛的例子，預定利率 10% 的保單，加上附加費用等，保險公司實際可能是收取 105 萬元保費，1 年後才給付保戶 110 萬元。如此一來，保戶的實際報酬率是 4.76%（＝（110 － 105）/105），而不是 10%。

- **宣告利率：保險公司保費的實際投資報酬率**

　　然而，「利率變動型保單」（利變型保單）除了「預定利率」外，還有「宣告利率」。「宣告利率」是保險公司將收取到的保費，扣掉管理費、業務員佣金等費用後去投資，所得到的「實際」年化投資報酬率。「宣告利率」會隨市場情況調整，並不是固定值，也沒有保證利率，通常保險公司會每年或每月定期公告各個利變型商品適用的「宣告利率」。例如，富邦人壽的官方網站，在「商品總覽」就有一欄「保險宣告利率」。此外，「宣告利率」也並非整份保單的整體投資報酬率。

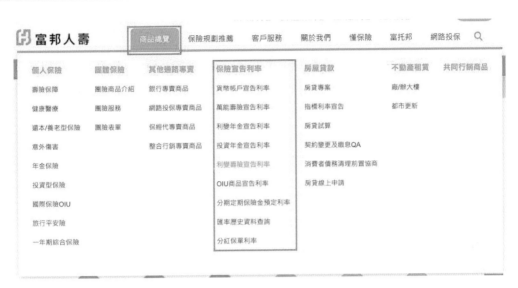

如果保戶領的儲蓄險報酬是「保單價值準備金」，則每一期增加的「保單價值準備金」就是以「宣告利率」乘上前一期的「保單價值準備金」計算。然而，通常保單若提前解約，還會有違約金存在，因此一般而言儲蓄險提早解約都會是虧損的。而每期的「增值回饋金」則是用「宣告利率」減去「預定利率」後，乘上前一期的「保單價值準備金」計算。

- **儲蓄險保單的真實投資報酬率－內部報酬率（IRR）**

　　對保戶來說，「預定利率」和「宣告利率」都不是保單真正的投資報酬率，稍微參考一下就可以了。當有保險業務員用「預定利率」來和你說這份保單的利率很高時，那自己就要留意了。一份儲蓄險保單對保戶的真實投資報酬率，應該要用「內部報酬率」（IRR，Internal Rate of Return）來衡量。IRR 是根據投資方案的「現金流」來計算實際「每年平均的年化報酬率」。因此是以保戶每期實際支付所累積的「保費」，及解約時實際領取的「解約金」，來衡量保單真實的年化報酬率。

圖文資料來源：節錄自股感知識庫 2022/10/21

解說

　　國人愛買儲蓄險，但壽險業務員報價給你的利率通常都是宣告利率，但此利率並非購買儲蓄險的實際報酬率。儲蓄險保單的真實投資報酬率乃為內部報酬率（IRR），它可藉由保單每期的現金流量計算而得。

四、風險的種類

　　一般而言，投資人在進行投資理財時，除了須考量報酬高低外，更應該考慮風險所帶來的損益。通常投資時所會遇到的風險繁多，例如：政治情勢、利率變動、匯率升貶、公司倒閉、資產流動等。投資人為了降低風險，大都會建構一個投資組合，採取多角化投資，以降低風險。但風險中，有部分可藉由多角化投資，將它分散的稱為「非系統風險」；有部分則無法規避掉稱為「系統風險」。因此投資的總風險，是由系統風險與非系統風險所組成[1]。有關這兩種風險的關係圖，詳見圖 1-1，以下將介紹此兩種風險的特性。

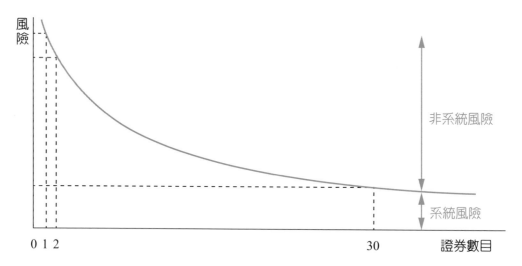

圖 1-1　系統與非系統風險關係圖

(一) 系統風險

　　系統風險（Systematic Risk）是指無法藉由多角化投資將之分散的風險，又稱為「**不可分散風險**」。通常此部分的風險是由市場所引起的，例如：天災、戰爭、政治情勢惡化或經濟衰退等因素，所以此類風險即為「市場風險」。

1. **自然風險**：一國的地理、氣候或環境等因素，發生嚴重的變化或受到汙染，所產生的不確定風險。例如：地震、颱風、水災、海嘯、火山爆發與瘟疫傳染等因素。

2. **政治風險**：政府或政黨組織團體，因行使權利或從事某些行為，所引起的不確定風險。例如：戰爭、主權紛爭、政黨惡鬥、政權貪腐與執法不公等因素。

3. **社會風險**：個人或團體的特殊行為，對社會的正常運作，所造成的不確定風險。例如：社會階級衝突、種族歧視、宗教信仰衝突等因素。

4. **經濟風險**：經濟活動過程中，因市場環境的變化，讓某些商品價格發生異常變動，所導致的不確定風險。例如：經濟成長率、利率、匯率、物價等因素。

1　有關總風險與系統風險的衡量方式，請參閱本書 6-2 說明。

(二) 非系統風險

非系統風險（Unsystematic Risk）是指可藉由多角化投資將之分散的風險，又稱為「**可分散風險**」。通常此部分的風險是由個別公司或資產所引起，所以也稱為「**公司特有風險**」。由於這些因素在本質上是隨機發生的，因此投資人可藉由多角化投資的方式，來抵銷個別公司的影響（亦即一家公司的不利事件，可被另一家公司的有利事件所抵銷）。通常非系統風險有以下幾種：

1. **營運風險**：投資股票時，投資人必須留意公司的外部經營環境和條件，以及內部經營管理的問題造成公司利潤的變動。如：產業供需失衡致使產品價格大幅下跌、公司管理階層大幅異動、公司的工人罷工與新產品開發失敗等因素。

2. **財務風險**：投資股票時，投資人必須留意公司在各項財務活動中，由於各種非預期因素，使得公司所獲取財務成果與預期發生偏差，造成公司經濟損失。如：企業的財務活動中的籌措資金、長短期投資、分配利潤、資產的流動性等都可能產生風險。

3. **流動性風險**：投資任何資產時，都必須考量資產交易時的流動性問題，尤其某些非標準化或特殊的商品，由於買賣雙方的交易者不多，很容易使資產或商品流於有行無市的情狀發生。即使在交易所，採集中交易的商品，也必須留意是否有週轉率不足的情形發生。

1-2　投資商品類型

投資的領域裡，有玲瓏滿目的投資商品，到底哪一商品些適合自己，這是投資人在進行投資時，所必須清楚瞭解的。一般而言，日常生活中可供投資的商品，大致可分為兩大類，其一為具有實體性的有形商品，稱為「實體商品」（Physical Assets）；另一則為不具實體性的無形商品，其中無形商品中又分為，具有資產代表性價值的「金融商品」（Financial Assets）、以及僅存在於網路社群世界裡，基於交易動機所產生的「虛擬商品」（Virtual Goods）。以下將分別簡單介紹這兩種類型投資商品：

一、實體商品

通常實體商品具有抗通貨膨脹的特性，且大都具單一獨特性，所以市場流通性與變現性較差，因此並不一定有真正的市場價格、且價格都是較高單價，容易出現市場亂哄價格的現象。以下將介紹幾種常見的投資實體商品。

(一) 不動產

通常不動產（Real Estates）包含：土地與建築物等；通常不動產具有單價高、不易流動的特性，價格容易受到總體經濟景氣與政府政策的影響；且亦受地域性（如：交通性、生活便利性等）與不動產本身的條件（如：屋齡、建蔽率、容積率與結構等）等因素的影響。

(二) 黃金

通常黃金（Gold）包含：金飾、金幣、金條與金塊等；通常黃金具有稀少性、耐久性與可分割性，所以可以將之「標準化」後變成貨幣工具進行交易，這是大部分的實體商品所辦不到的。且國際上有黃金的現貨與期貨市場，可供投資與避險交易。黃金的價格易受到市場供需、各國貨幣政策、美元價格、國際政局動盪、戰爭、恐怖事件等因素的影響。

(三) 寶石

通常寶石（Gemstone）包含：鑽石、紅寶石、藍寶石、祖母綠、珍珠等；通常寶石被視為高單價的奢侈品，價位取決於市場的供需、寶石本身的條件等（如：大小、淨度、顏色、車工等因素）。國際上有專業的寶石鑑定機構（如：美國寶石學院（GIA）、歐洲寶石學院），都可以提供具公信力的鑑定價格。

(四) 珍稀品

通常珍稀品乃是在市面上具有稀少性與特殊性的商品，這些商品通常以藝術品（Fine Arts）居多，也不乏具收藏價值的特殊貨幣或郵票等。一般而言，藝術品包含：古董、雕刻品、字畫等，通常藝術品因具稀有性與唯一性，所以並沒有標準的市場價格可供參考，因此價格取決於買賣雙方的個人認定。但國際上有著名的專業藝術品經紀公司，如：

蘇富比（Sotheby's）與佳士得（Chrustie's），可幫賣主安排拍賣會，進行買賣交易。此外，一般市面上，也有很多蒐藏古幣與郵票的玩家，通常年份稀少或具特殊的古幣與郵票，其價格常比面額高出數倍，甚至有暴利的情形發生，所以價格有時也很難去界定，端視收藏品的供需雙方而定。

理財 NEWS

百元鈔賣到 1.5 萬元　央行幫國庫多掙 6,000 萬元

　　央行指出，自 2011 年開始，央行在印製新臺幣鈔票時，會把特殊號碼抽出來，再定期舉行公開拍賣，截至目前為止，央行已經 13 度拍賣新臺幣特殊號碼鈔券，扣除新臺幣鈔票面額，累計為國庫進帳 5,739 萬 2,623 元，而這些拍賣所得，都已全數繳庫。

　　民間有些集幣愛好者，習慣蒐集這些特殊號碼鈔券，認為未來有機會增值。為了取得這些鈔票，這些蒐藏家常常會向民間的集幣業者購買。在央行沒有舉行特殊號碼鈔券標售前，這些鈔票其實就混在一般鈔票裡，有些民眾會刻意到銀行大量提領現鈔，目的是挑出這些特殊號碼鈔票，有些是自行蒐藏，有些則是高價轉賣給集幣業者牟利。

　　既然市場有這樣的需求，央行也開始舉行特殊號碼鈔票的公開拍賣作業。2012 年 9 月，央行首次拍賣特殊號碼鈔券，史無前例標售 74 組「三開典藏版」；其中又以編號「QU888888AL」的三開典藏版最受歡迎，最終以 68 萬 8,888 元天價標脫，創下史上單筆最高價紀錄。至於單張最高投標倍數，則是在 2013 年 5 月，一張「888888」的六連號 100 元券，最後以面額的 153.6 倍、1 萬 5360 元的高價標出。

　　央行公開拍賣特殊號碼鈔券時，最受歡迎的通常是六連號「888888」，因為被視為發發發的諧音，是國人的最愛，另外，也有蒐藏家獨鍾「666666」等吉祥號。央行表示，向來百元鈔因其為紅色代表「喜氣」受國人喜愛，而千元鈔相當實用也頗受歡迎。

圖文資料來源：節錄自經濟日報 2019/05/09

解說

　　通常特殊的票幣，都是收藏家的最愛。市面上，不少蒐藏家會針對特殊號碼的紙鈔進行投資收藏，因為具有增值空間。所以央行也肥水不落外人田，開始公開拍賣特殊號碼鈔票，對國庫收入也有小小的貢獻。

二、金融商品

一般而言，金融商品會有明確的交易合約與市場。通常一般大眾最常接觸到的商品，都具普遍性或具實體性的「基礎金融商品」（如：定存、股票等）。但投資這些商品，或多或少有些風險存在，投資人免不了會有避險的需求，所以「衍生性金融商品」（如：期貨、選擇權等）因運而生；但這些衍生性商品，因在設計上具有槓桿性，所以常被用來投機交易。

此外，除了上述兩類商品外，市場上尚有一些被大家廣泛運用的「綜合類商品」，以及存在於網路世界的「虛擬商品」，本單元將一併先簡單介紹之。

（一）基礎金融商品

1. **股票（Stocks）**：包含普通股、特別股與存託憑證等；此乃企業籌措資本所發行的長期有價證券。投資人可至證券經紀商進行交易，買賣股票除可獲取價差的資本利得外，尚有股利的收入。

2. **票券（Bills）**：包含國庫券、商業本票、承兌匯票與銀行可轉讓定存單等；此乃由政府、企業與銀行所發行的短期債務憑證。投資人可至票券金融公司進行交易，買賣票券可以獲取固定短期的收益。

3. **債券（Bonds）**：包含公債、公司債與金融債券等；此乃由政府、企業與銀行所發行的中長期債務憑證。投資人可至證券公司、票券金融公司或銀行進行交易，買賣債券可以獲取固定的中長期收益。

4. **定存（Certificate Deposit）**：包含定期存款與定期儲蓄存款等；此乃為金融機構吸收資金的方式之一，存款人可至銀行、基層金融機構與郵局皆可承做短、中長期定存，可以獲取固定的短、中長期收益。

5. **外幣（Foreign Currency）**：外幣種類以美元、歐元、日圓、英鎊與澳幣等為主，投資人可至外匯指定銀行承做外幣投資，投資人除可獲取該外幣的利息收入外，尚可賺取外幣匯率變動的匯差利益。

（二）衍生性金融商品

1. **期貨（Futures）**：可分為商品與金融期貨兩種，為衍生性商品的一種。投資人可至證券經紀商、期貨經紀商繳交一筆原始保證金後，進行以小搏大的財務槓桿操作，可以獲取極高的價差利益，但買賣雙方須承擔很高的風險。

2. **選擇權（Options）**：可分為買權與賣權兩種，為衍生性商品的一種。投資人可至證券經紀商、期貨經紀商繳交一筆權利金（買方）或保證金（賣方），進行以小搏大的財務槓桿操作，可以獲取極高的價差利益，但買方風險有限，賣方的風險較高。

3. **認股權證（Warrants）**：可分為認購權證與認售權證兩種，為衍生性商品的一種。投資人可至證券經紀商進行交易，具有小搏大的財務槓桿的功能，可以獲取極高的價差利益。

（三）綜合與其他類型

1. **共同基金（Mutual Fund）**：是指集合眾多小額投資人的資金，並委託專業投資機構代為管理投資，其投資收益與風險則歸原投資人共同享有與分攤的一種投資工具。投資人可至銀行、投信、證券商進行買賣基金，可以獲取價差的資本利得外，尚有股利的收入、甚至有匯兌收益。

2. **保險（Insurance）**：傳統的保險僅提供人身與財產的保障。但近年來理財觀念日顯重要，保險公司將傳統的保單結合其他金融商品，衍生出「儲蓄型保險」與「投資型保險」兩種理財工具。

    (1) 儲蓄型保險：此乃壽險公司推出兼具保險與儲蓄的商品；投保人通常期初繳交或每期定期繳交一筆資金後，可以依投保人需求，選擇一段期間（中長期）後，領回一筆資金或以年金方式領回的一種儲蓄型商品。通常儲蓄險會結合其他險種，如：年金險、終生壽險與養老險等。

    (2) 投資型保險：此乃壽險公司推出兼具保險與投資的商品；投保人通常期初繳交或定期、不定期繳交一筆資金後；小部分的資金仍承作傳統保險，部分資金可以自由選擇保單所附加的標的資產，投資人必須自行承擔所選擇的標的資產所帶來的損益。

3. **互助會（Rotating Savings and Credit Association）**：又稱為標會，此乃民間一種小額信用貸款，具有賺取利息與籌措資金的功能。互助會有會首與會員之分，跟會者賺取「期初約定的標金」與「每期所願意出的標金」的差額之總和，通常愈晚得標利潤愈高，但有被倒會的風險。

4. **P2P 借貸（Peer to Peer Lending）**：由電商公司提供的網路借貸平臺，可以媒合有資金需求與供給的個體戶，讓供需雙方在網路上完成 P2P 的借貸交易，不用再經過傳統銀行的仲介。所以投資人可至 P2P 借貸平臺，進行小額資金的放貸，可以獲取比銀行還高的利息收入，但要承受被倒帳的風險。

（四）虛擬商品

由於近年來，網際網路的發達，各種網際間的聯繫交易頻繁，造就網路虛擬市場的產生。在這虛擬的市場裡，由於人們基於交易的動機成立了社群，網戶在社群裡彼此交換討論買賣經驗與需求，所以電子類型的虛擬貨幣也應運而生。

　　所謂的「虛擬貨幣」（Virtual Currency）是指存在於網路世界的數位化貨幣，由開發者發行與管控，供特定虛擬社群成員使用。由於全球知名的虛擬貨幣－「比特幣」，其發展所運用的區塊鏈（Blockchain）技術，因具去中心化、交易過程加密且可追縱、也不可竄改，因此連帶的捧紅了虛擬貨幣的重要性。

　　由於這種加密的電子貨幣在生成時，必須由網戶利用本身電腦的運算能力去解密而來，所以仍須耗費許多成本，因此網戶視之如：「電子寶藏」，也有其市場價格，所以可以與真實貨幣雙向兌換。由於這些虛擬貨幣，通常都限額發行[2]，且不受任何國家的金融監理單位監管，所以隱匿性高，因此極受網路特定人士的喜好（如：欲進行洗錢者等）。由於網路上也有虛擬貨幣的交易所，提供買賣方雙方的報價服務，因此讓虛擬貨幣具有流動性，也讓交易價格具透明化。

　　近年來，由於比特幣可替代實體貨幣進行支付，且在避險基金的炒作下、以及世界知名期貨交易所（如：CBOE[3]、CME[4]）相繼推出期貨商品，使得虛擬貨幣的身分逐漸受到認證，所以漲幅相當驚人。因此，也激勵各種虛擬貨幣如雨後春筍般的大量冒出，至今全球類似比特幣的虛擬貨幣至少有上千種，其中最知名的如：以太幣（Ether）、萊特幣（Litecoin）、瑞波幣（Ripple）等等。

 理財小常識

證券型代幣

　　公司要籌集資金，除可透過發行股票與債券外，近年來，全球興起一股金融科技熱潮，公司亦可利用「證券型代幣」（Security Token）籌集資金。國內已於 2020 年將證券型代幣視為證券交易法所稱之有價證券，適用證交法進行規範，並接受申請可利用此種虛擬貨幣進行籌資。

　　證券型代幣乃由發行公司利用區塊鏈所發行的虛擬代幣，並以有價證券型式表徵公司的資產或財產。國內證券型代幣大致可分兩種類型，其一為「分潤型」乃投資人可以參與發行人經營利益，此類似股權；另一為「債務型」乃投資人可以領取固定利息的權利，此類似債權。因此將來公司可至代幣平臺業者，透過「證券型代幣發行」（Security Token Offering, STO）向投資人募集資金，並可於代幣交易平臺進行買賣流通。

2　例如：全球最知名的虛擬貨幣－比特幣，將在 2040 年發行總數不會再增加，總量是 2,100 萬枚。
3　CBOE 為芝加哥選擇權交易所，於 2017 年 12 月推出比特幣期貨。
4　CME 為芝加哥商品交易所，於 2021 年 2 月推出以太幣期貨。

理財
NEWS

想買比特幣、加密貨幣該去哪兒買？

在臺灣目前購買加密貨幣方式不外乎有 3 種基本方式，分別是兌換所、交易所和 OTC（場外市場）交易。

- **兌換所**

兌換所提供平臺上的買賣匯率或價格，用戶可以直接進行兌換。簡單來說類似去銀行或銀樓、當鋪換匯一樣，會有買價和賣價匯率，依照匯率臺幣換成外幣或外幣換成臺幣，加密貨幣亦是如此。目前臺灣的兩間加密貨幣兌換所分別是 MaiCoin 和 BitoEX，基本上為臺幣兌換成加密貨幣或加密貨幣兌換成臺幣。MaiCoin 可以兌換的是比特幣（BTC）、以太幣（ETH）和萊特幣（LTC），而 BitoEX 則可以兌換比特幣、以太幣。

- **交易所**

交易所可以簡單理解成私人機構或公司開設一個提供買賣加密貨幣的平臺，用戶註冊會員完成後，經過身份認證程序並審核通過才能進行掛單交易。除此之外，需要將法定貨幣轉入平臺，由平臺暫時保管。目前在臺灣加密貨幣交易所有很多。除此之外，有分為支援法幣和無支援法幣的交易所，像是支援法幣的交易所，可以直接充值法幣購買比特幣或者使用信用卡購買；相反地，無支援法幣的交易所一般稱為「幣幣交易所」。

- **OTC 場外市場交易**

OTC 場外市場交易則可以分為兩種，一種為加密貨幣玩家雙方 P2P 直接私下進行交易，交易方式可以為網路轉帳、面交。另一種則是在專門 OTC 的平臺上進行交易，藉由在其平臺上放置交易廣告等待其他人下單，臺灣目前有提供 OTC 服務的交易所為數寶 ShuBao 交易所。

資料來源：節錄自工商時報 2021/04/06

解說

隨著知名虛擬貨幣－比特幣的飆漲，讓許多人對虛擬貨幣的投資產生興趣。報導中說明：國內要買賣虛擬貨幣有三種管道，分別為兌換所、交易所和 OTC（場外市場）交易，各有其優缺點。

理財 NEWS

投資新手上路，避開 5 大常見陷阱

　　以下是 5 個投資新手再跟銀行理專打交道時，最常碰到的「話術陷阱」，遇到時，要小心謹慎！

- **陷阱 1「報酬率」不等於「年化報酬率」**

　　「10 年賺 20%」和「20 年賺 20%」是天差地遠的結果，必須將兩個報酬率的單位，時間都換成「一年」才能互相比較。一年到期的報酬率又稱為「年化報酬率」。要記得，在所有金融領域談到報酬率，都是指年化報酬率。只要不是用一年為單位，那就是話術！

- **陷阱 2「低風險」不代表「不會賠」**

　　大多數人聽到風險很低，直覺就是這個投資「不容易虧損」，或虧損有限但獲利潛力大，甚至穩賺不賠…但在現實世界中，這是辦不到的事。當他們説到風險低，並不是指不容易虧損，而是「波動比較小」。波動小不代表不會虧錢，也許是「穩定的賺錢」、「小賺小賠」、「穩定的賠錢」，這三種狀況都可以稱為「波動小」。

- **陷阱 3「測試過」的投資方法「很有效」**

　　剛開始學投資時，常和許多朋友交流股票的操作方法，在談到型態、趨勢線、技術指標時，都會把這些分析法用過去的股價走勢來驗證，看看是否確實有效。這時常會聽到有人説：「這招很準！」、「在這時候買進很容易賺！」。許多人以為就此找到超準的投資方法，直到實際開始應用，才發現和想像中的不一樣。在檢驗投資方法時，有 2 個問題要注意：(1) 符合條件，卻沒提到案例有多少？ (2) 測試時間有沒有涵蓋到市場多頭、空頭與盤整年？

- **陷阱 4「高勝率」不等於「高獲利」**

　　以下舉一簡單的例子，你覺得哪個方案比較好？方案 1：投資 5 年，前 4 年的報酬率都有 20%，只有最後 1 年虧損 30%。方案 2：投資 5 年，每年報酬率都是 10%。答案如下，看似只有一年的虧損，但 5 年後年化報酬率竟然剩下 7.7%。在投資時，人們很習慣看長期平均的效益，但偶然的極端現象影響也可能非常巨大；甚至當有極端值出現時，平均值就會失去作用。因此，在投資時，千萬不要只看勝率很高就認為很好，而是應該要盡量避免大賠，尤其是極端大賠。

- **陷阱 5 基金的投資績效「勝過大盤」**

　　也許你曾聽過理專在推銷基金時，將基金成效與大盤加權指數的漲幅比較。當大盤跌 20%，基金只賠了 10%，看起來，少賠好像還不錯？假如你是基金經理人，大盤跌 20%，你

卻只賠 10%，這樣的表現可以說非常優異，甚至可以吸引到更多人投資，幫你賺進更高的管理費收入。問題是，大多數人都不是基金經理人，而是一個小散戶。因此大盤跌 20%，你只賠了 10%，結果仍然是賠錢，並不會因為你贏了大盤，自己的資金就有所增加，反而還減少。

資料來源：節錄自 Cheers 雜誌 203 期 2017/08

解說

　　人們都想致富，光靠薪資累積財富可能還不夠，懂得如何投資理財，也是累積財富的另一種選擇。但投資時一定有風險，人們常因不熟悉市場的運作，採取接收銀行理財專員的建議，但投資人要注意理專的一些推銷「話術陷阱」，以避免產生不必要的誤解。

1-3　理財規劃

　　上節介紹投資的三要素—報酬、風險與時間、與各種投資商品的種類，讓投資人初步了解投資領域，所應該知道的基本常識。接下來本節將利用投資的基本觀念，來進一步說明理財規劃的重要性。

　　一般而言，理財規劃（Financial Planning）是指個人估計自己或家庭，現在與未來的收支情形、以及評估自己可以承擔的風險程度，制定人生未來各階段的理財計畫，並依計畫執行與檢視的一套投資理財活動。

　　通常理財規劃的目標，乃在於能長期持續保有、或降低減損自身財產前提下，並結合生涯各階段的資金需求，進而追求更高效益的資產配置活動。所以市面上常用保險商品、或信託機制等等，並搭配人生各階段的規劃，以進行特定目標的理財活動：例如：買房規劃、子女教育規劃、退休規劃、稅務規劃等等。

　　通常要建立適合自己與家庭的理財規劃，必須要有正確的理財基本常識，這樣才能使理財活動得以順利進行；且要瞭解自己的理財風險屬性，並要有設計一套完整可執行的理財規劃程序，這樣才能確保理財活動順利進展。以下本節將依序介紹理財基本常識、理財風險屬性以及理財規劃程序步驟。

一、理財基本常識

　　理財就是理一生之財，不僅要針對現在、還要針對未來的收入支出進行規劃管理。通常一般人都希望藉由成功的投資理財規劃，讓自己與家人的生活無後顧之憂，甚至可讓社會更祥和。所以擁有正確的投資理財常識，是現代人不可或缺的課題。一個正確的理財態度，除了要兼顧投資的三要素－報酬、風險與時間外，尚要隨時注意市場的動態，這要才能使理財活動達到完善。以下將介紹幾個重要的理財基本常識。

(一) 掌控投資風險

　　大部分的人投資理財活動，都首重投資報酬率的高低，其實此觀念比較合適著重在短期規劃；若要進行中長期的理財規劃，則必須首重風險。因為風險高低會牽扯到本金是否會遭受到嚴重損失，所以中長期的財務規劃，必須要將風險控制在自己可以接受的範圍內，且不要讓本金有嚴重損失的風險。因此對風險掌控得宜，是決定理財活動是否成功的重要關鍵因素。通常大部分的理財活動，都會建議將投資進行多角化，以分散投資風險。

(二) 善用時間複利

　　通常中長期的理財規劃，需要經過比較長時間的等待，才會顯現出時間所帶來的複利效果。我們都知道貨幣具有時間價值，所以善用時間對本金與收益所帶來的複利，將會使得投資效益更具可看性。例如：投資股票時，股票所發放的股票股利，可使股票的收益享有時間的複利效果。

(三) 慎用財務槓桿

　　通常進行投資理財活動時，都希望獲取高額報酬。要獲取高額報酬，除了可選擇相對高風險的金融商品外（如：股票），甚至可以選擇具高財務槓桿的投資商品（如：期貨、選擇權）。但通常進行高財務槓桿的交易，應以短期理財規劃為主，且金額亦不宜佔所有資產過高的比例。

(四) 注意市場訊息

　　通常市場訊息的發布，是造成資產變動的重要因素。因為全球金融市場的脈動詭譎多變，所以投資人必須定期或隨時注意市場的變化。若市場的變化對原先的財務規劃，會造成重大的損失時，此時投資人必須隨時更動調整財務規劃內的資產配置，才能使理財活動達到原先的目標。

二、理財風險屬性

　　每個投資人，因個人的性格、年齡、經歷、工作、財力等的差別，所以面對投資時所帶來的風險，其承擔的能力並不相同，因此每個人的理財風險屬性是具有差異性的。通常投資理財的風險屬性，大致依風險忍受程度高低可區分為：「保守型」、「穩健型」、「積極型」、「冒險型」等四類。以下將分別介紹這四種類型的風格屬性、以及所適合投資的商品。

（一）保守型

通常保守型的投資人對風險忍受度較低，在進行投資時，不希望其所投入的本金遭受到嚴重損失，通常以領取穩定的固定收益為主。其所適合的金融工具，包含：定存、票券、債券、儲蓄型保險、或者投資風險屬性等級[5]為RR1～RR2的基金（如：貨幣型基金、投資級債券型基金等）。

（二）穩健型

通常穩健型的投資人對風險忍受度適中，在進行投資時，可以忍受本金適度的損失，但希望能獲取還不錯的資本利得報酬。其所適合的金融工具，包含：投資型保險、或者投資風險屬性等級為RR3～RR4的基金（如：全球股票型基金、高收益債券型基金等）。

（三）積極型

通常積極型的投資人對風險忍受度較高，在進行投資時，可以忍受本金較大幅度的損失，但希望能獲取較高額的資本利得報酬。其所適合的金融工具，包含：股票、外幣、或者投資風險屬性等級為RR5的基金（如：貴金屬基金、新興股市場基金等）。

（四）冒險型

通常冒險型的投資人對風險忍受度極高，在進行投資時，可以忍受本金巨幅的損失，但希望能在短期內獲取較高額的投機報酬。其所適合的金融工具，包含：期貨、選擇權、認股權證等具高風險、高槓桿的衍生性商品。

三、理財規劃程序

投資人要建立完善的財務規劃，必須要有一套完整的程序步驟，並依序確實執行，才能使理財活動達到完善。以下將介紹理財規劃的程序步驟：

（一）估計財務收支情況

通常要進行理財規劃活動時，首先，要掌握現在個人或家庭的所有財務支出與收入情況，並預估未來的收支變動，這樣才會清楚到底有多少或多久的資金可以運用規劃。

5　有關各類基金的風險報酬等級，為國內投信投顧公會所公布，其詳細內容見本書第四章，表 4-3 的說明。

(二) 擬訂期限財務目標

其次，針對個人或家庭將來預計要達成的目標計劃，擬定短、中、長期的財務目標與計劃，並規劃好不同期限目標的資金流動。例如：短期的換車計劃、中期的子女教育與購屋計劃、長期的退休計劃等等，都可以運用不同的投資帳戶來進行規劃。

(三) 選擇合適理財工具

再來，依據個人或家庭不同期限的理財規劃目標，以及評估自己可以承擔的風險程度、且注意市場現在與未來的變動趨勢，選擇合適的理財工具或投資組合進行投資。例如：可利用股票或基金，進行短中期的理財計劃；且可利用保險或信託，進行人生各階段的理財與生涯規劃。

(四) 定期診斷財務狀況

再者，投資人必須定期的檢視投資標的物的績效、流動性以及現有的收支情形，並隨時注意金融市場的脈動情形，評估此時的投資組合表現或財務收支狀況，是否符合原先的理財計劃目標。

(五) 適時調整資產配置

最後，若發現現在個人的財務收支情形、或金融市場的變化，與原先的理財規劃目標有所出入時，必須適時的調整投資組合內的資產，以使投資理財計劃能達成預計的目標。

理財 NEWS

如何挑選合適的理財專家

投資人為何會覺得各家理專都差不多或者大同小異？晨星（Morningstar）美國個人理財董事表示，投資人要想清楚，你尋求理財諮詢服務要達到哪些目標？他提出以下五大問題，提供投資人在找尋合適理財顧問之前，做為挑選投資顧問的參考。

- **問題一：你在尋求完整理財生涯的諮詢服務，還是只需要投資組合建議？**

許多理專從業人員，花了很多時間與精力在管理投資組合，如：決定資產配置、挑選投資標的等。這也可能是他們唯一能為投資人服務的地方，並時而在與非投資組合相關的事務

上。另一類理財從業人員－理財規劃師，較傾向提供全方面理財規劃服務，如：設定並量化理財目標、償付債務規劃、評估保險需求、為退休做準備而投資等。理財規劃師對於投資也知之甚詳，只是挑選投資工具與標的，以及追蹤投資組合表現，並非是他們全部或主要的業務範圍。

- **問題二：你是在為特定的投資問題找解答，還是你需要建構完整投資規劃的協助？換個方式問，你需要的是一次性，還是長期的協助？**

　一旦投資人決定需要的是投資組合建議，還是整體財務規劃服務，下一步就是決定哪一個項目是你首先需要協助評估的。想清楚你要諮詢的問題，還是你需要長期的專業協助，亦或是你發覺既有的投資規劃中，有哪些疑點要釐清。

- **問題三：在投資決策過程中，你希望能有多少參與度？**

　先試問自己，在進入理財規劃生涯之後，你參與度意願的強弱／你能有多少時間可參與，以及你希望在這過程中扮演的角色份量輕重。對於時間緊湊忙碌，或者年紀較長的投資人，較可能尋求理財諮詢服務。不過，在目前科技進步的時代中，投資人願意付出更多的時間，相對付出的費用也可望減少。

- **問題四：現代科技靈活使用的程度？**

　儘管科技持續改變，理專依舊與客戶面對面的在辦公室會面；而機器人顧問持續採用系統演算法，提供低成本的理財顧問服務。仰賴各式各樣的軟體系統為投資客戶進行理財規劃，已是普遍現象。如果投資人對使用現代化科技不陌生，在節省投資費用的前提下，機器人顧問或許是值得投資人考慮的方式。

- **問題五：有沒有特定的投資哲學，是你希望合作的理專／獨立理財顧問能實踐的？**

　你希望理財專家能策略性的管理資產配置（長期投資佈局），還是投資規劃具積極的戰略性思考。投資人應清楚認知自身的投資信念，並將其信念完整具體的與理財專家進行溝通，這對尤為仰賴理財諮詢的投資人來說至為重要。投資人要詳細詢問投資顧問為你規劃的投資策略，並思考投資顧問是否能清楚解釋所建議的投資配置與投資策略，也要了解理財專家推薦的商品費用比之高低與否。

資料來源：節錄自鉅亨網 2017/08/15

解說

　知名美國金融評鑑機構－晨星（Morningstar）個人理財董事，提出如果要尋找合適的理財顧問，必須要思考五個方向。這些問題對於國內金融機構的理財服務、以及個人的理財規劃，深具參考性。

本章習題

題號前有★號之題目附詳解

【基礎題】

( ) 1. 下列何者非投資行為的特性？
   (A) 承擔一定的風險　　　　　(B) 持有期間較短
   (C) 報酬來自長期增值或額外收入　(D) 須蒐集詳細資訊

★( ) 2. 假設投資一檔基金，3 個月的報酬率為 4%，請問年化報酬率為何？
   (A) 1%　(B) 4%　(C) 16%　(D) 20%

★( ) 3. 假設投資人投資某檔股票今年報酬率為 15%，此時銀行定存利率為 6%，則超額報酬率為何？
   (A) 6%　(B) 9%　(C) 15%　(D) 21%

★( ) 4. 假設年初投資一檔股票價位為 80 元，年底以 100 元出售，年終發放現金股利 2 元，請問該檔股票資本利得報酬率為何？
   (A) 20%　(B) 25%　(C) 30%　(D) 35%

★( ) 5. 承上題，該檔股票股利收益率為何？
   (A) 1.2%　(B) 2.2%　(C) 2.5%　(D) 3.5%

( ) 6. 通常超額報酬率是指投資報酬率與何者的差距？
   (A) 市場報酬率　(B) 無風險利率　(C) 資本報酬率　(D) 股利報酬率

( ) 7. 下列何者非屬於市場風險？
   (A) 天災　(B) 戰爭　(C) 利率變動　(D) 專利權被侵占

( ) 8. 下列何者非股票的型式？
   (A) 普通股　(B) 特別股　(C) 存託憑證　(D) 認購權證

( ) 9. 下列何者非衍生性金融商品？
   (A) 權證　(B) 債券　(C) 期貨　(D) 選擇權

( ) 10. 下列何種金融商品的風險最高？
   (A) 商業本票　(B) 期貨　(C) 股票　(D) 國庫券

( ) 11. 下列何者為虛擬貨幣？
   (A) 比特幣　(B) 印尼盾　(C) 加幣　(D) 南非幣

( ) 12. 下列對於實體商品的敘述何者正確？
   (A) 商品通常被標準化　(B) 通常具抗通貨膨脹之特性
   (C) 市場價格統一報價　(D) 通常商品流動性良好

( ) 13. 下列對於金融商品的敘述何者正確？

(A) 認股權證具有小搏大的財務槓桿的功能

(B) 期貨可以獲取短期固定收益

(C) 存託憑證是屬於債券的一種

(D) 投資型保險屬於固定收益型商品

( ) 14. 下列何項目在理財時須注意？

(A) 時間　(B) 利率　(C) 風險　(D) 以上皆是

( ) 15. 通常進行理財規劃時，下列敘述何者有誤？

(A) 投資組合不應變動　　(B) 須擬訂中長期財務目標

(C) 須考慮個人投資風格　(D) 須了解未來收支狀況

【理財規劃人員證照題】

★( ) 16. 某股東以每股 100 元買入股票，持有一段時間後便以每股 110 元售出。該股東曾在持有期間收到來自發行公司發放的現金股利 5 元，則該股東之投資報酬率為多少？

(A) 12%　(B) 15%　(C) 20%　(D) 24%　　　　　　　　【第 30 屆】

( ) 17. 下列何者非屬衍生性金融商品？

(A) 選擇權　(B) 期貨　(C) 交換契約　(D) 債券　　　　【第 30 屆】

( ) 18. 在生息資產中，下列何者屬於成長型投資？

(A) 存款　(B) 房地產　(C) 股票期貨　(D) 借款給他人　　【第 30 屆】

( ) 19. 下列何者不是短期的投資工具？

(A) 存款　　　　　　(B) 給付確定的傳統儲蓄險

(C) 貨幣市場基金　(D) 承兌匯票　　　　　　　　　　　【第 30 屆】

( ) 20. 投資工具依其風險由低至高排列，下列何者正確？

(A) 投機股、績優股、有擔保公司債、票券

(B) 全球型基金、平衡型基金、有擔保公司債、定存

(C) 定存、有擔保公司債、認股權證、平衡型基金

(D) 國庫券、有擔保公司債、績優股、期貨　　　　　　　【第 21 屆】

( ) 21. 群眾型的投資者較喜歡下列何種理財工具？

(A) 基金組合　(B) 定存　(C) 定期壽險　(D) 熱門共同基金　【第 30 屆】

( ) 22. 下列何者非屬理財之範疇？

(A) 賺取投資收益　　　　(B) 規劃逃漏稅

(C) 規劃投資或消費負債　(D) 風險管理　　　　　　　　【第 26 屆】

( ) 23. 下列何者為較完整的理財定義？

(A) 理財就是一種投資

(B) 理財就是賺錢

(C) 理財是理一生之財，也就是個人一生的現金流量管理與風險管理

(D) 理財就是運用多餘的錢 【第 22 屆】

( ) 24. 進行資產配置時，考量「理財目標期限」層面時，以下列何種因素為主？

(A) 安全性　(B) 流動性　(C) 獲利性　(D) 相關性 【第 28 屆】

( ) 25. 有關個人理財觀念，下列敘述何者錯誤？

(A) 沒有錢的人，更應提前開始理財

(B) 只要能夠守財，不必積極理財

(C) 超出負擔能力的超額負債，是理財戰場最大陷阱，一旦陷入難以脫身

(D) 理財目標的訂定要合理可行 【第 30 屆】

( ) 26. 有關投資規劃準則，下列何者錯誤？

(A) 依達成年限、金額等設定投資目標

(B) 就各目標設定有機會達成的預定報酬率

(C) 依理財目標的特性來進行資產配置

(D) 強調長期投資，因此投資之後最好都不要調整投資組合 【第 27 屆】

( ) 27. 有關投資類型的描述，下列敘述何者錯誤？

(A) 保守型的投資人其主要的投資工具為定存、國庫券、票券

(B) 穩健型的投資人其主要的投資工具為特別股、公司債、平衡型基金

(C) 積極型的投資人其主要的投資工具為定存、國庫券、票券

(D) 冒險型的投資人其主要的投資工具為期貨外匯、認股權證、新興股市基金

【第 22 屆】

( ) 28. 有關投資冒險型的敘述，下列何者正確？

(A) 預期投資報酬率約 3% ～ 5% 左右

(B) 利益來源以波段差價為主

(C) 喜好運用融資融券，擴大財務槓桿

(D) 主要投資工具以績優股、成熟股市、全球型基金為主 【第 26 屆】

( ) 29. 對較保守型的投資人，您提供的投資建議是下列何者？

(A) 直接購買績優股票　　(B) 購買股票型基金

(C) 購買衍生性金融商品　(D) 購買貨幣型基金 【第 34 屆】

( ) 30. 在生息資產中，下列何者屬於成長型投資？

(A) 存款　(B) 房地產　(C) 股票期貨　(D) 借款給他人 【第 34 屆】

(　) 31. 保險公司的儲蓄型保單利率較銀行為高，原因何在？
(A) 違約風險較低　　(B) 業務費用較低
(C) 理賠不確定性大　(D) 流動性較低　　　　　　【第 36 屆】

(　) 32. 下列何者非投資型保險之特點？
(A) 兼具保障作用及投資功能
(B) 若無特別約定，投資損失由要保人承擔
(C) 投資方式由保險人決定與受益人無關
(D) 保險給付隨實際投資績效而定　　　　　　　　【第 36 屆】

(　) 33. 假設年投資報酬率 6%，預計 20 年後累積 100 萬元，則每月應儲蓄之金額為多少？（四捨五入至百元）
(A) 1,600 元　(B) 1,800 元　(C) 2,000 元　(D) 2,300 元　　【第 36 屆】

(　) 34. 當理財目標過於不切實際時，其可能調整的方式，不包括下列何者？
(A) 提高日常消費水準延長可賺取收入期間
(B) 延長可賺取收入期間
(C) 降低目標需求金額
(D) 延後目標達成時間　　　　　　　　　　　　　【第 37 屆】

(　) 35. 陳先生若想獲得享有高報酬之機會但又可兼顧低風險之好處，其應投資何種金融商品？
(A) 股票　(B) 認購權證　(C) 期貨　(D) 保本型投資定存　【第 38 屆】

(　) 36. 在計算年金終值時，下列敘述何者正確？
(A) 每期金額固定，每期現金流量可中斷
(B) 每期金額固定，每期現金流量不可中斷
(C) 每期金額不固定，每期現金流量可中斷
(D) 每期金額不固定，每期現金流量不可中斷　　　【第 39 屆】

(　) 37. 下列何者為風險溢酬（Risk Premium）之涵義？
(A) 無風險利率與折現率之加總
(B) 因承擔特定資產風險而要求之額外報酬率
(C) Gordon 模型中之現金股利成長率
(D) 財務報表分析中之淨值報酬率　　　　　　　　【第 41 屆】

(　) 38. 決定最後投資工具選擇或投資組合配置的關鍵性因素，下列敘述何者正確？
(A) 理財目標的彈性　　　(B) 資金需要動用的時間
(C) 投資人主觀的風險偏好　(D) 年齡　　　　　　【第 42 屆】

NOTE

Chapter

02

基礎金融商品

本 章 架 構

本章內容為基礎金融商品,主要介紹股權類型、固定收益證券類型、銀行存款類型、以及其他類型商品等。其內容詳見下表。

節次	節名	主要內容
2-1	股權類型商品	介紹普通股、特別股、存託憑證等相關商品。
2-2	固定收益證券類型商品	介紹票券、債券等相關商品。
2-3	銀行存款類型商品	介紹一般存款與外幣存款等相關商品。
2-4	其他類型商品	介紹黃金存摺、標會與 P2P 借貸等相關商品。

本 章 導 讀

本章所要介紹的基礎金融商品,乃是一般普羅大眾,在市面上最常使用的投資工具。例如:股票、銀行存款等等。這些投資商品的結構設計以及交易金額上,都較為單純直接與小額方便,且這些商品的投資風險也較適中,所以容易被剛接觸投資理財的入門者所接受。

以下本章將逐次介紹有關股權類型、固定收益證券類型、銀行存款類型、以及其他類型等商品的特性與交易實務內容。

2-1 　股權類型商品

　　通常一般人如果提到投資理財工具，第一個連想到的大概就是股票這個商品。因為股票的投資相關資訊，在我們日常生活中，算是最容易取得、也最被廣為討論；且投資該商品，能夠讓我們短期間，就可獲取不錯的利潤；若長期投資也有機會讓我們成為富翁的可能。因此股票這商品，長久以來都是所有投資人的最愛。

　　一般而言，股票（Stocks）是表彰發行公司所有權的權益證券，其包含「普通股」、「特別股」與「存託憑證」等三種有價證券。所以一般俗稱的股票，大部分的情形下就是指普通股。

　　通常人們欲買賣股票，必須至「證券商」開戶後才能進行交易。在進行股票投資時，除了要留意整個市場的政經局勢的變化外，還必須隨時注意這家公司的營運情形，才能即時的掌握公司股價變化。以下本節將介紹有關投資股票時，應該知道的一些基本常識與交易實務。

一、股票的基本常識

　　下列介紹幾項股票投資時，所應具備的基本常識：

(一) 普通股、特別股與存託憑證的差異

　　通常投資人可於證券市場買到普通股、特別股與存託憑證等三種商品，以下將介紹發行三種權益證券的特性。

1. 普通股

普通股（Common Stock）是股份有限公司最基本的資金憑證，也就是說，若沒有普通股，就不能成立公司。持有普通股的投資人，就是該公司的股東。股東每年具有出席股東會、投票選舉董事、監察人來監督經營管理公司之權利；而且對公司盈餘具有分配權、剩餘資產分配權以及新股認購權等權利。

一般而言，普通股的股東，每年領取非固定的股利，也無到期日。通常國內所上市櫃的普通股是以本土的公司為主，若是國外的公司來臺採取第一次上市櫃，則會在證券簡稱的後兩碼加上「-KY」以區別之。例如：「美食-KY」。

2. 特別股

特別股（Preferred Stock）通常被認為介於普通股與債券之間的一種「折衷證券」，一方面可享有「固定股利」的收益，近似於債券；另一方面又可表彰其對公司的所有權，在某些情形下甚至可享有投票表決權，故亦類似於普通股。而特別股和普通股相較之下，特別股較普通股具有股利優先分配權、剩餘資產優先分配權。

一般而言，特別股的股東，每年領取固定的股利，且有到期日。當特別股到期時，若之前發行時有約定可轉換成普通股，則股東可選擇轉換成普通股；若無轉換約定，則公司會將贖回。通常特別股的股票代號，會在公司名後加個「特」字，以區分普通股。例如：「富邦特」。

特別股怎麼投資？領息天王告訴你：挑選三要點「升降息都有利」

購買特別股時，會先約定好一年的股利多少，這一點跟債券很像，所以很適合存股族及退休族投資，缺點是，它有股票的性質，若當年公司經營不善，可能連同普通股一樣，不會發放股利，相較之下，債券的利息是一定要發的，不然會違約。不過，依過去的經驗，除非發生重大危機，特別股不發放股利的機率真的很低。

通常特別股是約定好的利率，就跟債券發債息一樣，票面利率 3%、4%、5% 皆有，不過，特別股也可以在市場上交易，價格跟股票一樣會漲跌，所以殖利率會有所差異，例如：新光金約定利率 4%，最近銀行股股價下跌，殖利率大概有 5% 之多。

• 升降息都有利挑選三要點

專家說明投資人要怎麼挑選特別股？提出三個要點：

一、若是個股，看公司的 ROE、ROA：ROA 要大於定存利率，代表公司資金運用有效率，ROA 在 4% ～ 5%，算是優質的公司，再來，ROE 代表公司經營的效率，要在 10% ～ 15%，才可以放入口袋名單。

二、殖利率要比「定存利率＋通膨」高：假設目前臺灣通膨 3%、定存 1%，領到的息至少要 4% ～ 5% 以上，不然會被通膨吃掉。

三、要考慮到流動性：臺灣的特別股流動性較小，建議不要單押一檔特別股，若急需用錢，一時間無法脫手，可以分散幾檔個股或選擇 ETF、基金，ETF 流動性大，買賣方便，基金則沒有流動性的問題，隨時可贖回。

資料來源：節錄自經濟日報 2023/06/09

解說

特別股是一種折衷證券，可以領固定的股息，也有賺取資本利得的機會。專家建議挑選特別股有三個要點：分別是公司的 ROA 與 ROE 要高於定存、殖利率至少 4% ～ 5% 以及特別股流動性要沒問題。

第一篇　投資商品

3. 存託憑證

存託憑證（Depository Receipt；DR）是指發行公司提供一定數額的股票寄於發行公司所在地的保管機構（銀行），而後委託外國的一家存託機構（銀行）代為發行表彰該公司股份權利憑證，使其股票能在國外證券市場交易買賣流通。所以應該說存託憑證是國外的公司拿一些股票，找國外的發行者幫他們在當地上市。

因為國內外的股票所規定的面額、每張的股數、計價幣別⋯等都不一致。所以利用存託憑證的制度，讓國外的股票經過重新包裝後，至國內股市「第二次上市」；因此提供國內投資人，亦可參與其他國家績優股票上市公司的成長成果。通常存託憑證的股票代號，會在公司名後加「DR」，例如：「康師傅 -DR」。有關臺灣存託憑證的發行示意圖，請詳見圖 2-1。

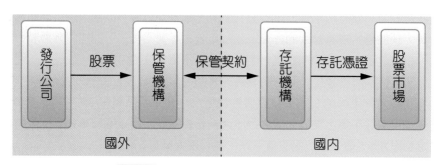

圖 2-1 臺灣存託憑證的發行示意圖

（二）面額、市價與淨值的差異

1. 面額

一般而言，股票是由股份有限公司募集資金時，發行給出資人，以表彰出資人對公司所有權的有價證券，通常股票的持有人稱為股東。國內每張股票的「面額」[1]通常是以一股 10 元為單位，每張股票有 1,000 股。所以一家 A 公司資本額（股本）為 20 億元的公司，以面額 10 元計算，共有 2 億股（20 億元 ÷10 元＝ 2 億）。因每張股票有 1,000 股，故 2 億股共可分為 20 萬張股票（2 億股 ÷1,000 股＝ 20 萬）在外面流通。

2. 市價

若上述 A 公司的股票，現在於證券市場經由投資人買賣，所得到均衡價格為每股「市價」為 60 元，則此公司就有 120 億元（2 億股 ×60 元＝ 120 億元）的市場價值。通常市場上在衡量一家公司的規模大小，會以公司的市場價值（市值）為主，而非公司的資本額。

---

1 臺灣證券交易所於 2014 年起，推動採用「彈性面額股票制度」，未來國內公司發行股票之金額將不限於新臺幣 10 元，也就是說股票面額不再全部是 10 元，可以是 5 元、1 元或是 20 元或其他面額，公司可以依照自己的需求自行決定股票發行面額。此外，國外公司至臺灣申請第一次上市或上櫃，所掛牌交易的股票，證券簡稱後二碼為「-KY」者，表示其股票每股面額為新臺幣 10 元，「-KY*」者表示為無面額或每股面額非屬新臺幣 10 元。

第一篇　投資商品

3. 淨值

通常每家公司將會計帳面上的資產與負債，全部清算後的價值稱為「帳面價值」。若將「帳面價值」除以「股數」則為該公司的每股「淨值」，也就是這家公司真正的價值。例如：上述 A 公司的帳面價值為 30 億元，則該公司的每股淨值為 15 元（30 億元 ÷2 億股＝ 15 元）。

因此上述這家 A 公司的股票每股面額 10 元，市價 60 元，淨值 15 元，這三者是完全不同的。基本上，每一家公司的股票面額都是相同的，但公司的股價取決於投資人的買賣均衡，淨值則取決於公司的會計上的帳面價值。

理財 NEWS

別陷入 1 股 10 元的換算框架　破解彈性面額公司的 3 大投資迷思

「為什麼這些公司的面額不是 1 股 10 元？」《財訊》報導指出，目前臺股市場採用彈性面額的公司，在股票名稱上都會以「*」星號標示，共有 14 家公司：矽力、愛普、長華 3 家上市公司；港建、太景、聖暉、長科、朋億、91APP，6 家上櫃公司；國邑、納諾、水星生醫、美賣、益鈞環科 5 家興櫃公司。

究竟，為何這些公司要採取「彈性面額」？有什麼好處？會影響股價嗎？與分拆公司有關嗎？投資人又該如何看待這些股票呢？

• 股價強弱與面額毫無關聯

《財訊》分析，首先，面額會影響股價嗎？以生技股水星生醫為例，有人認為：「水星的每股面額為 0.25 元，只有傳統面額 10 元的 1/40；而當前股價 25 元，還原後水星的真實股價，應該是 25 元的 40 倍，高達 1,000 元。」但這其實是完全錯誤的理解。關鍵就在於，面額的價格與股價毫不相關。因此水星現在股價為 22.5 元，買進的成本就是 1 股 22.5 元，1 張為 1,000 股計算，就是 2.25 萬元；換句話說，即使每股面額不同，但交易價就是直接看股價。

《財訊》報導指出，早期主管機關為了便於交割和管理，將公開發行公司的股票面額統一規定為 10 元，在計算每股盈餘、每股淨值、每股股利，還有本益比的分析比較相當方便。久而久之，就習慣一切都還原到面額 10 元，之後再去評估價值。

法人指出，最常見的迷思，就是把資本額與發行股數混淆。從公式計算上，總市值是「股價 × 發行股數」；而資本額是「面額 × 發行股數」。結論就是：面額會影響資本額，但不會影響市值，也與股價無關。

既然面額與股價無關，為何臺灣還保留著彈性面額制呢？承上所說，面額影響的是資本額，這對一家未上市公司來說，由於沒有股價作為參考，每股設定的面額愈低，可以降低募資的門檻，有利於引進新資金。進而對於新創企業來說，彈性面額可以讓公司的對外募資更有彈性，藉以滿足市場籌資的多元需求。

上市公司分拆股票和面額有關嗎？根據《財訊》報導，2020 年時，長華電材在資本額不變的原則，將面額調整為 1 元，股數增加 10 倍，股價也調整為原本的 1/10，從 120 元，變成 12 元，藉此活絡流通性。之後，愛普、矽力、聖暉、朋億、長華科技也都進行面額的調整，這情況其實就像是美股的分拆制度。

財訊 他們不一樣！台股有14家彈性面額公司

分類	公司（代號）	每股面額（元）	市值（億元）
上市	矽力*（6415）	2.5	1354
	愛普*（6531）	5	536
	長華*（8070）	1	246
	長科*（6548）	1	390
上櫃	聖暉*（5536）	5	189
	91APP*（6741）	5	149
	太景*（4157）	0.001	111
	朋億*（6613）	0.4	74
	港建*（3093）	2.5	54
興櫃	國邑*（6875）	5	127
	水星生醫*（6932）	0.25	106
	納諾*（6495）	0.1	23
	益鈞環科*（6912）	1	8
	美賣*（6473）	5	2.63

資料來源：公開資訊觀測站 註：依市值排序

• **分拆制度看的是發行股數**

再看看早已無固定面額的美股是如何做的：分拆就是增加發行股數、壓低股價，可說是企業活絡股價常使用的一種財務操作。例如，最為人熟知的 2020 年特斯拉 1 股分拆為 5 股，進而掀起電動車風潮，一度市值衝上 1 兆美元大關。今年特斯拉再度進行一拆三的規畫，又引爆多頭浪潮。

根據《財訊》報導，換句話說，上市公司分拆，就是透過增加發行股數，壓低每股的價格，嚴格來說也與面額無直接關係，只是臺灣習慣以「面額」來陳述，但其實「股數」才是關鍵。別忘了，一家公司的總市值，並不會因為分拆而變動，還是「股價 × 股數」，股數雖然變多了，股價也依比率降低，如果獲利能力持平，每股獲利也會照比率下修。

但若因此吸引更多投資人參與，推升股價後，市值就會提高，就像特斯拉和蘋果；反之若投資人對公司分拆不埋單，股價下跌則市值下滑，仍會回到一般的市場機制。

總而言之，面額的大小與股價一點關聯性都沒有，一切回歸市場對公司未來獲利能力的期待。會計師提醒，隨著彈性面額的實施，投資人不要再陷入面額一定要 10 元的框架裡面。

圖文資料來源：節錄自財訊 2023/07/06

解說

國內實施股票彈性面額制度已久，市場上也有多家股票的面額非傳統的 10 元。通常分拆後的股價都會降低，確實有吸引投資人購買的動機，也可增加流動性，但投資人投資此檔股票要獲利還是看公司未來的獲利能力而定。

(三) 現金股利與股票股利

　　通常公司經過整年的營業活動之後，會將今年的盈餘，分配給股東，亦可說是分派股利給股東作為報酬。假設上述 A 公司，今年稅後淨利為 10 億元，則該公司的每股盈餘（EPS）為 5 元（10 億元 ÷ 2 億股 = 5 元）；通常此時公司會將今年盈餘部分發給股東，部分保留起來當作保留盈餘，以作為再投資用。若將盈餘分配給股東時，通常可以使用「現金」或「股票」兩種方式進行。

1. 現金股利

公司以現金股利（Cash Dividends）配發給股東時，公司股本不會產生變化，但公司的內部現金，因而減少並轉移至股東身上。在考慮股東持有股票總價值不變的情形下，此時股東現金增加，但持有股票市值須減少，因此股價須向下調整，稱為「**除息**」（Ex-dividend）。例如：上述 A 公司股價 60 元，若分配 2 元現金股利，則除息後股票參考價為 60 − 2 = 58 元。若某一檔股票除息後，經過一段時間股票漲回原先除息日的基準價格，稱為「填息」；若經過一段時間股價仍比原先除息日的基準價格還低，稱為「貼息」。

2. 股票股利

公司以股票股利（Stock Dividends）配發給股東時，乃將原本要給股東的現金留在公司內部並轉化成股本，將使公司的股本增加。在考慮股東持有股票總價值不變的情形下，此時股東持股會增加，但股票原本市值並無受影響，因此股價須向下調整，稱為「**除權**」（Ex-right）。例如：上述 A 公司股價 60 元，若分配 2 元股票股利，則除權後股票參考價為 60 ÷ 1.2 = 50 元 [2]。同樣的，若某一檔股票除權後，經過一段時間股票漲回原先除權日前的價格，稱為「填權」；若經過一段時間股價仍比原先除權日的基準價格還低，稱為「貼權」。

2　發放股票股利 2 元佔面額 10 元的 $\frac{2}{10} = 0.2$，所以如果發放股票股利 10 元，則除權價格為 30 元 $(60 \div 1\frac{10}{10} \Rightarrow 60 \div 2 = 30)$。

例題 2-1　現金股利與股票股利

假設有一公司股本 10 億元，現在公司每股市場價格為 70 元，其股票每股面額 10 元則

1. 公司未發放股利前，公司的市值為何？

2. 若公司此時每股發放 4 元現金股利，請問此時公司市值、股本與除息後股價為何？

3. 若公司此時每股發放 4 元股票股利，請問此時公司市值、股本與除權後股價為何？

4. 若公司此時每股同時發放 2 元現金股利與 2 元股票股利，請問此時除息除權後股價為何？

解▷

1. 股本 10 億元，將有面額 10 元的股票 1 億股（10 億元 ÷10 元）。

   公司每股市場價格為 70 元，有 1 億股的股票，因此公司的股票市值為 70 億元（70 元 ×1 億）。

2. (1) 因公司有股票 1 億股，因此每股發放 4 元現金股利，將使公司的 4 億元（1 億 ×4 元）現金發放給股東，在考慮股東持股總價值不變下，股票市值將減少 4 億元變為 66（70-4）億元。

   (2) 但此時公司的股本，不因發放現金而有所變化，仍維持 10 億元股本。

   (3) 因公司市值因發放現金減為 66 億元，因此公司發放 4 元現金股利後，除息股價應調整為 66 元（70-4）。

3. (1) 此時股東持股增加，股價將往下調整，使得公司股票市值維持原先 70 億元。

   (2) 公司將原先給股東的 4 億元的現金轉為股本，使公司的股本增加 4 億元，變為 14 億元股本。

   (3) 公司的股本增加 4 億元，每股面額 10 元的股票數量增加 0.4 億股 (4 億元 ÷10 元)，因此公司發放 4 元股票股利後，除權股價應調整為 50 元（70÷1.4）。

4. 公司股價的調整會先「除息」後再「除權」，除權息後股價為 56.67 元 [(70-2)÷1.2]。

(四) 上市、上櫃、興櫃與創櫃板股票的差異

1. 上市股票

一般而言，上市的股票是指在臺灣證券交易所，採取「集中競價」[3]的方式進行交易的股票，且每天交易漲跌幅限制為 10%。一般要成為上市股票，其一般公司資本額須達 6 億元以上，科技公司須達 3 億元以上。通常上市股票大都為中大型公司，股本較大，所以流通於市場的股票數也較多，所以股票交易的流動性較好一些。

2. 上櫃股票

一般而言，上市的股票是指在臺灣證券櫃檯買賣中心，採取「集中競價」的方式進行交易的股票，且每天交易漲跌幅限制為 10%。一般要成為上櫃股票，其公司資本額須達 5 千萬元以上。通常上櫃股票大都為中小型公司，股本較小些，所以流通於市場的股票數也相對較少，所以股票交易的流動性較上市股票差一些。

3. 興櫃股票

一般而言，上市的股票是指在臺灣證券櫃檯買賣中心，採取「店頭議價」[4]的方式進行交易的股票，且每天交易並無漲跌幅限制。一般要成為興櫃股票，其公司資本額須達 5 千萬元以上。通常興櫃股票大都為小型公司居多，股本小且知名度也不高，且由於採店頭交易方式，所以要買賣興櫃股票，會較上市上櫃稍微不便利些，所以流動性也較上市上櫃股票差。

4. 創櫃板股票

由於我國的企業型態是以中小企業為主，國內約有 7 ～ 8 成的公司的資本額都在 5 千萬元以下，這些公司無法達到興櫃的標準。由於公司規模小且知名度不高，因此想利用股權集資，大部份的投資人都較卻步；於是國內櫃檯買賣中心成立創櫃板，乃希望這些中小型或微型企業，透過櫃買中心的推薦，讓這些公司的股票亦可獲得投資人的青睞，並認購其公司股票，以獲得營運資金。通常創櫃板的股票，櫃買中心僅提供股權集資，但不提供交易服務。

二、股票的交易實務

投資人進場買賣股票時，必須先知道股票市場的相關交易規定，才能使交易順利進行，以下將介紹臺灣股票市場的交易實務。

---

3 「集中競價」方式是指所有有價證券買賣皆集中於一個固定的交易場所，採取競價方式交易，通常將交易商品標準化，較易流通且具交易效率。所以國內要買賣「上市」與「上櫃」的股票，只要投資人至證券商下單後，就會分別將委託單集中至「證券交易所」與「櫃買中心」，進行競價撮合。

4 「店頭議價」是指有價證券的買賣可在不同的場所進行交易。如：買賣證券可向不同的證券商（店頭）買賣，且買賣價格不一定相同，通常採議價方式交易。所以國內要買賣「興櫃」的股票，投資人至證券商下單後，被委託的證券商將透過「興櫃股票議價系統」，與各該興櫃股票的「推薦證券商」進行議價搓合。因此投資人是跟有興櫃股票買賣需求的證券商，相互議價交易，並沒有將所有投資人的委託單集中至櫃買中心，去進行競價撮合。

(一) 開戶與委託

若要在股市進行交易,首先須去證券經紀商開「證券戶」,並開一個與證券戶帳號相對應的「銀行帳戶」。若投資人買賣上市櫃股票,證券戶會出現股票的增減,銀行帳戶則負責買賣資金的交割。

當投資人下單時,需透過經紀商方能進行交易,通常可以藉由以下幾種委託方式:當面或電話委託;以及現在資訊科技發達的網路或語音下單等皆可。

(二) 最小升降單位與漲跌幅

通常證券交易所會針對不同價格的股票,設定最小升降單位,以符合不同價位股票漲跌之需求,其各種價位的最小升降單位,如下表 2-1 所示:

表 2-1 國內股票各種價位的最小升降單位

價位範圍(元)	最小升降單位(元)
10 以下	0.01
10 ～ 50 以下	0.05
50 ～ 100 以下	0.1
100 ～ 500 以下	0.5
500 ～ 1,000 以下	1
1,000 以上	5

臺灣上市與上櫃的股票中,採集中市場交易制度的股票,每一營業日的最大漲跌幅為前一日營業日收盤價的 10%。假設某檔股票現在價位為 94 元,今天最大漲跌幅 10%的變動為 9.4 元(94×10%),所以今天該股票的漲停板為 103 元[5](94 + 9.4),跌停板為 84.6 元(94 − 9.4 = 84.6)。

此外,在櫃買中心中登錄的興櫃的股票,並沒有漲跌幅限制。且 2005 年 3 月起,初次上市上櫃(但不含上櫃轉上市)的普通股前 5 日,亦無漲跌幅限制;此制度可使初次上市上櫃的普通股價,能夠充分反應其合理價值,以符合市場需求。

(三) 交割

當投資人下單買賣股票後,必須進行股票與價款的交割程序。通常交割方式可分為「普通交割」與「全額交割」兩種。

1. 普通交割

投資人向證券商委託買進或賣出股票後,於次二個營業日(T + 2)才可以取得買進的

---

5 因為股價超過 100 元時,股價最小升降單位為 0.5 元,所以漲停板雖為 103.4 元,但僅會顯示至 103 元。

股票或賣出的價款。一般而言，上市與上櫃股票均採普通交割。

2. 全額交割

全額交割又稱現股或現款交割；投資人向證券商委託買進或賣出全額交割股，應於委託買賣前，預先繳交股票或價款，證券商必需要先收到買賣股票的價款或股票，才能進行交易。通常營運發生困難或發生財務危機的公司，才可能會被列為全額交割股。

(四) 交易費用

投資人進行證券交易，必須透過證券經紀商居間仲介，所以證券經紀商須收取證券買賣手續費，目前證券買賣手續費率的上限為成交金額的 0.1425%，且買賣各收取一次。此外，投資人賣出證券時，需支付給政府證券交易稅，其稅率依不同的證券而異，通常上市上櫃的股票為成交金額的 0.3%，但存託憑證（DR）與受益憑證（如：ETF、REITS）為成交金額的 0.1%。因此通常投資人買賣一次股票，須耗費成交金額的 0.585%（0.1425 + 0.1425 + 0.3）為交易成本。

(五) 其他交易型態

1. 零股交易

通常買賣股票的交易單位若不足 1 張（1,000 股）股票，則為零股交易。投資人於每交易日盤後 13:40 至 14:30 至證券商下單進行買賣申報交易，並於 14:30 彙整一次競價撮合。國內自 2020 年 10 月起，已開放零股交易也可於盤中進行交易，以便於小額投資人買賣零股。但零股交易尚不開放信用與當沖交易。

2. 停牌交易

證券交易所為了降低交易資訊不對稱的問題，只要上市公司符合因併購、待釐清媒體報導、無法釐清媒體報導等三大事項，公司可主動申請或證交所強制執行股票暫停交易（停牌），待釐清事情原委後，再恢復交易。若公司欲申請停牌交易，必須在前 1 個交易日提出申請，若是重大事件，可以在當天 7 點半以前提出申請。停牌天數以一個交易日為主，上限為三個交易日，必要時可持續執行。

3. 定期定額買股交易

臺灣證交所為了提振臺股的交易量，首創實施投資人可以仿照投資基金的模式，利用「定期定額」的方式，購買股票或 ETF。投資人可與證券商約定欲投資的標的、投款金額與期間，券商將利用現行的「臺股交易平臺」或「財富管理信託平臺」，幫投資人進行定期定額投資股票與 ETF。近期，金管會並將「定期定額」買股交易，更擴及海外股票（以美股與 ETF 為主）。

定期定額買美股、ETF 金管會准了

臺灣民眾想「存」美股更容易了！金管會宣布，即日起開放證券商可接受委託人以「定期定額」方式複委託買賣外國有價證券，包括股票、ETF，只要券商的系統準備好了，隨時就能啟動。

舉例來說，國人目前投資海外股票以美股為主，若採「定期定股」，必須每次買一定數量，比如 10 股，這會缺乏彈性，萬一股價大漲，定股等於要追高股價。證期局將進一步開放「定期定額」投資方式，投資人可以固定金額方式定期投資，讓投資人資產配置及理財規劃有更多選擇。

投資人透過定期定額買國外股票、ETF，會產生「碎股」。解決之道有二，一是券商和投資人約定，買到「整股（一股）」最接近的金額，二是允許「碎股」，由券商上手的國外金融機構來分配。原則就是「限額內買到最大的股數」，例如：投資人每次扣新臺幣 1 萬元買某檔美股，最低交易量為 1 股，若 1 股 9,000 元，剩下投資金額 1,000 元就先存在投資人帳戶上。

投資標的方面，新制僅限國外股票及原型 ETF（即不具槓桿型或放空型），不包括債券。因國內也僅限投資股票和 ETF，國內外一致。投資人只需跟券商申辦複委託股票帳戶，可用臺幣委託券商結匯，或是自行開立外幣帳戶即可投資海外，一般散戶都可做。

資料來源：節錄自經濟日報 2021/05/05

解說

國內以往複委託買美股，僅能採「定期定股」。近期，金管會將開放投資人亦可利用券商的財富管理信託平臺「定期定額」買美股，以便利民眾投資海外資產，並也有利國內市場與國際接軌。

2-2 固定收益證券類型商品

一般而言，固定收益證券類商品的特性，就是持有證券期間，以領取固定（或浮動）利息為主，到期時可領回有價證券的面額本金。因此，此種有價證券，比較屬於安全性高，風險較低的金融商品。通常此類型商品，是以「票券」與「債券」為其代表，以下將介紹這兩類有價證券的相關金融商品。

一、票券

在日常生活中，最少聽見與最不常投資的金融商品，大概就是票券了。許多人都會搞不清楚它跟債券的差異，其實它就是短期的債券。因為票券市場，大部分的參與者都是金融機構、企業法人或資金大戶，所以我們一般的市井小民，是比較不容易直接接觸到該商品。但若投資人購買「貨幣型基金」，那就等於間接藉由基金投資在票券。

通常一般中小企業，當缺乏短期營運資金時，除向銀行融通資金，另一個合法的融資管道，就是去票券商發行短期票券。通常利用票券籌資，可取得成本較低廉的短期資金；且一般中小企業要發行票券比發行債券親民多了，因為要發行債券公司規模必須達到「公開發行公司」[6]的標準，但發行票券只要是依法登記的中小企業就可，即使公司規模不大亦可發行。所以票券其實是企業融通短期資金的好幫手。

此外，當投資人若有短期閒置資金，沒有更好的投資機會時，購買票券或貨幣型基金，就是資金最安全的中繼停靠站。且投資票券所得到的利息收入，是採分離課稅10%，所以也提供高所得稅者一個節稅管道。因此票券市場的種種，對投資人與企業而言，都是一項重要的金融工具。以下本章將介紹票券市場的交易工具、以及交易實務。

(一) 交易工具

在票券市場中，「票券金融公司」為市場裡最重要的仲介機構；它提供工商企業與投資人，短期資金融通的重要媒介。有關票券市場的運作圖，詳見圖 2-2 之說明。通常票券市場的主要交易工具包括：**國庫券、商業本票、承兌匯票**及**銀行可轉讓定期存單**等。以下分別說明之：

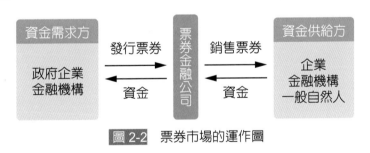

圖 2-2 票券市場的運作圖

1. 國庫券

國庫券（Treasury Bills；TB）是指由中央政府要調節國庫收支，所發行的短期政府票券，並藉以穩定金融。現行國內所發行的國庫券，是以採「貼現」方式發行，票面不附載利息，到期按面額償還。現行國內國庫券的發行者為財政部，但發行事務皆由中央銀行代理之。國內的國庫券自 2001 年後，都已改為無實體發行。

---

6 在國內，要成為公開發行公司，其公司資本額最低的標準為 5,000 萬新臺幣。

圖 2-3　國庫券

2. 商業本票

商業本票（Commercial Paper；CP）為公司組織所發行的票據。其種類又分為第一類及第二類商業本票兩種，市場上以第二類為大宗。所謂的第二類商業本票（簡稱 CP2）是指工商企業為籌措短期資金，由公司自行簽發的本票，經金融機構保證或取得信用評等免保證，所發行的商業本票，又稱為「融資性」商業本票。

一般而言，公司發行 CP2，就像發行債券一般，公司缺資金時，就可自行簽發本票後，再委由票券公司發行銷售給資金的供給者，相當的便利。通常公司發行 CP2 時，票券商除了收取現在市場發行的基本貼現息[7]費用外，還必須幫其辦理保證、簽證與承銷業務，並收取相關費用。

圖 2-4　商業本票

3. 銀行承兌匯票

一般而言，匯票是工商企業基於「合法交易行為」產生的票據。通常市場上，因銀行所開立的銀行承兌匯票，較一般公司所開立商業承兌匯票具公信力，所以市面上大都以銀行承兌匯票居多，且匯票到期日以 180 天以內為主。

7　市場貼現息也就是公司融資的利息，通常票券商會依據不同的天期，進行差別報價。

所謂的銀行承兌匯票（Banker Acceptance；BA）是指工商企業經合法的交易行為而簽發產生的票據，經銀行承兌，並由銀行承諾指定到期日兌付的匯票；此匯票屬於「自償性」票據。通常工商活動中，提供勞務或出售商品之一方，可能會收到另一方開出遠期支票，此時可將此遠期票據轉給銀行，由銀行開立出銀行承兌匯票後，再拿這張匯票去票券市場融通資金。

圖 2-5　銀行承兌匯票

4. 銀行可轉讓定期存單

所謂的銀行可轉讓定期存單（Bank Negotiable Certificates of Deposit；NCD）為銀行為充裕資金來源，經核准簽發在特定期間，按約定利率支付利息的存款憑證，它不得中途解約，但可在市場上自由轉讓流通。通常銀行所發行的NCD天期，以1個月為單位，最長不得超過 1 年，且發行單位以 10 萬新臺幣的倍數發行。一般而言，銀行缺乏短期資金、或為調整長短期資金的部位，可自行發行短期的 NCD，以籌集資金或進行資金調節。

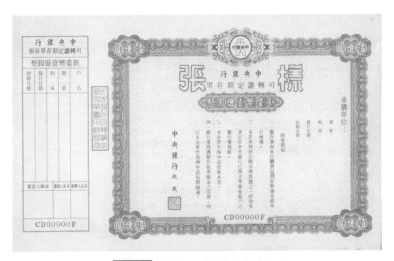

圖 2-6　銀行可轉讓定期存單

(二) 交易實務

一般而言，投資人透過票券公司，對各種票券進行買進與賣出，而形成票券的流通市場。依據現行的稅法規定，買賣票券的利息收益，不管法人或自然人，均採 10% 的分離課稅 [8]。通常投資短期票券，大致可分成兩種交易方式，其一為「買賣斷交易」，另一為「附條件交易」。

因為投資票券的投資人大都以短期進出為主，所以票券附條件交易是一般投資人，最常使用的交易方式，該交易又可分為「附買回交易」與「附賣回交易」兩種。其中，又以票券附買回交易為主要的交易方式。通常票券附條件交易的買賣角度，都是以「票券商」為考量。

所謂的「附買回交易」（Repurchase Agreements；RP）是指投資人擁有短期資金，但投資票券不想擁有至票券到期為止，只是想暫時的投資一段期間，當約定期間到時，票券公司會再把票券買回，此稱為「票券附買回交易」。有關票券附買回交易示意圖，請詳見圖 2-7。

表 2-2　票券市場次級市場的買賣報價表

期別	10 天	30 天	60 天	90 天	120 天	180 天	360 天
買進	1.81%	1.81%	1.86%	1.86%	1.89%	1.96%	2.06%
賣出	1.37%	1.39%	1.42%	1.54%	0.48%	1.59%	1.66%

資料來源：中華票券（2023/10/06）

通常票券附買回的運作方式：乃交易雙方於期初先約定投資金額、利率與天期，到期時票券商以期初約定的利率，所產生的本利和（或說約定的附買回價格），向客戶買回票券。有關票券附買回到期時，其票券公司的「附買回價格」與投資人的到期的「利息收入」計算如下兩式：

$$票券商附買回價格 = 成交金額 \times [1 + 附買回利率 \times (1 - 10\%) \times \frac{持有天數}{365}]$$

$$投資人的利息收入 = 附買回價格 - 成交金額$$

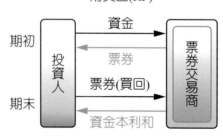

圖 2-7　票券附買回交易示意圖

8　但依據所得稅法規定的教育、文化、公益、慈善機構或團體，及符合行政院規定標準者，其本身的所得及其附屬作業組織之所得，可免扣 10% 分離課稅的免稅機構，投資票券的利息收入是完全免稅的。常見的免稅機構，如：學校、農漁會、健保局及郵匯局等。

例題 2-2　票券附買回交易

某投資人將金額 1,000 萬，投資票券附買回交易，訂定期間 10 天，利率為 0.5%。請問 10 天到期時，投資人的利息收入為何？

解

票券商附買回價格 $= 10,000,000 \times [1 + 0.5\% \times (1 - 10\%) \times \dfrac{10}{365}] = 10,001,233$

利息收入 $= 10,001,233 - 10,000,000 = 1,233$

二、債券

債券（Bonds）是由發行主體（政府、公司及金融機構），在資本市場為了籌措中、長期資金，所發行之可轉讓的債務憑證。一般債券的發行單位可分政府、公司與金融機構，其所發行的債券分別為「政府公債」、「金融債券」與「公司債」。

一般而言，一般人對債券的基本認知，大概就是「定期領息，到期還本」的基本特性。通常投資債券金額都很大，且投資期限都很長，所以此種商品並不是一般市井小民的菜，大都是法人市場為主。所以一般小額投資人大致可藉由「債券型基金」，間接的投資債券，若資金較大的中實戶，仍可藉由「債券附買回交易」，短期的投資債券。因此一般個人投資債券，大致上是以投資「債券型基金」與「債券附買回」為主。所以債券的投資知識，對投資人而言，仍是一項重要的課題。以下此處將介紹幾種常見的債券種類以及交易實務。

(一) 債券種類

實務上在發行債券時，經常會依據公司本身的需求，而附加許多其他條件或條款，使得債券的種類不勝枚舉。其所附加之條件或條款，大致上以擔保程度的差異、票面利率的變動、或附加選擇權等這幾項常見的條款。以下將分別介紹之。

1. 有擔保債券

有擔保債券（Guaranteed Bonds）乃公司提供資產作為抵押，經由金融機構所保證；或沒有提供擔保品，但銀行願意保證之公司債券。債權人具有相當的保障，安全性較高。若發行公司發生債務危機，無法履行還本付息的義務時，則保證機構必須負起還本付息的責任，當然保證機構需向發行公司收取保證費。

2. 無擔保公司債

無擔保公司債（Non-Guaranteed Bonds）又稱為「信用債券」（Debenture），公司債發行公司未提供任何不動產或有價證券等作為擔保抵押的擔保品，或無第三人保證所發行之公司債。對投資人而言，因無任何擔保債權的保障，投資風險性相對提高，因而無法保護投資大眾，故公司法對發行無擔保公司債有較嚴格的限制。

3. 浮動利率債券

浮動利率債券（Floating-Rate Bonds）是指債券的票面利率採浮動利息支付，通常債券契約上訂定票面利率的方式是以某種指標利率（Benchmark）作為基準後，再依發行公司的條件不同，而有不同的加、減碼額度。國外常用的指標利率為美國國庫券殖利率、或英國倫敦銀行同業拆款利率（London Inter Bank Offer Rate；LIBOR）；而臺灣常以 90 天期的商業本票（CP）、銀行承兌匯票利率（BA）、一年期金融業隔夜拆款平均利率或銀行一年期定儲利率為指標利率。

4. 可贖回債券

可贖回債券（Callable Bonds）是指純普通債券，再附加贖回選擇權。可贖回債券發行公司於債券發行一段時間後，通常必須超過其保護期間，發行公司有權利在到期日前，依發行時所約定價格，提前贖回公司債，通常贖回價格必須高於面值，其超出的部分稱為贖回貼水。

5. 可賣回債券

可賣回債券（Putable Bonds）是指純普通債券，再附加賣回選擇權。可賣回債券持有人有權在債券發行一段時間之後，要求以發行時約定的價格，將債券賣回給發行公司。注意前述的可贖回債券的贖回權利在於「發行公司」，而可賣回債券的賣回權利在於「投資人」。

6. 可轉換債券

可轉換債券（Convertible Bonds）是指純普通債券，再附加轉換選擇權。可轉換債券允許公司債持有人在發行一段期間[9]後，依期初所訂定的「轉換價格」，將公司債轉換為該公司的普通股股票。在實務上，當可轉換公司債要轉換成股票時，有時會先向發行公司取得債券換股權利證書，再轉換成普通股。可轉換公司債因具有轉換權，故其所支付的票面利率較一般純債券為低。

通常可轉換債券是國內唯一投資人可藉由證券交易所，以集中市場的交易方式進行交易的債券商品。一般而言，可轉債的證券名稱，會在股票名稱後加上數字以區分，例如：「鴻海一」。通常掛牌上市的可轉債的每單位價格 100 元，一張可轉債為 1,000 個單位，所以一張可轉債的面額 10 萬元。如果有一公司的可轉債設定的轉換價格為 50 元，則每張可轉債將來可以換 2,000 股的普通股（100,000/50 ＝ 2,000 股）。

---

9 通常可轉債需發行一段期間後，才能申請轉換，此段期間稱為「凍結期」，一般為 90 天。

7. 零息債券

零息債券（Zero Coupon Bonds）是債券面額不載票面利率，發行機構從發行到還本期間不發放利息，到期依面額償還本金，以「貼現」方式發行。由於零息債券發行期間不支付利息，所以面臨的利率風險較一般債券高，且對利率波動較敏感，因此通常發行期限不會太長。

8. 寶島債券

寶島債券（Formosa Bonds）是指國外的企業、金融機構與政府單位、以及國內的公司與金融機構都可在國內發行以「人民幣」計價的債券。近年來，由於國內櫃檯買賣中心，積極布局「國際債券板」，所以「寶島債」，曾經是國際債券板的主要交易對象。

9. 垃圾債券

垃圾債券（Junk Bonds）是指信用評等較差或資本結構不夠健全的公司，所發行的高收益、高風險債券。投資此債券的風險在於發行公司其經營不佳，可能無法準時付息甚至無法還本付息而導致投資人的損失，所以發行公司必須以比一般公司債為高的利率來吸引投資人。

一般而言，全世界有三家知名的信用評等公司，分別為「標準普爾（Standard & Poor's）」、「慕迪（Moody's）」、「惠譽國際（Fitch Rating）」對債券信用評等等級與說明。以下表 2-3 為債券信用評等等級與說明。

10. 墮落天使債券

墮落天使債券（Fallen Angel Bonds）是指原本在債券信用評級為「投資等級債券」（BBB 級以上），可能因為債券發行人本身的營運或財務發生問題，被調降評等至「非投資等級債券」（BBB 級以下）。由於此類債券仍保留原本投資等級債券所具有高流動性與違約率較低的特質，且將來還是有機會再重新被調回投資等級債券。所以投資此類債券的整體報酬收益（債息收益與資本利得）有可能高於投資等級債券，也會優於原本發行時，就被列為是非投資等級債券。

表 2-3　債券信用評等等級與說明

信用等級	標普	慕迪	惠譽	評級結果說明
投資等級	AAA	Aaa	AAA	信譽極好，幾乎無風險
	AA	Aa	AA	信譽優良，基本無風險
	A	A	A	信譽較好，具備支付能力，風險較小
	BBB	Baa	BBB	信譽一般，基本具備支付能力，稍有風險

信用等級		標普	慕迪	惠譽	評級結果說明
投機等級	垃圾等級	BB	Ba	BB	信譽欠佳，支付能力不穩定，有一定的風險
		B	B	B	信譽較差，近期內支付能力不穩定，有很大風險
	違約等級	CCC	Caa	CCC	信譽很差，償債能力不可靠，可能違約
		CC	Ca	CC	信譽太差，償還能力差
		C	C	C	信譽極差，完全喪失支付能力
		D	D	D	違約

理財 NEWS

墜落天使債 三個優勢

　　美國聯準會 2023 年 7 月又升息 1 碼，市場對此結果以偏鴿派解讀，預測聯準會下半年貨幣政策可望逐漸從緊縮正式轉向中性，預估不會再上修終點利率水準，投信認為，2023年升息循環即將結束，有利於墜落天使非投資等級債券（Fallen Angel）的表現。歷史經驗顯示，升息到頂後，品質較高的非投資等級債券表現潛力更強，現在正是逢低承接的絕佳時刻，理由有三：

　　首先，雙重獲利來源。Fallen Angel 非投資等級債券年化報酬有一定比率來自資本利得機會；債息與資本利得可望兼顧。

　　其次，企業體質較佳。Fallen Angel 企業體質優於一般非投資等級企業，信用評級多數集中在 BB 級，具有相對優異的市場流動性，BB 與 B 等級債券占比較高有助於降低違約風險。此外，信評較高的 BB 級債券較易出現明日之星（從非投資等級被升評至投資等級），有機會吸引資金買進及創造價格上漲機會，整體表現往往優於自發行時就屬於非投資等級的債券。

　　第三，違約率較低。相較全球高收益債券指數，Fallen Angel 非投資等級債券的年度違約率明顯較低，相對提高資產的防禦力，也具備更佳的吸引力。

　　專家指出，在升息尾聲，正是承接高殖利率債券的絕佳時刻，可聚焦鎖定 Fallen Angel 非投資等級債以獲取潛在殖利率與總回報機會的投資優勢，迎接未來成長契機。

資料來源：節錄自經濟日報 2023/08/01

解說

　　墜落天使債具有較高的報酬率、公司體質較佳與違約率較低等特質。所以專家指出在升息尾聲，正是承接墜落天使債的絕佳時刻，它擁有較高債息收益，且將來降息後，也可獲取較高的資本利得的報酬。

(二) 交易實務

　　國內的債券交易，除了「可轉換公司債」，投資人可於證券商直接下單至證券交易所進行買賣外，其餘的債券交易大都是經由「證券商營業處所內」以議價方式交易、或者經由櫃檯買賣中心，所提供各項債券電腦撮合交易系統來完成。

　　一般而言，國內的債券交易方式主要可分「債券附條件交易」、「債券買賣斷交易」及「債券保證金交易」三種，但現行債券市場上，只剩「附條件」與「買賣斷」這兩種交易方式。因進行債券買賣斷交易的金額都很大，所以大部分都以法人市場為主，一般的投資人大概會以承作附條件交易的債券附買回為主。

　　通常投資債券需要的資金龐大、投資時間長，並不是一般小額投資人容易投資的金融工具。所以為使債券交易可以更為活絡，於是債券交易商將身旁的債券，短暫的賣給投資人。投資人購買債券不採買斷方式，而是事先與債券交易商簽訂附條件約定，交易時雙方約定承作金額、利率與天期，到期時交易商以期初約定的利率及所產生的本利和，向客戶買回債券，稱為「債券附買回交易」（Repurchase Agreement；RP）。

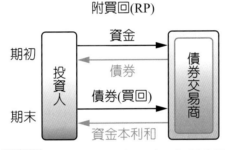

圖 2-8　債券附買回交易（RP）示意圖

　　通常債券附買回的標的物是以公債為主，亦可承作普通公司債、可轉換公司債、以及國際債券（寶島債為主）的附買回交易。因債券標的物的債信不同，所以公司債、可轉換公司債與國際債券的 RP 利率通常會高於公債 RP 利率。

　　通常投資人投資附買回交易所產生的利息收入，依據現行稅法，個人與法人均採 10% 分離課稅，但法人課稅後，須再合併營利事業所得額課稅。所以以個人而言，稅後收益有時甚至比 1 ～ 3 個月定期存款高。且投資人可依自己資金狀況，選擇合適的天期承作，並可靈活運用資金投資股票與債券相互搭配操作，尚可中途解約，利息不打折，操作方便靈活。以下舉例題 2-3 說明債券附買回的交易方式。有關債券買回的利率報價，請詳見表 2-4。

表 2-4　債券附買回的利率報價表

期別	10 天	30 天	60 天	90 天	120 天	180 天	360 天
RP	0.6%	0.62%	0.62%	0.65%	0.65%	0.7%	0.8%

資料來源：中華票券（2023/10/06）

 例題 2-3　債券附買回交易

假設某甲有閒置資金 1,000 萬欲向某交易商承作公債 RP，雙方約定承作天期 30 天，利率 0.16%，則到期時，交易商須以多少金額向客戶買回債券？

解

因承作債券 RP 的利息收入，個人與法人均會被課 10% 的分離稅。

某甲到期的本息收益（交易商買回金額）為

$$= 10,000,000 \times \left[1 + 0.16\% \times (1-10\%) \times \frac{30}{365} \right] = 10,001,184$$

2-3　銀行存款類型商品

　　銀行的存放款業務，是一般工商企業與自然人，最常接觸的金融市場交易工具。它使用的交易商品就是實體的貨幣，銀行藉由實體的貨幣與普羅大眾的借貸，形成銀行的存放款業務。通常銀行的存款商品大致可分為「一般的存款」與「外幣存款」兩大類。以下將分別介紹這兩類的相關商品。

一、一般存款

　　存款（Deposit）是銀行最主要的資金來源，屬於銀行資產負債表中「負債」項目之一。其接受存款的對象包括個人、企業與政府機構。存款依「期限」、「存款人」的不同，大致可以分成「支票存款」、「活期存款」、「活期儲蓄存款」、「定期存款」、「定期儲蓄存款」等五種。有關國內各種存款的利率報價，請詳見表 2-5。

表 2-5 國內銀行各種新臺幣存款的利率一覽表

存款種類		機動利率	固定利率
支票存款		--	0%
活期存款		--	0.58%
活期儲蓄存款		--	0.7%
定期存款	1～3 個月	1.1%	1.1%
	3～6 個月	1.16%	1.165%
	6～9 個月	1.335%	1.34%
	9～12 個月	1.45%	1.455%
	1 年期	1.565%	1.575%
	2 年期	1.605%	1.605%
	3 年期	1.62%	1.62%
定期儲蓄存款	1 年期	1.59%	1.60%
	2 年期	1.625%	1.625%
	3 年期	1.66%	1.66%

資料來源：臺灣銀行（2023/10）

(一) 支票存款

支票存款（Check Deposits）是指存款戶簽發支票給客戶，存款戶須先將資金放到支票存款戶內，以為讓客戶憑支票可以隨時提領到資金。通常支票存款戶有可能將資金存入帳戶後，就會被立即領走，因此資金的流動很快，所以通常銀行不支利息。此外，一般民間將支票存款稱為「甲存」（甲種活期存款）。

(二) 活期存款

活期存款（Demand Deposits）是指存款人將錢存入帳戶，隨時都可以提領該帳戶的資金。此外，一般民間將活期存款稱為「乙存」（乙種活期存款）。通常開戶對象可為自然人，非營利與營利機構的法人團體等。

(三) 活期儲蓄存款

活期儲蓄存款（Savings Deposits）與活期存款相同，將錢存入帳戶，隨時都可以提領該帳戶的資金。但活期儲蓄存款的開戶對象只限定個人、或非營利事業法人，且利息通常較活期存款高一些。

(四) 定期存款

定期存款（Time Deposits）是指存款戶存入資金後，有一定的期限限制（如：1 個月、3 個月、6 個月、1 年與 3 年等），存款戶須到期才可領出資金。承做定期存款通常不得中途轉讓給其他人，若要提早解約，利息會被打折。

通常銀行的定存與定儲利率分為兩類：「固定利率」與「機動利率」。固定利率是指存款期間，利率皆維持相同。機動利率則是銀行會隨中央銀行的升（降）息，機動的調高（低）利率。

(五) 定期儲蓄存款

定期儲蓄存款（Time Savings Deposits）的特性與定期存款相同，但定期儲蓄存款的開戶對象只限定個人或非營利事業法人，且承作天期通常須在 1 年以上（如：1 年、15 個月、2 年與 3 年等）。

通常銀行又把定期儲蓄存款，分成「存本取息」、「整存整付」與「零存整付」三種型式。

1. **存本取息：** 是指一次把本金放入銀行，按月「單利」計算將利息領出，到期時，提領本金。

2. **整存整付：** 是指的是一次把本金放入銀行，利息按「複利」計算，到期時，本金與利息一起領出。

3. **零存整付：** 是指每個月都固定存入一定金額，利息按「複利」計算，到期時，本金與利息一起領出。

 例題 2-4　定期儲蓄存款

1. 若有一退休族將 1,000 萬存入銀行，一年定儲利息為 1.2%，利用「存本取息」方式，按月將利息領出當生活費，請問其每月可領回多少利息？到期時，一年後總共可領回多少？

2. 若有一退休族將 1,000 萬存入銀行，一年定儲利息為 1.2%，利用「整存整付」方式，請問到期時，一年後可領回多少本利和？

3. 若有一定存族，每月初存 10 萬元，一年定儲利息為 1.2%，利用「零存整付」方式，請問到期時，一年後可領回多少本利和？

解

1. 一年利息為 1.2%，以單利計算下的月利率為 $\dfrac{1.2\%}{12} = 0.1\%$，

所以每月可領回 10,000 元 (10,000,000×0.1%)，

到期時，可領回 10,120,000 元 (10,000,000 ＋ 10,000×12)。

2. 一年利息為 1.2%，以單利計算下的月利率為 $\dfrac{1.2\%}{12} = 0.1\%$，

然後每月按月複利計息，本利和為 10,120,662 元。

利用 Excel 解答，步驟如下：

(1) 選擇「公式」。

(2) 選擇函數類別「財務」。

(3) 選取函數「FV」。

(4) 「Rate」填入「0.1%」。

(5) 「Nper」填入「12」。

(6) 「Pv」填入「-10,000,000」。

(7) 「Type」若填入「0」。

(8) 按「確定」計算結果「10,120,622.2」。

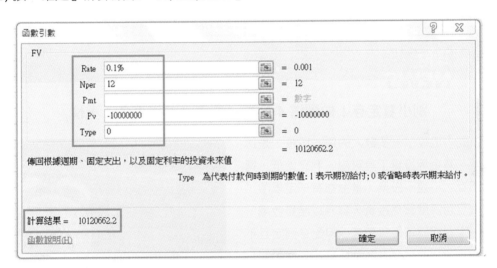

3. 一年利息為 1.2%，以單利計算下的月利率為 $\dfrac{1.2\%}{12} = 0.1\%$，

每月初存入 10 萬元，本利和為 1,207,829 元。

利用 Excel 解答，步驟如下：

(1) 選擇「公式」。

(2) 選擇函數類別「財務」。

(3) 選取函數「FV」。

(4) 「Rate」填入「0.1%」。

(5) 「Nper」填入「12」。

(6) 「Pmt」填入「-100,000」。

(7) 「Type」若填入「1」，表月初存入。

(8) 按「確定」計算結果「1,207,828.672」。

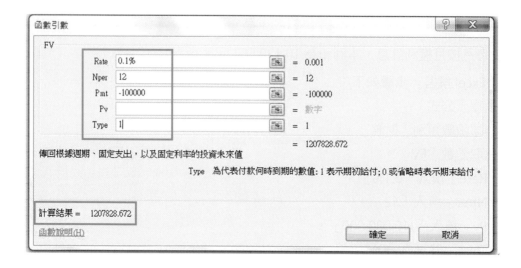

別小看定存！做到這 4 件事，能讓你存得更多、更快

談到「定存」，多數人的第一印象，是比起股票、基金等投資工具來說，利息太低，還不如不存。不過，股票、基金都有一定風險，沒有做足功課就貿然投資，容易以賠錢收場。不過，定存報酬率看似較低，但配息固定且不會損失本金，更適合做為踏出投資理財的第一步。而在辦理定存時，你有 4 件事要學會：

1. 想存超過一年，選定期「儲蓄存款」更划算

首先，要認識活存和定存最大的差別，在於「存款的期限」。活存是一般至銀行開戶後，就可自由利用 ATM 或臨櫃存錢、領錢，利率相對較低。定存則是和銀行約定好存款期間，從 1 ～ 3 個月到 1 ～ 3 年，利率相對較高。由於定存在存款期間，不能夠隨時提領，擔心自己無法定下心存錢的人來說，有著強迫儲蓄的優點。

另外，定存還分為「定期存款」和「定期儲蓄存款」，兩者差別為定期存款最短可存 1 個月，而定期儲蓄存款至少要存 1 年以上，利率也會較高。如果想存超過 1 年以上，記得選擇定期儲蓄存款。

2. 存錢不想有壓力，可用「零存整付」的方式

定期存款除了可在臨櫃辦理，各銀行現在都有提供網路銀行或手機 APP，在電腦或手機上，就能輕鬆辦好定存。辦理定存時，有兩種常見的方式，分別為「整存整付」與「零存整付」。

「整存整付」指的是一次把本金放入銀行，到期後才和利息一起領出。「零存整付」則是類似定期定額的概念，每個月都固定存入一定金額。假如想在一年內存下 12 萬元，整存整付代表一開始就要投入 12 萬元的本金，零存整付則是每個月存入 1 萬元即可，相對減輕存錢的壓力。

3. 看好未來會升息，就該選擇「機動利率」

定存利率分為兩類：「固定利率」與「機動利率」。固定利率是指存款期間，利率皆維持相同；機動利率則是銀行會隨中央銀行的升息、降息，調高或調低定存利率。要留意的是，選擇零存整付的人，銀行會統一使用機動利率。除了辦理定存前，先比較兩者高低，基本上看好未來會升息，可選擇機動利率，反之選擇固定利率，也能按照自己的偏好，像是想要保守一點，就選擇固定利率。

4. 這樣定存，解約就不用擔心手頭緊縮

由於定存無法隨時提領，如果急需用錢的時候，只能選擇解約，可以獲得的利息會跟著打折扣。舉例來說，原本存了一年期定存 10 萬元，利率為 1.03%，結果才經過 6 個月就碰到緊急狀況得解約，銀行會以 6 個月的利率 0.795%，再打 8 折，最後只剩 0.636%。

如果擔心未來因為急需用錢，而提前解約造成利息損失，不妨試試看以下方式：8 月存下一年期定存 1 萬元，9 月再辦理一筆一年期定存 1 萬元，重複執行到隔年。這樣一來從隔年 8 月開始，每月都會有一筆定存到期，不用擔心手頭沒有可運用資金，若沒有特殊用途，也可選擇繼續定存。假設覺得一年太長，也可調整存款期間，例如每半年就有定存到期。

資料來源：節錄自經理人月刊 2017/08/08

解說

通常定存是一般投資人最普遍、也是最安全保守的理財方式。有時看似很簡單的投資方式，但也是有些投資的學問與技巧在。上述內容叮嚀投資人若要辦理定存時，要注意 4 個技巧，可讓投資理財更具效率。

二、外幣存款

外幣存款（Foreign Currency Deposits）是指以外幣表示的活期或定期存款。其存款方式包括外幣現鈔、旅行支票、外幣匯款與外國票據等方式。通常投資人將一筆資金存入外幣的活期存款內，除了可享有活期存款的便利外，亦可隨時向銀行要求本金及利息的計算方式，並可以連結其他幣別、或者兩種外幣的匯差。其目的為提供更多樣的外匯理財工具，給對匯率不同看法的投資人參考與選擇，亦可達到避險功能。以下介紹幾種型式：

（一）基本型式

外幣存款的基本型式就是本金與利息的計算皆同一種幣別，基本上就是將本國的貨幣存款轉換成以本國以外的貨幣存款方式，依轉換後的幣別收取利息及承擔匯兌收益（損失）。例如：將臺幣帳戶的存款轉存到美金存款帳戶，存款的利息依照美金的存款利息計算。

目前國內各銀行開辦的外幣存款業務中，存款幣別則以美元為主，其次日圓、歐元、港幣、英鎊以及人民幣也是蠻普遍的，而其他幣別的存款不見得每家銀行皆有。有關銀行的外幣存款利率，請詳見表 2-6。以下舉例題 2-5 說明此種外幣存款的損益。

表 2-6　國內銀行各種外幣存款的利率一覽表

幣別	活期存款	定期存款				
		1 個月	3 個月	6 個月	9 個月	1 年
美金（USD）	1.45%	3.05%	3.45%	3.6%	3.75%	3.85%
港幣（HKD）	0.65%	1.4%	1.75%	1.9%	2.1%	2.2%
英鎊（GBP）	1.1%	1.9%	2.05%	2.25%	2.4%	2.55%
澳幣（AUD）	0.9%	1.55%	1.85%	2.1%	2.25%	2.4%
加拿大幣（CAD）	0.95%	1.8%	2.0%	2.2%	2.35%	2.5%
新加坡幣（SGD）	0.1%	0.25%	0.35%	0.4%	0.45%	0.55%
瑞士法郎（CHF）	0.2%	0.4%	0.5%	0.6%	0.7%	0.8%
日圓（JPY）	0.001%	0.001%	0.001%	0.001%	0.001%	0.002%
南非幣（ZAR）	2.2%	5.55%	5.55%	5.5%	5.5%	5.5%
瑞典幣（SEK）	0.6%	1.1%	1.3%	1.5%	1.6%	1.7%
紐元（NZD）	1.0%	1.9%	2.15%	2.4%	2.5%	2.6%
歐元（EUR）	0.7%	1.25%	1.4%	1.5%	1.55%	1.6%
人民幣（CNY）	0.05%	0.48%	0.58%	0.95%	0.95%	0.95%

資料來源：臺灣銀行（2023/10）

例題 2-5　外幣存款－基本型式

假設投資人承作三個月期美元外幣存款，利息 2.4%，目前美元兌臺幣匯率為 30，若三個月後美元上漲 31，若投資人承作 10 萬美元，則三個月後，以臺幣計算的報酬率為何？

解

若現在持有臺幣 1 元，則可換成美元為 $\frac{1}{30}$ 元，若存入三個月期美元定存後本利和為

$\frac{1}{30} \times \left(1 + \frac{2.4\%}{4}\right)$，半年到期後再將美元轉為臺幣則可獲利 $\frac{1}{30} \times \left(1 + \frac{2.4\%}{4}\right) \times 31 = 1.03953$

臺幣，所以實際報酬率為 3.953% $\left(\frac{1.3953 - 1}{1} \times 100\%\right)$。

所以美元存款的實質收益率，除了有美元利息收入轉成臺幣計算的報酬率為

$\frac{2.4\%}{4} \times \frac{31}{30} = 0.62\%$ 外，尚有匯兌的收益 $\frac{31 - 30}{30} = 3.333\%$。

(二) 利息連結其它幣別

　　通常投資人承作 A 貨幣的外幣定存，但利息收入連結同天期 B 貨幣的利率。以下舉例題 2-6 說明此種外幣存款的損益。

 例題 2-6　外幣存款－利息連結其它幣別

假設投資人承作美元轉換型外幣存款，期限三個月期，利息連結同天期的澳幣存款利息為 2.4%，若投資人承作 10 萬美元，則到期的利息收入為何？

 解

$100,000 \times \left(2.4\% \times \frac{3}{12}\right) = 600$ 美元

(三) 利息連結兩幣匯差

通常投資人承作 A 貨幣的外幣定存，但到期時領回的利息，是隨著 A 貨幣對 B 貨幣的匯率漲跌而定。以下舉例題 2-7 說明此種外幣存款的損益。

 例題 2-7 外幣存款－利息連結兩幣匯差

假設投資人承作三個月期的美元外幣存款，金額為 10 萬美元，存款利息將是美元兌人民幣匯率而定；若承作當時美元兌人民幣即期匯率為 6.65，三個月後到期時，美元兌人民幣即期匯率為 6.85，則到期的利息收入為何？

$$\left[100{,}000 \times (\frac{6.85 - 6.65}{6.65}) \right] = 3{,}007.5 \text{ 美元}$$

(四) 本金利息連結兩幣匯差

通常投資人承作 A 貨幣的外幣定存，到期時利息收入，除了 A 貨幣利息收入外，再加上到期時 A 貨幣對 B 貨幣的匯兌損益。以下舉例題 2-8 說明此種外幣存款的損益。

 例題 2-8 外幣存款－本金利息連結兩幣匯差

假設投資人承作三個月期利息為 5.6% 的美元外幣存款，金額為 10 萬美元；若承作當時美元兌日圓即期匯率為 120，三個月後到期時，美元兌日圓即期匯率為 125，則到期的利息收入為何？

$$100{,}000 \times (\frac{5.6\%}{4} + \frac{125 - 120}{120}) = 5{,}567 \text{ 美元}$$

理財
NEWS

挑美元定存除了比利率　也要留意這 2 大眉角

　　聯準會升升不息，加上地緣政治臨門一腳，讓美元自 2023 年以來身價不墜，銀行的美元優存也一路戰到 3 月，銀行主管表示，挑選美元優存除了比利率，也要評估匯率風險與存款天期長短。銀行主管表示，民眾可依資金用途彈性運用挑選美元優存，如果是基於升息循環，建議可選短天期方案；長線投資者則可將部分資金轉進美元投資等級債券，也有機會賺取較好的收益。

　　銀行主管指出，想把資金轉進美元存款首要考量匯率風險，尤其是以新臺幣結購轉進美元者，屆時若打算將資金換回新臺幣，一旦遇到匯率翻轉時，勢必得面臨匯兌損失風險，如果匯損吃掉利息收入，等於白忙一場。

　　銀行主管說，以目前市場態勢來看，聯準會很可能一路升息到 2023 年 6 月底，因此把資金鎖在長天期、固定利率的定存並不划算；而 3 到 6 個月期的短天期，除了有機會搭上升息循環列車，也能避免長天期徒增匯率風險。

　　銀行主管認為，除非是打算出國移民或留學，否則較不建議將外幣存款鎖在一年期以上的長天期方案，避免匯率波動影響利息收益。但如果是風險承受度較高，也短時間內不打算動支的資金，除了美元存款外，也能考慮將部分資產轉進美元計價的海外債，但要注意的是，海外債存續平均約 3 到 7 年不等，換言之，資金至少有 3 年會被鎖在債券中，運用彈性也相對較差。

　　整體而言，撇除匯率風險，如果追求保本、穩定利息收益者，建議可選美元優存，但最好以短天期為主；若想追求更好的收益，則可考慮海外債，但風險是持有天期長，匯率風險較大，資金可運用彈性較低。

資料來源：節錄自鉅亨網 2023/03/01

解說

　　由於美國聯準會（FED）自從 2022 年開始暴力升息，使得美元定存利率高達 5% 以上，這與臺幣定存利率具有相當的差幅，於是國人紛紛轉存美元定存賺利差，但專家提醒仍要注意匯率的風險，才不會賺利差賠匯差。

2-4　其他類型商品

　　上述幾種分類的金融工具，大致上是國人常使用的投資商品。但仍有些商品並無法準確的歸類於其中，本節將歸類於其他類型商品，一併介紹之。

一、黃金存摺

　　近年來，黃金的價位一直居高不下，且黃金一直以來是國人喜歡的投資商品，長久以來民間累積了大量的黃金現貨部位。雖然政府現在已經推出黃金期貨提供投資人一個投資與避險的管道，但仍有為數不少的投資人喜歡採黃金的實體買賣，由於黃金實體買賣有其攜帶性的風險，所以近來，許多銀行改採存摺式的登錄方式，使得黃金交易的管道又多一項選擇。

　　一般人買黃金時，會拿到黃金實體。黃金存摺則是投資人買賣黃金時不拿實體黃金，而是用銀行的存摺來登錄投資人的買賣紀錄，投資人可以隨時委託銀行買進黃金存在存摺裡，也可隨時將黃金賣回給銀行，所有交易都是在紙上作業完成，只要不提領現貨，投資人看不到黃金實體，所以黃金存摺又稱為「紙黃金」。另外，放在存摺裏的黃金數量等達到一定量的時候，投資人亦可將金條或金塊提領出來。

　　現行國內大部分的銀行都有承辦黃金存摺業務，投資人欲開設黃金存摺帳戶，可至承辦銀行的全國各分行辦理，該黃金存摺以「1 公克」黃金為基本掛牌單位，投資人可以隨時或定期委託承辦銀行，買進黃金存入存摺，亦可隨時將存摺內的黃金回售銀行，或依銀行規定轉換黃金現貨。

圖 2-9　黃金存摺

 理財
NEWS

臺灣年輕人喜將黃金存摺當股票投資銀行說誤解大了

金價 2020 年受到避險資金的青睞，價格從 3 月的低點往上攀升至 8 月的歷史新高，也吸引不少年輕人投入國內黃金存摺市場。不過，銀行也發現，這些年輕的投資人，並非把黃金視為金融投資分散風險，而是當作股票投資操作。銀行提醒，黃金存摺的原始設計，是屬於保管業務，如果只是為短線賺價差，黃金存摺並不是最好的選擇。

銀行也提醒，黃金存摺在金融業務的範圍，是屬於保管業務，也就是銀行是受託保管人，客戶是委託保管人，但不少年輕投資人卻想要拿黃金存摺，當成股票當沖操作，但可能沒有想清楚，他的金融操作目的和商品間的關係。不過，如果是因為資產配置，為了分散風險，或是長期累積資產需求，投資人不需要負擔保管風險和責任，黃金存摺就會是滿好的投資選項。它是一個現貨商品，設計不太適合短線進出，如果只是為了短線賺價差，黃金存摺並不是最好的選擇，他應該選擇其他金融性的黃金商品。

資料來源：節錄自中央社 2020/10/18

解說

黃金存摺當初設計的目的，乃提供國人一個能夠長期儲蓄，累積資產和分散風險的選擇。若想短線進出，賺價差，它並不是很好的標的商品，應該選擇其他金融性的黃金商品（如：黃金期貨或 ETF）。

二、互助會（標會）

長久以來，標會活動一直是存在民間的一種小額信用貸款，具有賺取利息與籌措資金的功能。互助會起會人為「會首」，其餘參加人則為會員。會首起會之後，可以向所有會員收取首期全數會款，之後每期會員所繳交之會款，則需交給得標會員。每一會員在每一會期只能得標一次，尚未得標的會員稱為「**活會**」，已經得過標的就稱為「**死會**」。

通常「死會」者通常自得標後，須繳「期初約定的標金」至會期結束；「活會」者則繳交「每期所願意出的標金」至得標後，改繳「期初約定的標金」至會期結束。所以跟會者可以獲得「期初約定的標金」與「每期所願意出的標金」的差額之總和。通常愈晚得標的會員，利潤愈高，但有被倒會的風險。

通常標會的型態可分「**內標制**」與「**外標制**」兩種。假設期初規定每期會金 10,000 元，每期得標金額[10]皆為 500 元，若採「內標制」：活會每期須繳 9,500 元，死會每期須繳 10,000 元；若採「外標制」：活會每期須繳 10,000 元，死會每期須繳 10,500 元。以下舉例題 2-9 說明標會的報酬率。

例題 2-9 標會

若有 12 人參加互助會，期初規定每期（月）會金 10,000 元，假設每期（月）得標金額皆為 1,000 元，現在假設有一人第 9 期得標，表示得標前有 8 期「活會」，將來會有 3 期「死會」。請問分別採下列兩種標法的報酬率？

1. 「內標制」的年報酬率為何？
2. 「外標制」的年報酬率為何？

解▷

1. 採內標制

   前 1-8 期皆繳交 9,000 元，第 9 期可收取 107,000 元 (10,000×8 ＋ 9,000×3)，後 10-12 期皆繳交 10,000 元。

2. 採外標制

   前 1-8 期皆繳交 10,000 元，第 9 期可收取 118,000 元 (11,000×8 ＋ 10,000×3)，後 10-12 期皆繳交 11,000 元。

   則各期的現金流量如下表：

期數	1	2	...	8	9	10	11	12
內標現金流量	-9,000	-9,000	...	-9,000	107,000	-10,000	-10,000	-10,000
外標現金流量	-10,000	-10,000	...	-10,000	118,000	-11,000	-11,000	-11,000

   利用 Excel 解答，步驟如下：
   (1) 在 Excel 的計算方格，從 1 期至 12 期填入各期現金流量。
   (2) 選擇「公式」。
   (3) 選擇函數類別「財務」。
   (4) 選取函數「IRR」。
   (5) 「Value」填入上述現金流量。
   (6) 「Guess」填入「0」。

---

10 實務上，通常每一期的得標金額是不同的。

(7) 按「確定」分別採「內標制」、「外標制」計算結果，IRR 為「1.788%」、「1.615%」。

上述利用內部報酬率（IRR），求得每月（期）的利率分別為 1.788%、1.615%，因 1 年有 12 個月，換算成年利率就是 21.456%（1.788%×12）、19.38%（1.615%×12）。

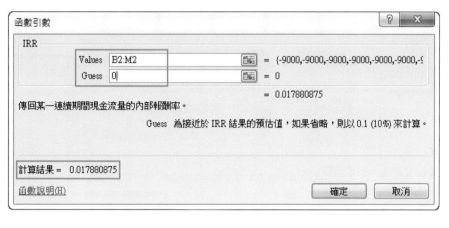

三、P2P 借貸

傳統的金融活動中，資金的借貸大都是透過銀行體系的存放系統來進行；銀行可以決定放款對象、金額多寡與利息高低。但是，現在由「電子商務科技公司」所提供的網路借貸平臺（如：哇借貸、LnB 市集、鄉民貸、台灣資金交易所等），可以媒合有資金需求與供給的個體戶，讓供需雙方在網路上完成 P2P 的借貸交易，不用再經過傳統銀行的仲介。此舉可以幫助中小企業、以及個人，解決小額信用貸款問題，且可替貸款者降低利息支出、以及增加放款人的利息收入，但放款者必須承受較高的違約風險。

　　雖然，P2P 借貸平臺的投資風險相對高，但投資人可將資金小額分散借給資金需求者，就可降低被違約的風險。例如：將一筆 10 萬元資金平均借給 100 人，若可收取利息 10%，若以往被違約率約 3%，這樣仍有 7% 的投資報酬率。

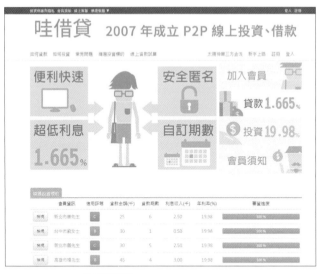

圖 2-10　　「哇借貸」官網

NEWS

P2P 平臺借貸　金管會向民眾提示四大風險

　　近期，P2P 借貸平臺 im.B 驚爆總金額高達 25 億的詐騙風暴，對此金管會銀行局副局長對民眾重申對 P2P 平臺借貸的四大風險指出，包括：貸借雙方互不認識難以評估倒帳風險，網路經營平臺容易發生捲款潛逃、詐欺、被駭導致交易資料被盜、個資外洩等侵權，借後款項並非隨時可收回的流動性風險，以及借款不能保證回收是最常見的四大風險，民眾在與 P2P 往來之前，對未來的損失或糾紛需審慎評估。

　　金管會也指出，為鼓勵銀行與 P2P 網路借貸平臺業者合作，已在 2017 年 12 月 1 日備查銀行公會自律規範，包括：銀行提供資金保管服務、銀行提供金流服務、銀行提供徵審與信用評分服務、銀行透過 Peer-to-Bank 模式提供貸款、廣告合作、銀行提供債權文件保管都在自律規範中開放的合作項目。

資料來源：節錄自經濟日報 2023/05/02

解說

　　P2P 的借貸平臺提供小額借貸人一項資金流通的管道，屬於金融科技新興領域。但近年來，國內也出現平臺詐騙風暴，金管會提醒民眾 P2P 借貸具有的四項風險，包括：被倒帳風險，平臺詐欺風險、個資外洩風險以及流動性風險等四項。

本 章 習 題

題號前有★號之題目附詳解

【基礎題】

( ) 1. 下列何者為股權類商品？
(A) 存託憑證　(B) 認股權證　(C) 股票期貨　(D) 股票選擇權

( ) 2. 下列對於股票面額、市價與淨值的描述，何者正確？
(A) 市價會比淨值高　　　　　(B) 面額會低於淨值
(C) 通常每一股票面額都會一樣　(D) 通常市價取決於會計上帳面價值

( ) 3. 假設有一股價為 30 元，現發放 2 元股票股利，請問股票除權價格為何？
(A) 28 元　(B) 25 元　(C) 32 元　(D) 30 元

( ) 4. 臺灣現行交易普通股的漲跌幅為何？
(A) 5%　(B) 7%　(C) 10%　(D) 無限制

( ) 5. 通常採普通交割的股票，將於成交後哪一天進行交割？
(A) 當日　(B) 次一日　(C) 次二日　(D) 次三日

( ) 6. 臺灣現行交易普通股的證券交易稅為何？
(A) 0.1%　(B) 0.2%　(C) 0.3%　(D) 免稅

( ) 7. 下列何者不屬於票券市場工具？
(A) 國庫券　(B) 商業本票　(C) 銀行承兌匯票　(D) 支票

( ) 8. 下列何種債券於證券市場掛牌上市？
(A) 可轉換公司債　(B) 零息債券　(C) 可贖回債券　(D) 可賣回債券

( ) 9. 下列何種債券是在臺灣以人民幣發行？
(A) 點心債　(B) 寶島債　(C) 武士債　(D) 小龍債

( ) 10. 請問國內債券附買回交易的利息收入的稅率為何？
(A) 6%　(B) 10%　(C) 20%　(D) 免稅

( ) 11. 下列哪一種存款通常沒有利息收入？
(A) 支存　(B) 活存　(C) 活儲　(D) 定存

( ) 12. 通常國內承作黃金存摺的單位為何？
(A) 銀樓　(B) 農漁會信用部　(C) 證券商　(D) 銀行

【理財規劃人員證照題】

(　) 13. 下列何者不是普通股之特性？

(A) 可優先參與分配股息　　(B) 公司增資發行新股之優先認購權

(C) 參與公司經營權利　　　(D) 承擔公司的經營成敗後果　　　【第 30 屆】

(　) 14. 目前股票漲跌幅原則上係以當日開盤競價基準之上下某百分比為限制，倘有一股票當日開盤競價基準為 54 元，請問按現行制度，這檔股票當日最高可漲至多少價格？

(A) 57.7 元　(B) 57.8 元　(C) 59.4 元　(D) 70.2 元　　　【第 30、37 屆】

(　) 15. 市價在 50 至 100 元之間的股票，其最小變動單位（即一檔）為下列何者？

(A) 0.05 元　(B) 0.1 元　(C) 0.5 元　(D) 1 元　　　【第 26 屆】

(　) 16. 定期定額投資的好處之一，是不管市場持續上揚、下跌或波動時，平均每股成本皆低於下列何者？

(A) 平均價格　(B) 期初成本　(C) 期末成本　(D) 任一市價　　　【第 30 屆】

(　) 17. 股票與 ETF 的證券交易稅何者較高？

(A) ETF　(B) 股票　(C) 相同　(D) 視交易量而定　　　【第 26 屆】

★(　) 18. 投資人於 4 月 1 日以 150 元買進 A 公司股票 20,000 股，於 4 月 6 日以 180 元賣出，買賣手續費皆為千分之 1.425，該投資人所支付之證券買賣費用為多少元？

(A) 20,205 元　(B) 15,935 元　(C) 9,410 元　(D) 15,080 元　　　【第 27 屆】

(　) 19. 下列何者不是貨幣市場之交易工具？

(A) 國庫券　(B) 商業本票　(C) 債券附買回交易　(D) 可轉換公司債

【第 29 屆】

(　) 20. 乙種國庫券係由政府委託下列何者代為發行？

(A) 財政部　(B) 中央銀行　(C) 臺灣銀行　(D) 經濟部　　　【第 27 屆】

(　) 21. 下列何者不是貨幣市場基金的特質？

(A) 低風險性　(B) 高流動性　(C) 高收益率　(D) 低安全性　　　【第 27 屆】

(　) 22. 短期保本投資工具中，下列何者必須經過票券交易商簽證及承銷始得成為貨幣市場交易工具？

(A) 國庫券　(B) 商業本票　(C) 可轉讓定期存單　(D) 銀行承兌匯票

【第 28 屆】

(　) 23. 下列何者的利息所得是採用分離課稅？

(A) 股票　(B) 票券　(C) 活期存款　(D) 定期儲蓄存款　　　【第 30 屆】

( ) 24. 下列敘述何者錯誤？

(A) 定期存款於未到期時可向銀行辦理質借

(B) 定期存款期限最少一個月、最長三年

(C) 可轉讓定期存單得中途解約

(D) 可轉讓定期存單得採記名方式發行 【第 26 屆】

( ) 25. 個人投資下列何種金融商品時，其利息所得須課稅？A. 商業本票 B. 債券附買回交易 C. 證券化商品

(A) 僅 A、B (B) 僅 A、C (C) 僅 B、C (D) A、B、C 【第 30 屆】

( ) 26. 有關債券的種類，下列敘述何者錯誤？

(A) 依發行機構可分為公債、公司債、金融債券

(B) 依發行形式可分為實體公債與無實體公債

(C) 依票息之有無可分為有息債券與永久債券

(D) 依債權之性質可分為普通債券與次順位債券 【第 28 屆】

( ) 27. 下列何者屬於風險偏好高的投資人所喜好的產品？

(A) 政府公債 (B) 平衡型基金 (C) 銀行存款 (D) 高收益債券 【第 30 屆】

★( ) 28. 某可轉債發行時約定轉換價格為 40 元，當現股漲到 60 元時，可轉債之合理市價為何？

(A) 100 元 (B) 120 元 (C) 150 元 (D) 200 元 【第 30 屆】

★( ) 29. 王先生投資面額 100,000 元的可轉債一張，其約定轉換價格為 25 元。王先生將其轉換成普通股後以 30 元價格在市場上賣出，請問王先生獲利多少元？

(A) 10,000 元 (B) 20,000 元 (C) 30,000 元 (D) 40,000 元 【第 27 屆】

( ) 30. 投資者以新臺幣 5,000 萬元向證券商買進中央政府公債，並約定由該證券商於 20 天後支付 1.25% 利息，並向投資者買回，對投資者而言此種交易方式係指下列何者？

(A) 附買回交易 (B) 附賣回交易 (C) 買斷交易 (D) 賣斷交易 【第 29 屆】

( ) 31. 有關定期存款之敘述，下列何者錯誤？

(A) 有一定期限

(B) 係憑存單或依約定方式提取之存款

(C) 存款人得辦理質借

(D) 到期前解約，實存期間的利息不受影響 【第 29 屆】

★( ) 32. 某甲以半年複利一次的方式存放二年期定期存款 1,000,000 元，其利率為 5%，試問到期的本利和為何？

(A) 1,100,000 元　　(B) 1,103,813 元

(C) 1,157,625 元　　(D) 1,215,506 元　　【第 30 屆】

( ) 33. 通常國內可轉換公司債之凍結期最少為多久？

(A) 1 個月　(B) 3 個月　(C) 6 個月　(D) 100 天　【第 32 屆】

( ) 34. 投資人承作票券或債券附條件交易，雙方所議定的最長天期不得超過多久？

(A) 一年　(B) 180 天　(C) 90 天　(D) 30 天　【第 33 屆】

( ) 35. 貨幣市場工具商業本票之優點為安全性高、流動性強、利息優厚，目前其票券利息收入稅負採何種方式計算？

(A) 併入個人綜合所得或營利事業所得申報　(B) 20% 分離課稅

(C) 免稅　　　　　　　　　　　　　　　　(D) 10% 分離課稅　【第 34 屆】

( ) 36. 下列何項貨幣市場工具，其發行人或保證人須經過信評公司評等，才可發行？

(A) 國庫券　(B) 商業本票　(C) 可轉讓定期存單　(D) 銀行承兌匯票

【第 36 屆】

( ) 37. 可轉讓定期存單發行期限最長為多久？

(A) 無限制　(B) 二年　(C) 一年　(D) 一個月　【第 36 屆】

( ) 38. 張三以新臺幣 98 萬元購買面額 100 萬元、90 天期（一年以 360 天計）的國庫券，持有到期滿。請問張三的投資報酬率為多少？

(A) 8.16%　(B) 8.46%　(C) 8.76%　(D) 8.96%　【第 36 屆】

( ) 39. 下列何者債券之信用評等是屬於風險低且報酬相對低的穩健型債券（投資級債券）？

(A) 標準普爾 A-　(B) 標準普爾 BB-　(C) 標準普爾 BB+　(D) 標準普爾 CCC

【第 38 屆】

( ) 40. 一般而言，公司若發行可贖回債券（Callable Bond），其票面利率和不可贖回債券比較為何？

(A) 提高　(B) 降低　(C) 相同　(D) 無法判斷　【第 39 屆】

( ) 41. 根據各主要評等機構的長期評等等級，下列何者屬於投資等級的評等？

(A) 中華信評 twB+　(B) 惠譽 BB　(C) 穆迪 Baa3　(D) 標準普爾 BB+

【第 39 屆】

( ) 42. 某公司如欲申請以一般類公司掛牌上市，則其實收資本額最低需在幾億元以上？

(A) 六億元　(B) 三億元　(C) 一億元　(D) 無限制　【第 40 屆】

Chapter 03

衍生性金融商品

本 章 架 構

本章內容為衍生性金融商品,主要介紹期貨、選擇權、權證與其他衍生性商品等。其內容詳見下表。

節次	節名	主要內容
3-1	期貨商品	介紹期貨商品種類、合約規格與交易實務。
3-2	選擇權商品	介紹選擇權種類、特性與交易實務。
3-3	權證商品	介紹權證種類與交易實務、以及牛熊證。
3-4	指數投資證券	介紹指數投資證券的特性。
3-5	其他衍生性商品	介紹外幣保證金、投資型外幣存款以及合成型債券。

本 章 導 讀

一般而言,衍生性金融商品由「現貨」所對應衍生發展出來的商品,其最原始的動機是讓投資人用來規避現貨波動風險,但由於它採「保證金交易」,所以可以小額投資兼具高槓桿性,反而成為重要的投機或投資工具,因此,近年來,逐漸受到年輕族群的青睞。

基本上,衍生性金融商品主要有「遠期」(Forwards)、「期貨」(Future)、「選擇權」(Options)及「金融交換」(Swap)等四種合約。本章所要介紹的衍生性金融商品,乃是現在國內一般投資人比較簡單可入手的投機或投資工具,其大部分都是國內期交所或證交所,所推出的標準化金融商品,如:期貨、選擇權、權證以及指數投資證券。此外,尚有一些屬於店頭交易的衍生性商品,如:銀行推出的外幣保證金交易、投資型外幣存款以及合成型債券等,都是國人較常用的投資工具。

以下本章將逐次介紹幾種,國內投資人較常投資的衍生性金融商品,分別為期貨、選擇權、權證、指數投資證券與其他衍生性商品等。

3-1 期貨商品

一般而言，期貨合約是衍生性金融商品的一種，它並不是一種有形的商品，而是人們最早基於避險需求，所被創造出來的一種無形商品。由於它具有以小搏大的高槓桿特性，且又採集中市場較透明的交易方式，因此投資人可藉此進行較高風險的投資活動。以下本節首先介紹期貨市場常見的商品種類，其次介紹臺灣期交所推出的合約中，較廣被投資人青睞的期貨商品，最後，再介紹國內的期貨交易實務。

一、商品種類

一般而言，期貨商品的設計，乃基於現貨交易的需求而來。人們在進行現貨交易時，會因某些商品的價格變動過大而產生風險，那就會針對那些商品設計出期貨合約來進行避險。通常較常見的期貨商品可分為「商品期貨」及「金融期貨」兩大類。此外，近年來國際期貨市場，還發展出一些基於特別需求，所衍生的「新興期貨」商品，本單元將一併簡單介紹之。有關期貨商品種類，詳見表 3-1 說明。

表 3-1　期貨商品種類

商品期貨	農畜產品類	◎農產品，如：小麥、黃豆、玉米、黃豆油與黃豆粉等。 ◎家畜產品，如：牛、幼牛、豬腩及活豬等。
	金屬類	◎貴金屬，如：黃金、白銀等。 ◎基本金屬，如：銅、鋁、鎳、錫及鋅等。
	能源類	◎原油及其附屬產品的燃油、汽油等。 ◎其他能源，如：丙烷、天然氣等。
	軟性商品類	◎咖啡、可可、蔗糖、棉花、柳橙汁、棕櫚油和茭籽等。
金融期貨	外匯類	◎歐元、日圓、瑞士法郎、加幣、澳幣、英鎊、人民幣等。
	利率類	◎短期利率：政府短期票券、銀行定期存單等。 ◎長期利率：政府中、長期債券等。
	股價指數類	◎美國 S&P 500、日經 225、香港恆生、臺灣加權股價指數、中國上海證券指數等。
新興商品期貨	氣候類	◎雨量、溫度、雪量等。
	特殊指數類	◎運費費率指數、波動率指數（Volatility Index；VIX）等。
	其他類	◎電力、碳排放權、比特幣等。

二、期貨合約規格

　　國內最早的期貨商品濫觴於 1998 年由臺灣期貨交易所，所推出的「臺灣加權股價指數期貨」（俗稱：大台指），它是以臺灣所有上市股票所組成的指數，當作標的物。自從推出大台指後，期交所又陸續推出各種股價指數、利率、匯率、以及商品（包含：黃金與原油）等類型的期貨商品。但這些商品，除了一部分的股價指數合約，其交易較活絡外，大部分合約都陷於流動性不足之窘境，因此本節將針對交易最活絡的兩種股價指數合約－「大台指」與「小台指」進行介紹。

　　近年來，國內積極發展離岸人民幣市場，希望臺灣能成為全球重要的離岸人民幣交易中心。所以臺灣期交所也順勢推出兩種「人民幣匯率期貨」合約，該商品成交量曾居世界之冠，因此對全球人民幣期貨市場，具有重要的指標影響性。

　　此外，臺灣期交所考量個股投資人的多元需求，亦推出「股票期貨」，不僅讓資金大戶有避險管道，也讓資金不足的投資人可以進行個股的投資。現在國內個股期貨的成交量日益增長，也看得出某些成交量大的股票，投資人卻時有避險與投機的需求。以下本文將介紹這三項期貨合約規格。

(一) 臺股指數期貨

　　一般而言，臺灣期交所所推出的股價指數期貨合約中，以俗稱「大台指」與「小台指」這兩種合約的交易量為最大，也最具代表性。以下表 3-2 為大台指與小台指期貨合約的規格說明表。

表 3-2　大台指與小台指期貨合約規格說明表

項目	臺股指數期貨（大台指）	小型臺股指數期貨（小台指）
標的指數	臺灣證券交易所發行量加權指數	臺灣證券交易所發行量加權指數
合約月份	連續 3 個近月及最近 3 個季月，共 6 種合約	連續 3 個近月及最近 3 個季月，共 6 種合約
最後交易日	合約月份第三個星期三	合約月份第三個星期三
契約價值	指數乘上新臺幣 200 元	指數乘上新臺幣 50 元
升降單位	1 點＝臺幣 200 元	1 點＝臺幣 50 元
漲跌限制	前一日結算價上下 10%	前一日結算價上下 10%

資料來源：臺灣期貨交易所

(二) 人民幣匯率期貨

臺灣期交所於 2015 年，推出 2 檔以美元兌人民幣匯率為交易標的「人民幣匯率期貨」，分別為「小型美元兌人民幣匯率期貨」（俗稱：小美人）、以及「美元兌人民幣匯率期貨」（俗稱：大美人）。臺灣期交所希望藉由這兩檔規格不同的商品，能夠符合散戶與法人，對人民幣投機、避險與套利交易的需求。以下表 3-3 為這兩檔人民幣匯率期貨合約的規格說明。

表 3-3　人民幣匯率期貨合約規格表

項目	小型人民幣期貨 (RTF)	人民幣期貨 (RHF)
交易標的	美元兌人民幣匯率	美元兌人民幣匯率
契約規模	20,000 美元	100,000 美元
交割月份	連續 2 個月份，及加上連續 4 個季月，共 6 個月份	連續 2 個月份，及加上連續 4 個季月，共 6 個月份
每日漲跌幅	前一交易日結算價上下 3%、5%、7% 三階段	前一交易日結算價上下 3%、5%、7% 三階段
最小升降單位	人民幣 0.0001 元 / 美元（人民幣 2 元）	人民幣 0.0001 元 / 美元（人民幣 10 元）
最後交易日	交割月份第三個星期三	交割月份第三個星期三

資料來源：臺灣期貨交易所

(三) 個股期貨

國內自 2010 年 1 月推出 35 檔「股票期貨」，原本僅以大型權值股為標的，爾後，又將 ETF 納入其中，現今符合「股票期貨」的標地已超過 200 種以上。由於股票期貨比個股的融資融券更方便靈活，且費用也較低，所以對資金有限的年輕族群非常具有吸引力，因此現今每日成交量也大幅成長至每日超過 10 萬口。以下簡單介紹股票期貨合約的規格說明。

表 3-4　股票期貨合約規格表

交易標的	上市上櫃的普通股與 ETF
合約月份	連續 2 個近月及最近 3 個季月，共 5 種合約
最後交易日	合約月份第三個星期三
契約價值	◎股票為每口 2,000 股，但加掛每口 100 股之契約 ◎ ETF 為每口 10,000 受益權單位
每日漲跌幅	◎國內股票與國內指數 ETF 為前一日結算價上下 10% ◎國外指數或境外 ETF 為前一日結算價上下 15%

資料來源：臺灣期貨交易所

三、期貨的交易實務

　　一般而言，在國內欲從事期貨交易，首先須至「期貨商或證券商」，開立期貨交易帳戶；然後，依欲交易的期貨商品存入期貨交易所，所規定的保證金額度後，才可下單交易。通常投資人持有期貨合約的時間都不長，而且合約都有到期日，因此期貨是屬於短線頻繁交易的商品。

　　通常期貨交易之所以迷人，最重要的特質就是採「保證金交易」，讓投資人具有以小搏大的功能，因此從事期貨交易必須瞭解保證金的交易制度。以下將介紹期貨保證金以及交易範例說明。

(一) 期貨保證金

　　一般而言，投資人在期貨市場下單時，須繳一筆保證金給結算會員經紀商，作為交易信用的保證，又稱為交易保證金。保證金的多寡由各期交所依不同的期貨合約、或目前市場價格的波動程度，來決定最低的保證金額度，以確保客戶履行合約的義務，此一最低標準的保證金金額，稱為「**原始保證金**」（**Initial Margin**）。通常原始保證金大約占期貨契約價值的 3% ～ 10% 之間，交易所一年之內僅調整幾次，若遇市場價格大幅波動時，則可能在數週或數天，就會調整保證金的水準。

　　通常投資人在繳交原始保證金開始進行期貨交易後，若市場行情波動對投資人有利，依每日結算原則，其戶頭的保證金淨值會增加，只要淨值超過原始保證金的部分，投資人可以隨時提領；反之，若市場行情波動對投資人不利，則其戶頭的保證金，會依其損失的金額而扣減，當減少到一定程度後，將會影響客戶的信用能力時，此時期貨商會通知客戶補繳保證金。當客戶的保證金淨值，降至須追繳保證金的水準時，此水準稱為「**維持保證金**」（**Maintenance Margin**），客戶收到此一追繳令時，須將戶頭保證金的金額補繳至原始保證金的額度，補繳的差額一般稱為「**差異保證金**」（**Variation Margin**）。實務上，維持保證金約為原始保證金的 75%。

　　當客戶所繳保證金淨值低於維持保證金時，期貨商會以電話或網路的方式發出追繳通知（Margin Call）。客戶須在 24 小時內以現金繳交差異保證金，否則將遭到「砍倉」（俗稱「斷頭」）的處置，即期貨商將投資人所持有部位平倉出場，顧客不得有任何異議；且若市場行情劇變，使得期貨商將客戶的部位砍倉後，仍有超額的損失時，客戶仍須補足此部分的損失。

　　通常原始保證金是結算所，要求投資人所要繳交的最低金額，投資人亦可多存一些資金於保證金戶頭，以避免因投資失誤，很快面臨追繳的情況，而且財務槓桿亦可較低，風險較小。此外，若投資人從事跨國期貨交易時，原始保證金除了要承擔市場行情波動外，亦須承擔匯率波動風險。另外，若投資人從事價差交易，投資人可將風險控制在一定的範圍內，因此風險會較僅從事單邊多方或空方的風險低，因此保證金通常比單邊交易要求的保證金來的低。以下表 3-5 為臺灣期交所所上市的各類期貨商品的保證金。

表 3-5　臺灣期交所所上市的期貨商品的保證金一覽表

商品別		維持保證金	原始保證金
股價指數	臺股期貨（大台指）	141,000 元	184,000 元
	小型台指期貨（小台指）	37,000 元	46,000 元
	電子期貨	158,000 元	206,000 元
	小型電子期貨	15,750 元	25,750 元
	金融期貨	61,000 元	79,000 元
	小型金融期貨	15,250 元	19,750 元
	非金電期貨	62,000 元	80,000 元
	櫃買期貨	37,000 元	48,000 元
	富櫃 200 期貨	18,000 元	23,000 元
	臺灣永續期貨	34,000 元	44,000 元
	臺灣生技期貨	15,000 元	19,000 元
	半導體 30 期貨	14,000 元	18,000 元
	航運期貨	13,000 元	17,000 元
	東證期貨	16,000 元	21,000 元
	美國道瓊期貨	36,000 元	46,000 元
	美國標普 500 期貨	44,000 元	57,000 元
	美國那斯達克 100 期貨	39,000 元	50,000 元
	英國富時 100 期貨	21,000 元	27,000 元
股票（註）	級距 1	10.35%	13.50%
	級距 2	12.42%	16.20%
	級距 3	15.53%	20.25%
商品	黃金期貨	940 美元	1,220 美元
	新臺幣黃金期貨	36,000 元	46,000 元
	布蘭特原油	62,000 元	80,000 元
匯率	小型美元兌人民幣期貨（小美人）	2,900 人民幣	3,780 人民幣
	美元兌人民幣期貨（大美人）	14,080 人民幣	18,360 人民幣
	歐元兌美元期貨	540 歐元	710 歐元
	美元兌日圓期貨	45,000 日圓	59,000 日圓
	英鎊兌美元期貨	830 英鎊	1,080 英鎊
	澳幣兌美元期貨	620 澳幣	800 澳幣

註：股票期貨中，保證金依據各股票波動幅度與價格高低，分成三個級距，但 ETF 並不包含其內，每種
　　ETF 期貨各自有其保證金的規定，規定詳見臺灣期交所。

資料來源：臺灣期交所（2023/10）

(二) 期貨交易範例

本節將以前述所介紹的三種期貨合約當作交易範例，簡單介紹其交易的損益情形。

1. 股價指數期貨

本節以臺灣期交所上市的臺股加權股價指數期貨合約，當作交易案例之說明（詳見例題 3-1）。

 例題 3-1　臺股指數期貨合約

假設於 6 月 1 日，投資人買入 1 口 6 月份的臺股指數期貨合約，價格為 9,635 點時。若臺股指數期貨每點價值 200 元，原始保證金每口為 8.3 萬，維持保證金為 6.4 萬，投資人只繳交原始保證金 8.3 萬。

1. 請問買賣一口臺股指數期貨合約價值為何？

2. 請問投資人買賣一口期貨合約的槓桿倍數為何？

3. 若 6 月 1 日臺股指數收盤為 9,708 點，依每日結算原則，投資人當日保證金戶頭的餘額為何？

4. 若 6 月 2 日臺股行情急轉直下，跌到 9,600 點，依每日結算原則，投資人當日保證金戶頭的餘額為何？

5. 若 6 月 3 日，臺股指數續跌到 9,482 點，則投資人保證金戶頭的餘額為何？

解

1. 一口臺股指數期貨合約價值為＝ 9,635×200 ＝ 1,927,000 元

2. 槓桿倍數為 1,927,000/83,000 ＝ 23.22 倍

3. 6 月 1 日

　　　　　多頭部位，指數上漲，投資人獲利。

　　　　　獲利金額＝ (9,708 － 9,635)×200 ＝＋ 14,600

　　　　　保證金餘額＝ 83,000 ＋ 14,600 ＝ 97,600

　　　　　超過原始保證金的 14,600 元，可以提領出去

4. 6 月 2 日

　　　　　多頭部位，指數下跌，投資人損失。

　　　　　損失金額＝ (9,600 － 9,708)×200 ＝ -21,600

　　　　　保證金餘額＝ 97,600 － 21,600 ＝ 76,000

5. 6 月 3 日

多頭部位，損失金額 = (9,482 − 9,600)×200 = -23,600

保證金餘額 = 76,000 − 23,600 = 52,400

低於維持保證金，投資人面臨追繳，將保證金餘額補足至原始保證金

補繳金額 = 83,000 − 52,400 = 30,600

彙整如下表：

日期	結算價格	每日結算損益	保證金餘額
購買時	9,635	–	83,000
6/1	9,708	+ 14,600	97,600
6/2	9,600	-21,600	76,000
6/3	9,482	-23,600	52,400
補繳保證金			30,600

2. 匯率期貨

本節以臺灣期交所上市的小型美元兌人民幣匯率期貨合約，當作交易案例之說明（詳見例題 3-2）。

 例題 3-2　小型人民幣匯率期貨

假設投資人買入 1 口 6 月份的小型美元兌人民幣期貨合約，價格為 6.8935。若該合約規模為每口 20,000 美元，原始保證金每口為 2,840 人民幣，維持保證金為 2,180 人民幣，投資人只繳交原始保證金 2,840 人民幣。

1. 請問買賣一口小型人民幣匯率期貨價值為何？
2. 請問投資人買賣一口期貨合約的槓桿倍數為何？
3. 若現在美元兌人民幣期貨合約，價格為 6.9028，請問投資人獲利為何？
4. 請問美元兌人民幣期貨價格為何時，投資人須補繳保證金？

解

1. 一口小型美元兌人民幣期貨合約價值為 = 6.8935×20,000 = 137,870 人民幣

2. 槓桿倍數為 137,870/2,840 = 48.54 倍

3. 獲利金額＝ (6.9028 － 6.8935)×20,000 ＝ 186 人民幣

4. 當人民幣匯率為 X 時，須補繳保證金

(X － 6.8935)×20,000 ＝ 2,180-2,840，當 X ＝ 6.8605

3. 股票期貨

本節以臺灣期交所上市的股票期貨合約中，交易量較大的台積電期貨，當作交易案例之說明（詳見例題 3-3）。

 例題 3-3　股票期貨

假設投資人買入 1 口 6 月份的台積電期貨，台積電期貨價格為 600 元。該合約規模為每口 2,000 股，原始保證金為合約價值的 13.50%，維持保證金為合約價值的 10.35%。

1. 請問買一口台積電期貨的原始保證金要繳多少元？

2. 當台積電期貨價格為 620 元時，請問投資人獲利為何？此時報酬率為何？

3. 請問台積電期貨價格為何時？投資人須補繳保證金。

解

1. 買一口台積電期貨的原始保證金＝ 600×2,000×13.5% ＝ 162,000

2. 當台積電股價為 620 元時，投資人獲利 =(620-600)×2,000=40,000，此時報酬率為 24.69%(40,000/162,000)。

3. 當台積電股價為 X 時，須補繳保證金

(600-X)×2,000=600×2,000×(13.5%-10.35%)，當 X=581.1 元。

理財
NEWS

個股期貨魅力為何？一張圖搞懂個股期暴賺 10 倍的巧門！

不久之前，遊戲驛站（GameStop）之亂成為市場矚目焦點，散戶集結的力量不但震撼華爾街，更讓對沖基金差點賠到傾家蕩產，顯然時代正在改變，散戶投資人的影響力不斷提升。這次事件更讓投資人見識到衍生性金融商品的力量。遊戲驛站股價短短兩週內大漲數 10 倍已經讓市場跌破眼鏡，但不少鄉民追隨網紅「咆哮小貓」買進遊戲驛站的看漲選擇權，報酬率甚至超過百倍；而「咆哮小貓」以 5.3 萬美元買進的遊戲驛站看漲選擇權，市價一度狂飆至 4 千 8 百萬美元，報酬率超過 9 百倍。

這些年輕人由於缺乏資金，但操作相對靈活，因此對於衍生性金融商品著墨許多，個股期貨也成為市場上愈來愈受到重視的投資工具。即使是有大資金部位的投資人，當看好一檔個股、把握度高時，也會運用個股期貨工具來加大槓桿。個股期貨的魅力為何？

- **4 大亮點 3 風險　盱衡利弊**

第一亮點：個當然就是資金門檻低、槓桿度高。目前一口個股期等於兩張現股，一般個股期原始保證金為契約價值的 13.5%，假設 A 股票每股 1 百元，買兩張股票要花 20 萬元，買一口 A 股期，需要的金額只要兩萬 7 千元。若股價漲 1 元，現股就賺 1%，但個股期則是賺 7.4%，相較於融資買上市股票槓桿 2.5 倍、融券賣出股票槓桿 1.1 倍，個股期槓桿為 7.4 倍，在資金運用上更靈活。

第二亮點：則是交易成本優勢。股票交易買進與賣出均須繳交千分之 1.425 手續費，賣出需額外繳交千分之 3 證交稅。而個股期一口手續費約 50 元，交易稅雖然買賣雙邊均需收取，但僅有契約金額的十萬分之 2，整體交易成本不到股票的十分之 1。而且股票期貨的手續費是每口固定費用，而股票則是以成交金額計算。

第三亮點：則是多空不受限制，雖然現在許多股票可使用信用交易，但仍有許多限制，例如因為券源不足、遭到警示，或是平盤以下不得放空等原因無法融券賣出。尤其是除權息旺季時，已經放空的個股必須強制回補，不少放空股票的投資人就會把放空部位轉到個股期上，沒有融券強制回補的問題就是股票期貨一大優勢。

第四亮點：則是個股期一樣能參與除權息，對投資人的權益沒有影響。

當然，水能載舟，亦能覆舟，槓桿是雙面刃，獲利放大的同時也代表風險升高了。個股期有幾個重要的注意事項。

第一個風險：就是有追繳風險。個股期本質上就是期貨的一種，所以也具有期貨所有的特性，當方向看錯時，會有維持率不足面臨追繳的風險，也就是本金賠光了還得要補錢。專家建議，可以準備 3 倍甚至更高的保證金來交易一口期貨，槓桿自然就下降了。

第二個風險：個股期也有「到期結算」的特性，無法像股票一樣長期持有，在到期結算之後就必須要換倉，也就是轉換到下個月的合約繼續進行交易。

第三個風險：就是注意流動性風險，不少標的成交量較為偏低，或是即使是熱門的股票期貨，在遠月合約上成交量也會有較大下滑，在交易時最好以限價委託進行。專家表示，不能把期貨當賭博，該有的交易紀律，包括停損、進出場邏輯，一樣都不能少，必須嚴格遵守。

圖文資料來源：節錄自財訊 2021/03/05

解說

投資個股期貨較買進現貨與融資券，有更高的槓桿效果，並可多空操作、交易成本低廉，且個股除權息時，並不影響投資人權益等好處，因此受許多小資族的喜愛。但交易時，仍須要注意三風險乃被追繳保證金、具到期日與流動性風險。

3-2 選擇權商品

一般而言，選擇權為四種基本的衍生性商品中，最為特殊的一種。因為選擇權的買方與賣方所承擔的風險，並不相同；又有買權與賣權兩種型式之分，且又有時間價值的因素。所以基本上，對於一般投資人而言，選擇權算是比較複雜的金融商品。

所謂的選擇權（Options）是一種選擇的權利。選擇權的買方在支付賣方一筆「權利金」後，享有在選擇權合約期間內，以約定的「履約價格」，買賣某特定數量標的物的一項權利。選擇權主要可分為「買權」（Call Option）和「賣權」（Put Option）兩種，不管是買權或賣權的買方，因享有以特定價格買賣某標的物的權利，故須先付出權利金，以享有權利；反之，買權或賣權的賣方，因必須負起以特定價格買賣某標的物的義務，故先收取權利金，以盡履約義務。

通常大部分的選擇權與期貨一樣，都是被標準化後，於集中市場交易的商品，交易方式與期貨合約性質相近，但兩者特性仍有所差異。以下本節將介紹選擇權的基本種類型式、特性與交易實務等內容。

一、種類

選擇權分為買權與賣權兩種形式。投資人可以買進或賣出此兩種選擇權，因此選擇權的基本交易形態共有「買進買權」、「賣出買權」、「買進賣權」、「賣出賣權」等四種。以下我們將分別介紹之，其四種形式的比較見表 3-6。

表 3-6　選擇權型式的比較表

	買進買權	賣出買權	買進賣權	賣出賣權
權利金	支付	收取	支付	收取
最大獲利	無上限	權利金收入	履約價格 減權利金價格	權利金收入
最大損失	權利金支出	無下限	權利金支出	履約價格 減權利金價格
損益平衡點	履約價格 加權利金價格	履約價格 加權利金價格	履約價格 減權利金價格	履約價格 減權利金價格

(一) 買進買權

通常買權的買方在支付權利金後，享有在選擇權合約期間內，以約定的履約價格，買入某特定數量標的物的一項權利。在此種型式下，當標的物上漲，價格超過損益平衡點時，漲幅愈大，則獲利愈多，所以最大獲利空間無限；若當標的物下跌時，其最大損失僅為權利金的支出部分，而其損益平衡點為履約價格加上權利金價格。投資人若預期標的物將來會「**大幅上漲**」，可進行此類型式的操作，圖 3-1 即其示意圖。

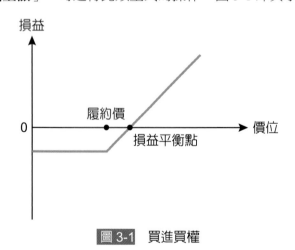

圖 3-1　買進買權

(二) 賣出買權

　　通常買權的賣方，在收取買方所支付的權利金之後，即處於被動的地位，必須在合約期限內，以約定的履約價格，賣出某特定數量標的物的一項義務。在此種型式下，當標的物不上漲或下跌時，其最大獲利僅為權利金的收入部分；當標的物上漲時，價格超過損益平衡點時，漲幅愈大，則虧損愈多，所以其最大損失空間無限，而其損益平衡點為履約價格加上權利金價格。投資人若預期標的物將來價格會「**小幅下跌**」或「**持平**」，可進行此類型式的操作，圖 3-2 即其示意圖。

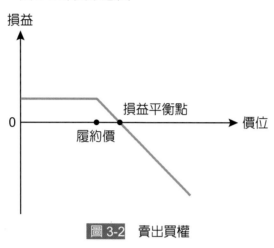

圖 3-2　賣出買權

(三) 買進賣權

　　通常賣權的買方在支付權利金後，享有在選擇權合約期間內，以約定的履約價格，賣出某特定數量標的物的一項權利。在此種型式下，當標的物下跌，跌幅超過損益平衡點時，跌幅愈大，則獲利愈多，但其最大獲利為到期時履約價格減權利金價格之差距；當標的物沒有下跌或上漲時，最大損失僅為權利金的支出部分，而其損益平衡點為標的物履約價格減權利金價格。故投資人對標的物預期將來價格會「**大幅下跌**」時，可進行此類型式的操作。圖 3-3 即其示意圖。

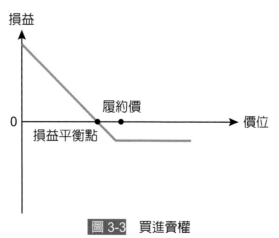

圖 3-3　買進賣權

(四) 賣出賣權

通常賣權的賣方，在收取買方所支付的權利金之後，即處於被動的地位，必須在合約期限內，以特定的履約價格，買入某特定數量標的物的一項義務。在此種型式下，若當標的物價格沒有下跌或上漲時，其最大獲利僅為權利金的收入部分，若標的物下跌時，下跌幅度超過損益平衡點時，跌幅愈大，則虧損愈多，但其最大損失為標的物履約價格減權利金價格之差距，而損益平衡點為履約價格減權利金價格。故投資人若預期標的物將來價格會「**小幅上漲**」或「**持平**」，可進行此類型式的操作。圖 3-4 即其示意圖。

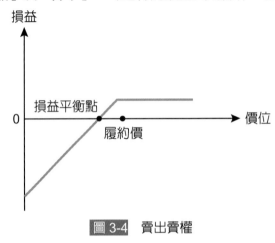

圖 3-4 賣出賣權

二、特性

一般而言，選擇權是一種依附於現貨或其他金融商品的衍生性合約，選擇權交易其合約內容與期貨一樣。大都會被標準化的，且大部分在集中市場交易，與期貨合約性質相近，但兩者的特性仍有幾項不同，說明如下。

(一) 權利與義務表徵的不同

期貨的買賣雙方對合約中所規定的條件，具有履約的義務與權利；選擇權的買方對合約中所規定的條件，只有履約的權利而無義務，賣方對合約中所規定的條件，只有履約的義務，而無要求對方的權利。

(二) 交易價格決定方式不同

期貨合約對未來交易的價格並不事先決定，而是由買賣雙方在期貨市場以公開喊價的方式決定，所以期貨價格會隨時改變。選擇權的履約價格則是由買賣雙方事先決定，在合約期間內通常不會改變，至於市場的交易價格，則是權利金的價格，並不是合約標的物的履約價格。

(三) 保證金繳交的要求不同

由於期貨的買賣雙方對合約中所規定的條件，具有履約的義務與權利，故雙方都必須繳交「保證金」。選擇權的買方對合約中所規定的條件，只有履約的權利，而無義務，

故不須繳交保證金，但須繳「權利金」；選擇權的賣方對合約中所規定的條件，只有履約的義務，而無要求對方的權利，故須繳交「保證金」，以保障其未來會履約。

(四) 具有時間價值

選擇權與其他金融商品最大的差異點，在於選擇權合約具有「時間價值」。這好比食品中的保存期限一般，同樣一個食品在新鮮時與快到賞味期限時，廠商會用不同的價格出售。選擇權也是有同樣的情形，不同時間點，其時間價值不同。因此選擇權的價值（權利金）是由「履約價值[1]」或稱內含價值，加上「時間價值[2]」這兩部分所組合而成。所以選擇權商品的價值（權利金），既使當日所對應連結的標的物並沒有漲跌，雖不影響其履約價值，但時間價值卻每日的遞減中。

三、交易實務

一般而言，在國內欲從事選擇權交易，首先須至「期貨商或證券商」，開立期貨交易帳戶；然後，依欲交易的選擇權商品，若是選擇權買方，需繳交合約當時的權利金報價的價金；若是選擇權賣方，則須存入期貨交易所規定的保證金額度後，才可下單交易。以下將介紹選擇權合約規格、保證金額度以及交易範例時的說明。

(一) 選擇權合約

國內的選擇權交易是與期貨一樣，都在臺灣期貨交易所進行集中競價交易。國內最早的選擇權合約為，期交所於 2001 年所推出的「臺灣加權股價指數選擇權合約」，現在該商品仍是市場最大的交易重心。隨後，臺灣期交所又陸續推出其它的股價指數、以及黃金與匯率等選擇權商品。但國內選擇權的交易量，有 99% 集中在「臺灣加權股價指數選擇權合約」上，所以本文僅針對該合約的規格進行介紹，詳見表 3-7 說明。

表 3-7 臺灣加權股價指數選擇權合約規格表

交易標的	臺灣證券交易所發行量加權股價指數
履約型態	歐式（僅能於到期日行使權利）
契約乘數	指數每點新臺幣 50 元
到期月份	◎月合約：連續三個月份，另加上二個接續的季月，共有五個月份的「月」契約 ◎週合約：當月除了第二個週，其餘每週三加掛下一週三到期的「週」合約
每日漲跌幅	前一營業日加權股價指數收盤價之 10%
交易時間	上午 8:45 ～下午 1:45；盤後時段下午 3:00 ～次日上午 5:00
最後交易日	交割月份第三個星期三

---

1 「履約價值」就是選擇權的買方，若立即執行履約的權利，其所能實現的利得。

2 「時間價值」就是選擇權的存續時間，所帶給持有者多少獲利機會的價值。

(二) 保證金額度

在選擇權交易中，由於選擇權的買方對合約所規定的條件，只有履約的權利，而無義務，故不須繳交保證金，但須繳「權利金」；選擇權的賣方對合約所規定的條件，只有履約的義務，而無要求對方的權利，故須繳交「保證金」，以保障其未來會履行合約。依據臺灣期交所的規定，賣方所繳交的保證金額度會根據交易人，所承作的合約風險高低分成 A、B 兩值。以下有關臺灣期交所，所上市的選擇權之各類商品保證金額度，請詳見表 3-8 說明。

表 3-8　臺灣期交所所上市的選擇權商品的保證金一覽表

商品類別		風險值	維持保證金	原始保證金
股價指數	台指選擇權	A 值	37,000 元	48,000 元
		B 值	19,000 元	24,000 元
		C 值	3,800 元	4,800 元
	電子選擇權	A 值	40,000 元	52,000 元
		B 值	20,000 元	26,000 元
	金融選擇權	A 值	15,000 元	19,000 元
		B 值	8,000 元	10,000 元
股票 (註)	級距 1	A 值	10.35%	13.5%
		B 值	5.175%	6.75%
	級距 2	A 值	12.42%	16.20%
		B 值	6.21%	8.10%
商品	臺幣黃金選擇權	A 值	18,000 元	23,000 元
		B 值	9,000 元	12,000 元

註：股票選擇權中，保證金依據各股票波動幅度與價格高低，分成兩個級距，但 ETF 並不包含其內，每種 ETF 選擇權各自有其保證金的規定，規定詳見臺灣期交所。

資料來源：臺灣期交所（2023/10）

(三) 交易案例

本節的交易範例，以選擇權最常見的四種交易方式—「買進買權」、「賣出買權」、「買進賣權」、「賣出賣權」，分別進行說明之：

1. 買進買權

 例題 3-4　買進買權

假設甲投資人預期臺股指數會上漲，於是買進 1 口 9 月份履約價格為 9,000 點的買權，支付權利金 180 點後，請問下列三種情形下，投資人的損益各為何？

1. 若選擇權到期前，假設臺股指數上漲至 9,300 點。

2. 若選擇權到期時，假設臺股指數上漲至 9,400 點。

3. 若選擇權到期時，假設臺股指數結算價為 8,800 點。

解

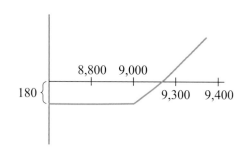

1. 若選擇權到期前，假設臺股指數上漲至 9,300 點，買權權利金亦上漲至 310 點，若此時投資人將部位平倉，可獲利 2,000 元 [(310 − 180)×50 = 6,500]。

2. 若選擇權到期時，假設臺股指數上漲至 9,400 點，下列「情形 1」為履約的損益，「情形 2」為將部位平倉的損益。

   「情形 1」：此時投資人將部位履約，則履約價值有 20,000 元 [(9,400 − 9,000)×50 = 20,000]，但扣除期初權利金的支付 9,000 元 (180×50 = 9,000)，可獲利 11,000 元 (20,000 − 9,000 = 11,000)。

   「情形 2」：此時權利金會漲至 400 點，投資人將部位平倉，可獲利 11,000 元 [(400 − 180)×50 = 11,000]。

3. 若選擇權到期時，假設臺股指數結算價為 8,800 點，此時投資人將放棄履約，則有權利金 9,000 元的損失。

2. 賣出買權

 例題 3-5　賣出買權

假設乙投資人預期臺股指數會微幅下跌，於是賣出 1 口 9 月份履約價格為 9,000 點的買權，權利金為 180 點，並支付 22,000 元的保證金後，請問下列三種情形下，投資人的損益各為何？

1. 若選擇權到期前，假設臺股指數上漲至 9,300 點。
2. 若選擇權到期時，假設臺股指數上漲至 9,400 點。
3. 若選擇權到期時，假設臺股指數結算價為 8,800 點。

解

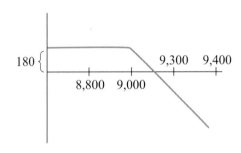

1. 若選擇權到期前，假設臺股指數上漲至 9,300 點，買權權利金上漲至 310 點，若此時投資人將部位平倉，將損失 6,500 元 [(180 − 310)×50 = − 6,500]。所以投資人此時可回收 15,500 元 (22,000 − 6,500) 的保證金。

2. 若選擇權到期時，假設臺股指數上漲至 9,400 點，下列「情形 1」為被履約的損益，「情形 2」為將部位平倉的損益。

   「情形 1」：此時買方將部位履約，則賣方則損失 20,000 元 [(9,000 − 9,400)×50 = − 20,000]，但收取期初權利金的收入 9,000 元 (180×50 = 9,000)，共損失 11,000 元的價差 (9,000 − 20,000 = − 11,000)。所以投資人此時可回收 11,000 元 (22,000 − 11,000) 的保證金。

   「情形 2」：此時權利金會漲至 400 點，投資人將部位平倉，將損失 11,000 元 [(180-400)×50 = − 11,000]。所以投資人此時可回收 11,000 元 (22,000 − 11,000) 的保證金。

3. 若選擇權到期時，假設臺股指數結算價為 8,800 點，此時買方將放棄履約，則有賣方有權利金 9,000 元的收入。所以投資人此時可回收 31,000 元 (22,000 + 9,000) 的保證金。

3. 買進賣權

 例題 3-6　買進賣權

假設丙投資人預期臺股指數會下跌，於是買進 1 口 9 月份履約價格為 9,000 點的賣權，支付權利金 170 點後，請問下列三種情形下，投資人的損益各為何？

1. 若選擇權到期前，假設臺股指數下跌至 8,800 點。
2. 若選擇權到期時，假設臺股指數下跌至 8,900 點。
3. 若選擇權到期時，假設臺股指數結算價為 9,100 點。

解

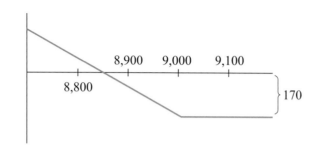

1. 若選擇權到期前，假設臺股指數下跌至 8,800 點，賣權權利金亦上漲至 215 點，若此時投資人將部位平倉，可獲利 2,250 元 [(215 − 170)×50 = 2,250]。

2. 若選擇權到期時，假設臺股指數下跌至 8,900 點，下列「情形 1」為履約的損益，「情形 2」為將部位平倉的損益。

    「情形 1」：此時投資人將部位履約，則履約價值有 5,000 元 [(9,000 − 8,900)×50 = 5,000]，但扣除期初權利金的支付 8,500 元 (170×50 = 8,500)，則損失 3,500 元 (5,000 − 8,500 =− 3,500)。

    「情形 2」：此時權利金剩下 100 點，投資人將部位平倉，將損失 3,500 元 [(100 − 170)×50 =− 3,500]。

3. 若選擇權到期時，假設臺股指數結算價為 9,100 點，此時投資人將放棄履約，則有權利金 8,500 元的損失。

4. 賣出賣權

例題 3-7 賣出賣權

假設丁投資人預期臺股指數會微幅上漲，於是賣出 1 口 9 月份履約價格為 9,000 點的賣權，權利金 170 點後，並支付 22,000 元的保證金後，請問下列三種情形下，投資人的損益各為何？

1. 若選擇權到期前，假設臺股指數下跌至 8,800 點。
2. 若選擇權到期時，假設臺股指數下跌至 8,900 點。
3. 若選擇權到期時，假設臺股指數結算價為 9,100 點。

解

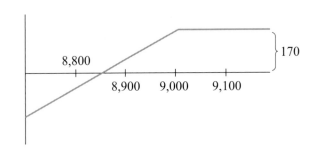

1. 若選擇權到期前，假設臺股指數下跌至 8,800 點，賣權權利金上漲至 215 點，若此時投資人將部位平倉，將損失 2,250 元 [(170 － 215)×50 ＝ 2,250]。所以投資人此時可回收 19,750 元 (22,000 － 2,250) 的保證金。

2. 若選擇權到期時，假設臺股指數下跌至 8,900 點，下列「情形 1」為被履約的損益，「情形 2」為將部位平倉的損益。

   「情形 1」：此時買方投資人將部位履約，則賣方則損失 5,000 元 [(8,900 － 9,000)×50 ＝－ 5,000]，但收取期初權利金的收入 8,500 元 (170×50 ＝ 8,500)，共獲利 3,500 元的價差 (8,500 － 5,000 ＝ 3,500)。所以投資人此時可回收 25,500 元 (22,000 ＋ 3,500) 的保證金。

   「情形 2」：此時權利金剩下 100 點，投資人將部位平倉，將獲利 3,500 元 [(170 － 100)×50 ＝ 3,500]。所以投資人此時可回收 25,500 元 (22,000 ＋ 3,500) 的保證金。

3. 若選擇權到期時，假設臺股指數結算價為 9,100 點，此時買方將放棄履約，則有賣方有權利金 8,500 元的收入。所以投資人此時可回收 30,500 元 (22,000 ＋ 8,500) 的保證金。

本金少、門檻低　5大優勢，讓選擇權為小資族小兵立大功

投資市場裡，買1檔股票最便宜多少錢？就算是零股也要幾百元吧。而操作選擇權，你相信嗎？買進1口深度價外的履約價，可能只需100元還有找…。而這100元有找的投資，甚至有機會為你賺進數百倍的獲利喔。其實，說起選擇權的特性，大家可能不知道，它之所以吸引人，就是因為它具備以下幾種迷人的特質，讓人對於「小兵立大功」這句話有了更深一層的體悟：

1. 小筆資金也能進場操作

在期權市場裡，選擇權在策略運用上，保證金的機制，對於投資人算是相對友善，以期貨來說，台指期大臺的保證金，最少要11萬元，就算是小臺也要將近3萬元，以一個小資上班族來說，投入這筆金額，是不是比較困難？然而選擇權因為不同的投資策略，會有不同的保證金與成本，可多可少，非常靈活。簡單來說，資金充足，有其操作策略方式，小資金也能在選擇權上賺錢，非常的人性化。所以，小資族要善用這項工具，為自己開拓薪水以外的被動收入。

2. 只需研究大盤方向

其實是因為台指選擇權的標的為大盤，就是加權指數，在臺灣操作加權指數交易工具就是台指期貨，所以，你要專心研究的對手就是大盤及台指期貨。簡單來說，選擇權及台指期是加權指數所衍生出來的金融商品，而台指期又具有加權指數的先行指標，所以，想要操作選擇權，所要做的功課就是研究大盤的方向。總括來說，當你要從上千檔的股海裡挑出1檔績優股，再研究相關資訊，還不如專心研究大盤指數，做為投資選擇權的基本功課，這是不是容易許多？再加上大盤指數較難被人操作，所以只要做好做足功課，大盤的指標相對較為容易也公平一些。

3. 策略靈活，盤勢多空都能操作

不論現在是走多頭或空頭，這在操作選擇權時，都不成問題。不像投資股票，買時希望漲，但萬一買錯了，怎麼辦？選擇權因為有買、賣方，看漲看跌都能投資，讓投資人相對在操作上倍感靈活，而只要善用這些工具，有時甚至看錯方向也能賺錢，神奇吧？這就是選擇權的魅力。

4. 無需時時盯盤

細數投資工具，操作期貨、股票當沖時，投資人均得時時盯盤，把握最佳獲利時機點，這對於上班族來說，根本是不可能的事，需知萬一被老闆發現，丟了工作，這下可就毀了。而選擇權的操作工具有週選及月選兩種，就是每週結算與月結算；更有日盤、夜盤之分，上班族可待下班後再進行研究及下單。而下單後，只要大盤沒有過度波動，甚至還可留待下班後再看盤，非常有彈性。也正因選擇權不用盯盤的特性，眼下已成為不少上班小資族，工作之餘幫自己加薪的謀財工具。

5. 交易稅比股票更便宜

　　操作投資工具，賺的就是金融商品的價差，愈多獲利愈好，當然，我們會希望要付出的成本愈少愈好。以股票來說，賣出時的交易稅，是千分之 3，手續費則是千分之 1.425，所以，隨著股票上漲，稅金與手續費也愈多。選擇權的交易稅，為千分之 2，至於手續費是固定的，不會因為此筆交易獲利大讓手續費變高，有時券商還會因為交易口數大而調降手續費，讓你的獲利更加可觀。

資料來源：節錄自 Smart 自學網 2021/03/29

解說

　　台指選擇權商品確實可提供小資族參與股市投資的好幫手。若你當選擇權買方，你只要有買零股的資金就可進場，具槓桿效果，且多空皆可操作，交易稅也較股票便宜。

3-3　權證商品

　　國內於 1997 年 9 月首次發行認購權證，當時國內掀起一股發行認購權證的熱潮。爾後，隨著市場的變化，且為了應付投資大眾多空看法的不同，隨後也發行認售權證；且權證的設計上，也添加了許多特殊條件，以滿足不同需求的投資大眾。國內近年來因投資大眾對指數商品的需求，2011 年 7 月證交所亦推出可以作多與作空的「牛熊證」，以因應投資大眾的需要；並且也進一步的發展出「延展型牛熊證」，以供投資人可利用權證，進行中長期投資的一項新選擇。所以有關權證的投資觀念，對於小額的投資人來說，是一項重要的常識。以下本章將介紹權證的種類、交易實務以及牛熊證等內容。

一、權證種類

　　所謂的「權證」（Warrants）是一種權利契約，持有人有權利在未來的一段時間內，以事先約定的價格購買或出售一定數量的標的物。所以就其意義來說，權證是選擇權的一種，只是選擇權的標的物可以是利率、外匯、股票及商品等；但權證的標的物大都以股票為主。且權證的存續期限也較普通選擇權來得長，通常是三個月以上、甚至超過一年；而一般的選擇權則在一個月或數月內便到期。

　　通常國內的權證都是由「證券商」發行，然後於證交所掛牌上市，所以買賣權證，如同時買賣股票一樣方便；通常都是以賺取權證價差為主，鮮少進行履約。以下將介紹幾種國內常見的權證種類。

(一) 依權利不同分類

1. 認購權證

通常投資人買方，擁有在為未來履約期間內，以事先約定的價格購買一定數量的標的
證券的權利，此即為「買進買權」的型式。

2. 認售權證

通常投資人買方，擁有在未來履約期間內，以事先約定的價格售出一定數量的標的證
券的權利，此即為「買進賣權」的型式。

(二) 依履約期間分類

1. 美式權證

通常權證持有人，可以在權證的存續期限內的任何時點執行權利。國內目前所發行的
大都為美式權證。

2. 歐式權證

通常權證持有人必須在權證到期日時，才可執行權利。此權證的履約機會少於美式權
證，故權證的權利金應小於美式權證的權利金。

(三) 依標的證券分類

1. 單一型權證

通常發行券商，是以單一支股票為標的物所發行的權證。國內大部分的權證均以此類
型為主。

2. 組合型權證

通常發行券商，以數支股票組合為標的物所發行的權證，俗稱「一籃子」認購權證。
通常發行的券商會將具有相同題材的幾支股票，組合成某一概念的組合型權證。例如：
科技類型、地產類型與觀光類型等。

3. 指數型權證

通常發行券商，以各種股價指數為標的物所發行的權證，因無實體標的物存在，故權
證必須採現金交割。目前國內所發行的「牛熊權證」，部分為指數型權證。

(四) 依發行時履約價格與標的物市價高低分類

1. 價平發行權證

若認購（售）權證發行時，標的股票的股價等於權證的履約價格。通常國內所發行的
權證以此類型居多。

2. 價內發行權證

以認購權證而言，權證發行時，標的股票的股價大於權證的履約價格；以認售權證而言，權證發行時，標的股票的股價小於權證的履約價格。此類型權證，因發行時就對買者有利，故付出的權利金比價平型權證多，所以實務上，國內除了牛熊證外，較少直接發行價內型權證。

3. 價外發行權證

以認購權證而言，權證發行時，標的股票的股價小於權證的履約價格；以認售權證而言，權證發行時，標的股票的股價大於權證的履約價格。此類型權證，因發行時就對買者不利，故付出的權利金比價平型權證少。一般實務上，投資人購買此類型權證因付出的權利金較少，使得權證的槓桿倍數更大，投機的效果更好。

(五) 特殊形式

以下介紹幾種國內證券交易所，上市的幾種特殊型式的權證。

1. 重設型權證

重設型權證係指權證在發行一段特定時間內，可以重新調整其「**履約價格**」。就認購權證而言，在發行一段特定期間內，若標的股下跌至某一水準，權證的履約價格將可「往下」重新設定，使投資人具有下檔風險的保護；就認售權證而言，在發行一段特定期間內，若標的股上漲至某一水準，權證的履約價格將可「往上」重新設定，使投資人具有上檔風險的保護。

此種權證商品設計之目的：是為了提高投資人認購意願與降低認購風險，並降低權證發行人的承銷風險。由於具有履約價格可以調整的保護條款，故其權利金亦會較一般型權證高。重設型權證依可重設時點、及可重設價格的調整方式不同而分類如下：

(1) 單一重設時點、單一重設價格

此權證是指權證在存續期間內的某一特定時點，可依標的股價是否已經達到預先設定的某一特定價格，而決定重新調整原履約價格。例如：某認購權證，可設定 1 個月後，履約價可調整為原始標的股價的 80%。

(2) 單一重設時點、多重重設價格

此權證是指權證在存續期間內之某一特定時點，可依標的股價是否已經達到預先設定的某一組特定價格，而決定重新調整原履約價格。例如：某認購權證，可設定 1 個月後，履約價可調整為原始標的股價的 95%、90%、85%、80%。

(3) 多重重設時點、單一重設價格

此權證是指權證在存續期間內之某一組特定時點，可依標的股價是否已經達到預先設定的某一特定價格，而決定重新調整原履約價格。例如：某認購權證，可設定 1、2、3 個月後，履約價可調整為原始標的股價的 80%。

(4) 多重重設時點、多重重設價格

此權證是指權證在存續期間內之某一組特定時點，可依標的股價是否已經達到預先設定的某一組特定價格，而決定重新調整原履約價格。例如：某認購權證，可設定 1、2、3 個月後，履約價可調整為原始標的股價的 95%、90%、85%、80%。

2. 上（下）限型權證

當權證發行時設定兩個價格，一個是正常的「履約價格」，另一個是特定的「**障礙價**」（上限或下限價），當標的證券觸到或穿越此障礙價時，權證即開始生效或失效。國內所發行上（下）限型權證，其實就是障礙式選擇權（Barrier Option）的應用，說明如下：

(1) 上限型認購權證

上限型認購權證是指認購權證發行時設定一上限價，當標的證券收盤價觸到或穿越所設定的上限價時，即視該權證到期或自動履約，自動以當日標的證券收盤價辦理現金結算。其損益如圖 3-5 所示。

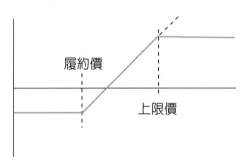

圖 3-5　上限型認購權證

(2) 下限型認售權證

下限型認售權證是指認售權證發行時設定一下限價，當標的證券收盤價觸到或穿越所設定的下限價時，即視該權證到期或自動履約，自動以當日標的證券收盤價辦理現金結算。其損益如圖 3-6 所示。

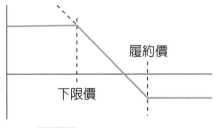

圖 3-6　下限型認售權證

不管是上限型認購權證或下限型認售權證，因權證設定障礙價（上限或下限價），無疑的有礙於投資人的獲利空間，對投資人較不利（對發行者有利），故權利金較一般型為低。但因投資人付出的權利金較少，投資人可享有較高的操作槓桿倍數，更有利於投機操作，因此也會增加投資人購買此權證的意願，且有助於發行人降低承銷風險，以及比較能確定未來的最大損失空間。

二、權證交易實務

一般而言，在國內欲從事權證交易，首先須至「證券商」開立證券交易帳戶；然後，依欲買賣的權證，以當時的市價（意即權利金）進行交易。通常權證的投資，是以權證的買賣價差為主，既使權證具有履約價值，也鮮少投資人會直接找發行券商進行履約。

因為採取履約行為，若以認購權證而言，投資人必須交付買進標的股票的所有履約價金給發行券商；若以認售權證而言，投資人必須去市場買進標的股票，然後依履約價賣給發行券商。由於採取履約時，投資人必須花費更多的資金，才能獲利，因此對於購買權證的投資人而言，並不符合其小額投資的精神，所以大都是直接在市場上，以當時的權證市價進行買賣。此外，在國內交易權證，除了需要支付券商買賣的手續費外，尚須支付 0.1% 的交易稅，比股票的 0.3% 交易稅便宜。以下本文將介紹權證的合約規格與交易範例說明。

(一) 權證合約介紹

通常投資人欲進行權證投資時，首先，須篩選欲投資的標的證券，並評估要進行作多還是作空，作多（空）則選取認購（售）權證；隨後，必須去瞭解這檔權證的所有規格明細，以下本文將舉一案例，詳見表 3-9 說明之：

表 3-9　權證範例說明

權證名稱	中鋼凱基 2C 購 01
發行券商	凱基證券
標的股票	中鋼
發行日	2022/12/19
到期日	2023/12/14
履約價格	42 元（該權證發行日中鋼股價為 29.4 元，所以屬於價外發行）
發行價格（權利金）	1.0 元（2023/07/13，中鋼股價為 29.05 元，權證價格為 0.28 元）
行使比例	1,000 股（1 張權證換 1 張股票）
發行數量	1,500 張
重設條件	無
上下限條件	無

資料來源：凱基證券（2023/07/13）

(二) 權證交易範例說明

以下本單元將舉一般類型的認購（售）權證，當作交易範例說明。

1. 認購權證

 例題 3-8　認購權證

假設某一券商發行認購權證，其發行時標的證券市價為 42 元，履約價 50 元，權證與標的證券行使比例 1：1，權利金為 3 元，存續期間 6 個月。請問

1. 此權證發行屬於價內、價平、價外？

2. 該權證的槓桿倍數為何？

3. 若權證發行 3 個月後，標的股價漲至 55 元，則權證漲至 7 元，請問權證的投資報酬率為何？

4. 若權證發行到期時，標的股價為 50 元，請問權證合理價格為何？

解

1. 以認購權證而言，發行時履約價大於標的證券市價 (50 > 42)，所以屬於價外發行。

2. 權證槓桿倍數 $= \dfrac{42}{3} = 14$ 倍。

3. 權證獲利 $= 7 - 3 = 4$ 元，投資報酬率 $= \dfrac{4}{3} = 133\%$

4. 認購權證到期時，已無時間價值，當時股價等於履約價，所以也無履約價值，因此權證價值＝時間價值＋履約價值＝ 0

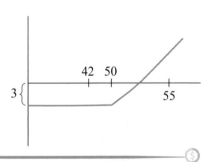

2. 認售權證

例題 3-9　認售權證

假設某一券商發行認售權證，其發行時標的證券市價為 25 元，履約價 25 元，權證與標的證券行使比例 1：1，權利金為 3 元，存續期間 9 個月。請問

1. 此權證發行屬於價內、價平、價外？

2. 該權證的槓桿倍數為何？

3. 若權證發行 3 個月後，標的股價跌至 15 元，則權證漲至 12 元，請問權證的投資報酬率為何？

4. 若權證發行到期時，標的股價為 20 元，請問權證合理價格為何？

解

1. 以認售權證而言，發行時履約價等於標的證券市價 (25 = 25)，所以屬於價平發行。

2. 權證槓桿倍數 $= \dfrac{25}{3} = 8.33$ 倍。

3. 權證獲利 $= 12\text{-}3 = 9$ 元，投資報酬率 $= \dfrac{9}{3} = 300\%$

4. 認售權證到期時，已無時間價值，當時股價 20 低於履約價 25，因此履約價值為 5 元（25 − 20），因此權證價值 = 時間價值 + 履約價值 = 0 + 5 = 5 元。

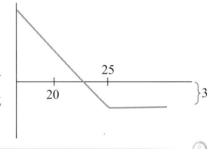

三、牛熊證

　　國內所發行的牛熊證（Callable Bull/Bear Contracts），其發行型態嚴格說來不屬於選擇權的型式，應屬於結構性產品；其主要的原因是牛熊證並沒有如同選擇權一般，其價值會隨時間遞減的情形，因為它的時間價值在發行時，早就被一開始所設定的「財務費用」給固定了。

　　國內所發行的牛熊證，除了在發行時，會收一筆固定的財務費用，當作發行成本外；也會設定一個「限制價格」，當標的物市價觸到「限制價格」時，權證會提早到期，以間接保護投資人的損失。通常牛證的限制價會設在標的物市價之下，所以牛證類似於「下限型認購權證」；熊證的限制價會設在標的物市價之上，所以熊證則類似於「上限型認售權證」。

　　此外，國內現行所發行的牛熊證在發行時，通常都以「價內」的方式發行，其目的是希望牛熊證的漲跌幅度能與標的物相一致，以讓牛熊證能夠發揮實質的槓桿倍數。通常投資人對股市後市看好時，應購買牛證；反之，當投資人對股市後市看壞時，應購買熊證。所以投資人可運用牛熊證的槓桿效果進行多空操作。以下將進一步介紹牛熊證的各種特性：

(一) 價內發行

　　牛熊證的發行者在發行時，必須設定標的物之「履約價格」與「限制價格」，通常牛（熊）證標的物市價均高（低）於限制價格與履約價，且限制價格又需高（低）於履約價，因此牛熊證的發行是採價內發行，其主要用意乃希望權證的漲跌幅和股票同步。有關牛熊證發行時，標的物市價、限制價與履約價的關係圖。詳見圖 3-7。

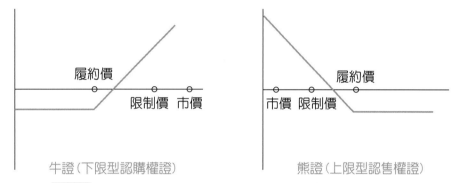

　　　　　　牛證（下限型認購權證）　　　　　　　熊證（上限型認售權證）

圖 3-7　牛熊證發行時，標的物市價、限制價與履約價的關係圖

　　通常牛證發行時，標的物市價、限制價與履約價的高低應為：標的物市價＞限制價＞履約價。例如：假設某一券商發行牛證，其發行時標的證券市價為 50 元時，權證限制價將設為 40 元，履約價將設為 36 元。

　　通常熊證發行時，標的物市價、限制價與履約價的高低應為：履約價＞限制價＞標的物市價。假設某一券商發行熊證，其發行時標的證券市價為 40 元，權證限制價將設為 50 元，履約價將設為 60 元。

(二) 訂價透明

　　牛熊證的訂價非一般選擇權以 Black-Scholes 模型訂價，而是採**財務費用年率**計算。因牛熊證在訂價中的財務費用，即已考量選擇權的時間價值之因素，因此牛熊證的價格無一般選擇權因隨著到期日的逼近，而使時間價值逐漸遞減之情形。其計算式如下：

牛熊證價格 ＝ 履約價格與標的物市價之差價 × 行使比例 ＋ 財務費用

財務費用公式 ＝ 財務相關費用年率 × 履約價 ×（距到期日天數 /365）× 行使比例

(三) 停損機制

牛熊證發行時需設限制價格,在到期日之前,若標的物收盤價觸及限制價,牛熊證將提早到期,必須由發行商收回,其買賣亦會即時終止,投資人會損失全部的財務費用,但仍然可收回現金餘款(剩餘價值)。若到期前標的物收盤價並無觸及限制價[3],投資人可於到期前在集中交易市場賣出或持有至到期,到期時投資人可獲得之現金結算款項,為履約價與標的證券價格之差價乘上行使比例。

通常標的物價格與限制價相差愈大之牛熊證,強制收回的機率愈低,所以價格相對較高,則其槓桿倍數也就相對較小;反之,標的物價格與限制價相差愈小,強制收回的機率愈高,所以價格相對較高低,則其槓桿倍數也就相對較大。

(四) 貼近市價

牛熊證在發行時採價內發行,因此權證價格以已含內含價值(履約價值)。若牛熊證與標的物行使比例為 1:1 時,則權證與標的物的價格變動比率會趨近於相同,所以權證除了能緊貼標的物之走勢,還不須支付購入標的物之全數金額,具有槓桿特性。

例如:某牛證的標的股票市價為 50 元時,該牛證限制價設為 40 元,履約價設為 36 元;則此時牛證價格已有 14 元(50 − 36)的履約價值,假設發行成本(財務費用率)1 元,所以該牛證價格為 15 元(14 + 1)。若此時標的股價從 50 元漲至 60 元,上漲 10 元,則此時牛證也將上漲 10 元,漲至 25 元。所以投資人等於只用 15 元,就可投資 50 元的股票,具有 3.3 倍(50/15)的槓桿效果。

 例題 3-10　牛證

假設某一券商發行牛證,其發行時標的證券市價為 30 元,權證限制價為 24 元,履約價 20 元,財務費用比率 5%,權證與標的證券行使比例 1:1,存續期間 3 個月。請問

1. 權證發行價格為何?

2. 權證有效槓桿效果為何?

3. 若權證未到期前跌至限制價,且次一日結算價為 24 元,則投資人可回收多少剩餘價值?此時投資人報酬率為何?

4. 若標的證券於存續期間無觸及限制價,且到期日漲至 40 元,此時投資人報酬率為何?

---

3 此外,若該牛熊證為「可延展型」(或稱存股證),投資人可在權證原到期日前 20 個營業日,向發行人申請展延,就可繼續持有該權證,且展延後的權證本身價格不變。至於延展的費用,投資人無須再支付,通常會用調整履約價的方式,來作為下一期的財務相關費用。例如:假設第一期期末,延展型牛證的履約價格為 36 元,若投資人欲展延時,乃將下一期的履約價從原先的 36 元調高為 37 元,等於從原有履約價值中預扣下一期財務相關費用,因此投資人可長期持有,並不需增加任何交付費用的繁瑣流程。

解

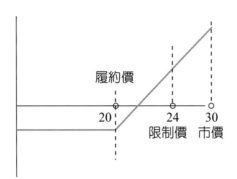

1. 權證發行價格＝[證券市價－履約價＋履約價 × 財務費用比率 × ($\frac{距離到期日}{365}$)]× 行使比例＝$(30 - 20 + 20 \times 5\% \times \frac{90}{365}) \times 1 = 10.247$

2. 權證有效槓桿效果＝$\frac{30}{10.247} = 2.928$ 倍。

3. 標的證券收盤價已觸及限制價 24 元，且次一營業日所有成交價之簡單算術平均價為 24 元，則投資人可得之剩餘價值＝(結算價－履約價)× 行使比例＝$(24 - 20) \times 1 = 4$ 元。

   投資人報酬率為＝$\frac{4 - 10.247}{10.247} = -60.96\%$

4. 標的證券於存續期間無觸及限制價，到期日收盤漲至 40 元，則投資人可獲利之金額＝(到期日收盤前均價－履約價)× 行使比例＝$(40 - 20) \times 1 = 20$ 元。

   投資人報酬率為＝$\frac{20 - 10.247}{10.247} = 95.18\%$

 例題 3-11　熊證

假設某一券商發行熊證，其發行時標的證券市價為 30 元，權證限制價為 36 元，履約價 40 元，財務費用比率 5%，權證與標的證券行使比例 1：0.5，存續期間 6 個月。請問

1. 權證發行價格為何？

2. 權證有效槓桿效果為何？

3. 若權證未到期前漲至限制價，且次一日結算價為 36 元，則投資人可回收多少剩餘價值？此時投資人報酬率為何？

4. 若標的證券於存續期間無觸及限制價，且到期日收盤前跌至 15 元，此時投資人報酬率為何？

解

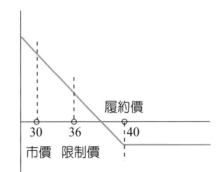

1. 權證發行價格＝[履約價－證券市價＋履約價 × 財務費用比率 × ($\frac{距離到期日}{365}$)]× 行使比例＝$(40 - 30 + 40 \times 5\% \times \frac{182}{365}) \times 0.5 = 5.499$ 元。

2. 權證有效槓桿效果＝$(\frac{30}{5.499}) \times 0.5 = 2.728$ 倍。

3. 標的證券收盤價已觸及限制價 36 元，且次一營業日所有成交價之簡單算術平均價為 36 元，則投資人可得之剩餘價值＝(履約價－結算價)× 行使比例＝$(40 - 36) \times 0.5 = 2$ 元。

   投資人報酬率為＝$\frac{2 - 5.499}{5.499} = -63.63\%$

4. 標的證券於存續期間無觸及限制價，到期日收盤前跌至 15 元，則投資人可獲利之金額＝(履約價－到期日收盤前均價)× 行使比例＝$(40 - 15) \times 0.5 = 12.5$ 元。

   投資人報酬率為＝$\frac{12.5 - 5.499}{5.499} = 127.31\%$

理財 NEWS

市場波動買權證　小資族以小搏大超有感

　　權證是一種衍生性商品，儘管價格會與連結的股票標的價格連動，但權證還會有到期日、價內外程度等條件，使得單一個股便有數檔權證可供挑選。投資人買權證付出的成本就是權利金，看漲買認購權證、看跌買認售權證，等於只要花少少的錢，就可參與市場個股的漲跌。

　　不過，臺灣有數萬檔權證，光是台積電相關權證就超過百檔，該怎麼選擇，才能提高勝率？麥格理證券表示，買賣權證除了首重眼光精準，篩選到即將發動的標的外，選對權證條件也能提高投資的勝率。以下就分享兩大祕訣，幫助投資人如何篩選權證：

- **要訣一、選對到期日**

　　權證與股票最大的不同是，權證有到期日，假設股價與其他條件不變下，權證價格會隨著到期日接近而逐漸遞減，且越接近到期日遞減的速度越快。因此，建議新手投資人選擇距到期日還有 90 天以上的權證，當股價短期間沒有波動時，比較抗盤整。

- **要訣二、選擇適當的價內外程度**

　　權證的價內外程度取決於目前的股價與履約價間的差距幅度。以認購權證為例，假設履約價是 100 元，目前股價已漲至 105 元，代表為價內 5% 的權證；如果股票價格是 95 元，代表為價外 5% 的權證。

　　以下圖為例，深度價外的權證，因為股價離履約價相當遠，因此權證價格較為便宜，一旦股價發動即便與股價的連動性不高，但因為權證價格便宜因此可享受較大的槓桿（363%），實際發揮權證小資金高槓桿的特性，適合風險承受度較大的投資人。但要留意即將到期的權證，小心權證價格有隨時歸零的風險。而深價內的權證，即便與股價的連動性高，但因為權證價格較貴，當股價同樣發動 30% 時，權證價格的漲幅則相對較小（62%）。

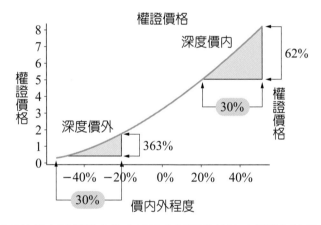

　　因此，權證新手若想享受權證小資金又具高槓桿的特性（權證價格便宜又漲幅明顯），則可挑選如價內外程度約在 ±10% 內的權證，時間價值遞減的速度也較慢，讓投資人可持有一段時間等待股價發動。

圖文資料來源：節錄自 EToday 財經雲 2022/04/22

> **解說**
>
> 　　權證具有「低成本、高槓桿」的特性，現為小資族投資股市的重要管道。專家指出買賣權證除了首重眼光精準，能篩選到即將發動的標的外，還分享兩大投資祕訣：其一建議新手投資人選擇距到期日還有 90 天以上的權證，另一為挑選如價內外程度約在 ± 10% 內的權證。

3-4　指數投資證券

所謂的指數投資證券，亦稱為「交易所交易證券」（Exchange Traded Note, ETN），乃由「證券商」所發行的一種追蹤且連結某些指數報酬，且具到期日的有價證券。基本上，ETN 與下一章將要介紹的「指數證券型基金」（Exchange Traded Funds, ETF），兩者有些神似，但 ETF 是基金的形式，ETN 卻不是，兩者仍存在許多差異。

基本上，ETN 與 ETF 具有共同的特點，它們都是在集中市場以市價進行交易，且都以追蹤某些資產的指數報酬績效為目的，並都具有申贖機制。但兩者仍存在著許多差異，以下將說明 ETN 與 ETF 主要差別的特性。

一、不持有追蹤資產

一般而言，ETF 的發行單位，須將投資人所交付的資金，買進欲追蹤指數的相關有價證券。但證券商在發行 ETN 時，將投資人所交付資金，並沒有強制規定如同 ETF 必須要去持有指數成分股或相關的有價證券。所以發行 ETN 的證券商，可不必持有 ETN 所追縱連結指數的任何資產。

二、僅可現金申贖

通常 ETN 與 ETF 都具有隨時申購與贖回的機制，其目的乃希望能夠讓市價與淨值的則溢價幅度縮小。基本上，有些現貨型的 ETF，若要進行申贖機制，必須採取實物申購與贖回，合成型的 ETF，則可利用現金申贖機制；但 ETN 因不必持有任何追蹤資產，所以投資人要進行申贖時，僅提供現金申贖機制。

三、沒有追蹤誤差

通常 ETN 與 ETF，都以追蹤某些資產的指數報酬績效為目的。ETF 必須持有追蹤指數相關的有價證券，所以投信在進行換股、換倉的動作時，會有摩擦成本，也會有匯率上買賣的價差成本，因此會出現些許的追蹤誤差。但 ETN 並不持有任何追蹤資產，績效報酬完全取決於證券商發行時，對投資人的承諾，因此證券商只要承諾到期時，給予投資人追蹤指數完全相同的報酬，因此理論上，並不存在追蹤誤差。

四、到期結算績效

一般而言，ETF 一旦發行後，只要發行單位不進行清算，ETF 會永續的在市場交易，並沒有到期的問題。但 ETN 在發行時，通常會載明到期日，且證券商會承諾 ETN 到期時，將以其追蹤指數的報酬進行結算。例如：某一 ETN 連結臺灣加權股價指數，若發行時，臺灣加權股價指數為 10,000 點，ETN 發行市價為每單位 10 元；若 ETN 到期時，臺灣加權股價指數漲 10%，為 11,000 點，則證券商須以每單位 11 元向投資人買回。

五、強制提前贖回

　　由於證券商發行 ETN 是有設定到期日。若 ETN 所連結的指數，在到期日前出現大漲，可能會對發行券商產生利益的壓縮，此時證券商可會設定一個價位（如：發行價的 150%，「天花板價」），將 ETN 提前贖回。若 ETN 所連結的指數，在到期日前出現大跌，讓 ETN 的價格（如：發行價的 10%，「地板價」）已低於下市標準，此時證券商可能將 ETN 提前贖回。至於國內發行的 ETF，則沒有強制提前贖回的限制。

六、具發行人風險

　　通常發行 ETF 的投信，會將投資人的資金購買指數成分股、或相關的有價證券，所以投資人的投資損益，主要取決於 ETF 的投資標的。但發行 ETN 的證券商，須承諾投資人在 ETN 到期時，給予追蹤指數的報酬，所以投資人除了承擔追蹤指數漲跌的風險外，仍須承擔發行機構的信用風險，因此投資 ETN 前，應須瞭解發行機構的信用與財務狀況。

表 3-10　ETN 與 ETF 的異同比較

		ETN	ETF
相同處	集中市場交易	是	是
	追蹤指數績效	是	是
	折溢價情形	有	有
	流動性風險	有	有
相異處	持有追蹤指數成分資產	不一定要	需要
	申贖機制	現金	實物／現金
	追蹤誤差	無	有
	分配收益	無	部分 ETF 有
	到期期限	有	無
	強制提前贖回	有	無
	發行人信用風險	有（券商發行）	無（投信發行）

ETN 三大優勢　理財新選擇

臺灣金融市場持續向前邁步，主管機關開放證券商發行 ETN 新商品，首波發行共 10 檔，回顧首檔 ETF 發行時，整體規模僅有 40 億元，但是經過 16 年時間發展，ETF 規模已有成長百倍，今年為「ETN」元年，預期在國人投資觀念與時俱進之下，未來 ETN 將成為民眾資產池的重要商品。

ETN 可以視為券商發行的 ETF，由發行商負責造市、報價義務，其最大特色在於沒有追蹤誤差，由發行商承諾給予投資人連結指數報酬，此外，ETN 屬於有價證券，與股票交易機制相近，交易稅為 0.1%，但不同的是，ETN 有到期日，最長發行期間可達 20 年。

整體而言，ETN 投資上費用透明簡單，除了投資手續費外無內扣費用，沒有追蹤誤差，以及投資成本較低三大優勢，加上目前發行方向包含臺股、陸股及電子、高股息四大概念，適合被動投資、長期投資、不想選股、領息的投資族群。

資料來源：節錄自工商時報 2019/06/20

解說

近期，國內證交所推出一種與 ETF 類似的新商品－ETN。該商品與 ETF 同樣追蹤指數報酬，且無追蹤誤差乃最大優勢，但有到期日與發行人信用風險，這是與 ETF 最大的不同。此商品適合被動投資、長期投資、不想選股、領息的投資族群。

3-5　其他衍生性商品

一般而言，國人利用衍生性商品進行投資理財，大概就是前述三節所提到的期貨、選擇權與權證，這三種採集中市場交易的金融商品最為普遍。除此之外，國內的銀行也會推展一些外匯相關的衍生性商品，如：外匯保證金、投資型外幣存款等、或者結構較為複雜的合成型債券。這些衍生性商品，也頗受特定投資人的青睞。以下將介紹這三種由銀行推出的店頭式衍生性金融商品。

一、外匯保證金交易

所謂的外匯保證金交易（Margin Trading）是指客戶只要存入一定成數的外幣金額，當作履約保證，並運用槓桿作用，來操作買賣外匯的交易方式。通常外匯保證金交易是一種以小搏大，具有高報酬、高風險的外匯投資工具。

通常承作外匯保證金交易，各銀行的合約限制不同，一般保證金約繳買賣金額的 10% 左右（原始保證金），當操作外匯保證金活動損失至一定成數時（約 50%，也稱維

持保證金），則銀行會發出追繳保證金通告，要求客戶需補足保證金差額至原始保證金，才可繼續保留部位。若保證金損失達一定成數時（約 75%）時，銀行可以在不經客戶同意情況下，自行將操作部位平倉，也就是俗稱的「斷頭」。以下表 3-11 為國內各金融機構之外匯保證金交易比較表：

表 3-11 國內各金融機構之外匯保證金交易比較表

	最低保證金	操作信用倍數	追加保證金通知	停止損失
合庫銀行	1 萬美元	10 倍	損失 50%	損失 70%
遠東銀行	1 萬美元	10 倍	損失 50%	損失 70%
第一銀行	1 萬美元	10 倍	損失 60%	損失 75%
群益期貨	各標的外幣的 3.33% ～ 5%	20 ～ 30 倍	損失 85%	損失 50%

資料來源：各銀行與期貨商網站

 例題 3-12 外匯保證金

某投資人與 A 銀行承作一筆 10 萬美元的外匯保證金交易，存入 1 萬美元做為保證金，並下單買日圓。若當時美元兌日圓的匯率成交為 115 元，則

1. 一個月後，日幣升值至 112 元，則獲利多少？

2. 若規定維持保證金為本金之 50%，則日圓在何價位時，需補繳保證金？

解

1. 日圓從 115 升值至 112 則獲利

$$\frac{(115-112) \times 100,000}{112} = 2,678.57 \text{ 美元}$$

2. 當日圓從 115 貶值至 X 價位時需補繳保證金 50%

$$-5,000 = \frac{(115-X) \times 100,000}{X} \Rightarrow X = 121.0526$$

當日圓貶至 121.0526 元時需補繳保證金。

二、投資型外幣存款

通常投資型外幣存款是結合外幣定期存款與選擇權的理財商品，又稱為「雙元貨幣投資型商品」（Dual Currency Investment/Deposit；DCI、DCD），此種商品兼具投資與保本功能，不純粹只有存款，所以不在國內的「存款保險」保障範圍內。基本上，此類外幣存款在市場上，大概可分成以下三種類型：

(一) 利息結合買進選擇權

通常投資人的存款本金，仍放在銀行的定存帳戶，但將定期存款利息預先提撥出來，交由銀行去買進匯率選擇權，並支付選擇權的權利金。

若投資方向與市場走勢相同，則可以獲得比定存更高的收益。如果投資方向與市場走勢相反，可以不必執行該選擇權，頂多損失存款利息（亦即權利金），但不致於侵蝕本金。所以該種型式，兼具保本與投資的特性。

 例題 3-13　投資型外幣存款－利息結合買進選擇權

某投資人承作 6 月期美元外幣存款，並將 2% 的利息收入，支付日圓匯率買權的權利金，履約價格 1US = 110JPY，假設現在日圓即期匯率為 110US/JPY。將來視匯率的波動，將有如下解的幾種損益情形。

解▷

1. 若將來 6 個月後匯率低於 110，則將損失利息的部分。

2. 若將來選擇權到期時，日圓匯率介於 110～115 之間或以上，則有相對應的報酬率（見下表）。

匯率區間	110-111	111.1-112	112.1-113	113.1-114	114.1-115	115 以上
報酬率	1.0%	2.0%	3.0%	4.0%	5.0%	5.0%

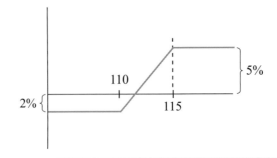

(二) 本金結合賣出選擇權

通常投資人將外幣存款的本金當作擔保品，並賣出與外幣存款價值對等之匯率選擇權（買權或賣權），賣出選擇權所得之權利金，可增加原定存之收益率。

若投資方向與市場走勢相同，則可以獲得比定存更高的收益（權利金＋定存利息）。若投資方向與市場走勢相反，選擇權到期時，買方若有履約價值，將執行選擇權，此時投資人原有的外幣部位，將被換成其它幣別；若投資人沒有該幣別的需求，則必須再兌回原來幣別，將會有匯兌風險。所以該種型式，可增加利息收入，但不具保本的特性。

 ### 例題 3-14　投資型外幣存款－本金結合賣出選擇權

某投資人承作 6 月期美元外幣存款，此外幣存款將本金投入，賣出與外幣存款價值對等的歐元匯率賣權，履約價格為 1Euro = 0.875US，此時將會有權利金收入約 2.4%，再加上原有外幣存款利息 1.8%。將來視匯率的波動，將有如下解的幾種損益情形。

解▷

1. 若選擇權合約到期時，歐元匯率高於 0.875，投資人將會有 4.2%（2.4% ＋ 1.8%）的收益率。

2. 若歐元走勢不如預期，到期時歐元匯率低於 0.875，此時歐元選擇權買方要求履約，投資人必須將美元換成歐元；若投資人沒有歐元需求，必須兌回美元，將會有匯兌風險。

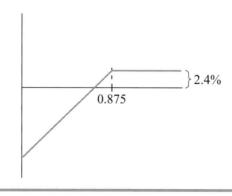

(三) 利息結合買進選擇權+本金結合賣出選擇權 [4]

此類型為上述兩種的結合。投資人將定期存款利息提撥出來,購買選擇權;並將存款本金當作擔保品,賣出與外幣存款價值對等之匯率選擇權。

此種利用買賣選擇權,因權利金的差異,來增加收益率的收入,若行情對自己有利,會增加收益率。若行情對自己不利,仍會有有匯兌風險。所以該種型式,擁有投資特性、但不具保本功能。

 例題 3-15 投資型外幣存款－利息結合買進選擇權+本金結合賣出選擇權

某投資人承作 6 月期美元外幣存款,此外幣存款將本金投入,賣出歐元匯率賣權,履約價格為 1Euro = 0.88US,此時會有權利金收入約 2.6%,在將其中的 1.4%,去買入歐元匯率買權,履約價格為 1Euro = 0.92US,此時權利金剩 1.2%,再加上原有外幣利息 1.3%,則有 2.5% 收益率。將來視匯率的波動,將有如下解的幾種損益情形。

解

1. 若選擇權合約到期時,歐元匯率高於 0.92,投資人將會有比 2.5% 還高的收益率。

2. 若歐元介於 0.88 ~ 0.92 之間,投資人會有 2.5% 收益率。

3. 若到期時歐元匯率低於 0.88,此時歐元選擇權買方要求履約,投資人必須將美元換成歐元,若沒有歐元需求,必須兌回美元,會有匯兌風險。

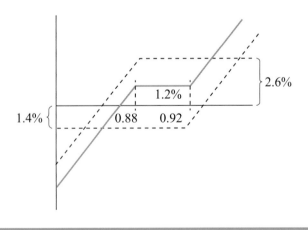

---

4 此種「買進買權」再加上「賣出賣權」的組成,若兩種選擇權的履約價格以及權利金不同時,將組成區間遠期合約(Range Forward),這也是「目標可贖回遠期合約」(TRF)的其中一種樣式。

理財
NEWS

免跑銀行！
台新銀新推「雙元貨幣投資」網銀也可下單

　　隨著數位金融時代來臨，為配合主管機關 Bank 3.0 計畫開放民眾線上申購結構型商品，台新銀行率先開放客戶可於網路銀行進行雙元貨幣投資（DCI）下單申購交易，不必再親赴分行臨櫃辦理逐筆交易，提供安心又便捷的投資交易環境。

　　台新銀行金融交易處指出，「雙雙得利投資帳戶」是民眾熟知的雙元貨幣投資，由於涉及外匯選擇權交易，以往民眾在進行 DCI 投資時，需到分行臨櫃逐筆辦理。在主管機構開放民眾可透過網路銀行進行下單交易後，該行在交易室與資訊單位等通力合作努力下，順利將交易流程數位化，民眾可於網路銀行進行 DCI 下單申購交易，提供客戶更便捷的交易管道。

　　民眾只需在進行首次交易時，到分行經專人解說商品、辦理交易文件簽署與投資適格性審核等流程後，即可於網路銀行進行線上 DCI 下單，免除往返分行臨櫃辦理的麻煩，增加投資管道的選擇以利投資人掌握投資先機。

資料來源：節錄自 ETtoday 2020/06/08

解說

　　隨著數位金融時代來臨，民眾只要在線上就可申購「雙元貨幣投資」（DCI）商品，但進行首次交易者，仍須到分行經專人解說商品、辦理交易文件簽署與投資適格性審核等流程後，才可於網路進行線上下單。

三、合成型債券

　　合成型債券是指兩種或兩種以上的金融商品，經過互相混合，所衍生出另一種混合類的新型固定收益商品。一般而言，國內對此類債券，又稱為「結構債」（Structured Notes）、或稱為「連動債」。以下將介紹兩種國內常見的型式：

(一) 保本型債券

　　保本型債券（Principal Guarantee Note；PGN）是由一筆「零息債券」加上「買進選擇權」所組合而成。通常投資人買進保本型債券，銀行會將部分資金，投資一筆零息債券，並估算零息債券到期所償還面額，足夠償還原始本金；之後再將購買零息債券所剩資金投入選擇權，作為支付「買進選擇權」的權利金。若期末選擇權有獲利，投資人除可取回本金外，亦有選擇權的履約價值之收益；反之，若期末選擇權無獲利，雖損失權利金，但至少本金還能獲得保障。

此債券至少會將本金保住，因此才被稱為保本型債券。該債券最大損失，已事前就可確定，又有機會獲取高收益的機會，所以屬於一項「進可攻、退可守」的投資商品。其實，此債券的操作策略就是「保本型基金」的模式，也類似前述投資型外幣存款中的「利息結合買進選擇權」之商品。有關保本型債券的損益情型，詳見圖3-8。

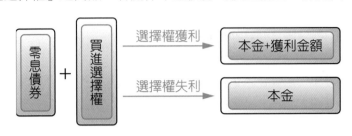

圖 3-8　保本型債券之結構圖

(二) 高收益債券

高收益債券（High Yield Note；HYN）是由一筆「零息債券」加上「賣出選擇權」所組合而成。通常投資人買進高收益債券，銀行會將全部資金，投資一筆零息債券，並將本金當抵押去賣出等值的選擇權，以收取權利金的額外收入。若期末選擇權，無履約價值，則投資人便能賺得選擇權的權利金收益，以及取回本金。但若期末選擇權，具履約價值，則投資人賣出選擇權的部分，其原始本金會被履約換成另一種幣別的本金，但整體仍有選擇權權利金與另一幣別本金可以領取。

此債券因最大獲利，除了可回收本金外，又有權利金收入，所以才被稱為高收益債券。但此債券的風險在於，若選擇權被買方履約，則原始本金會被履約換成另一幣別的本金，若投資人無另一種幣別本金的需求，要再換回原幣別的本金，則此債券具有匯率損失。此債券也類似前述投資型外幣存款中，「利息結合賣出選擇權」之商品。有關高收益債券的損益情形，詳見圖3-9。

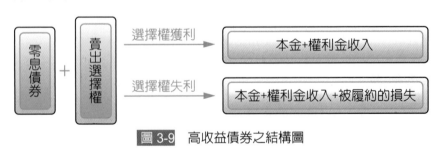

圖 3-9　高收益債券之結構圖

 理財
NEWS

連動債是什麼？揭密銀行不會告訴你的連動債 6 大風險

在 2008 年美國發生次貸危機時，當時美國第四大投資銀行雷曼兄弟因而倒閉，其所發行的連動債無力償還，導致投資人血本無歸，當時臺灣堪稱是全球最愛買連動債的國家，受影響者高達 5.1 萬人，總投資金額超過 400 億臺幣，也就是平均每人約損失 80 萬元，這次事件後使得連動債惡名昭彰，到底連動債有沒有這麼可怕？它的架構分為保本跟不保本，並可能存在的 6 種風險：

1. **信用風險（Credit Risk）**

   這邊主要是指發行機構的信用風險，投資人須考慮發行機構的實力跟財務狀況，一旦發行機構破產或違約，投資人有可能血本無歸，像雷曼兄弟就是最好的例子。另外，如果發行機構的信用評等遭降評，也有可能導致債券價格下滑，這也是購買連動債最大的風險之一。

2. **提前贖回風險（Early Redemption Risk）**

   連動債一般有約定的投資期限，甚至長達 5 年、7 年，所謂的保本指的是持有債券至到期日，若是投資人欲提前贖回，需要以贖回當時的實際成交價格交易，可能會有金額上的損失，因此購買前一定要特別注意投資年限。

3. **利率風險（Interest Rate Risk）**

   連動債在存續期間的市場價格會受到發行幣別的利率影響，當利率上升，債券價格可能下降，若在此時提前贖回會有損失。

4. **匯率風險（Exchange Rate Risk）**

   若是外幣計價的投資商品，還需承受外幣與臺幣之間的匯率風險，連動債投資期限通常較長，匯率難以預測，因此匯率等同是一場對賭，也有可能匯率的損失把債券的獲利都吃光。

5. **流動性風險（Liquidity Risk）**

   連動債一般不具有充分的市場流動性，在缺乏流動性的前提下，債券實際交易價格可能會跟債券本身價值存在顯著的價差，如果投資人要提前贖回，可能要賠本賣出或甚至產生賣不掉的狀況。

6. 提前買回風險（Call Risk）

　　有些連結利率型連動債會標註「發行機構行使提前買回權利」的字樣，就是當投資人獲利太多時，發行商為了自己不要虧太多，可以行使提前買回，結束合約，因此購買前也要注意是否有此條款。

資料來源：節錄自市場先生 2020/11/07

解說

　　近期，國內銀行推出人民幣高收益債券商品，由於高收益債不一定保本，且之前國內爆發 TRF 的糾紛，所以引發銷售上有些爭議。但官員強調，高收益債所投資的商品，其債券信用評等低於投資等級，風險性的確相對較高，加上以人民幣計價的商品也會有匯率風險，所以投資人要投資前仍要審慎評估。

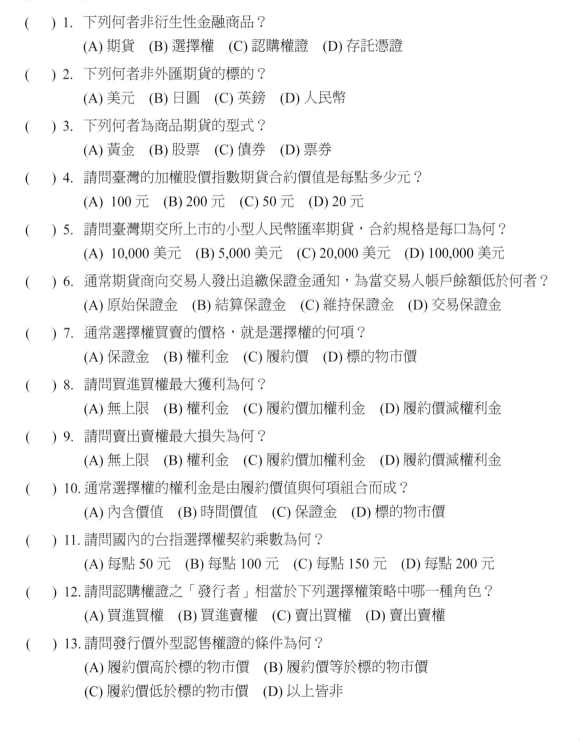

本 章 習 題

題號前有★號之題目附詳解

【基礎題】

(　) 1. 下列何者非衍生性金融商品？
(A) 期貨　(B) 選擇權　(C) 認購權證　(D) 存託憑證

(　) 2. 下列何者非外匯期貨的標的？
(A) 美元　(B) 日圓　(C) 英鎊　(D) 人民幣

(　) 3. 下列何者為商品期貨的型式？
(A) 黃金　(B) 股票　(C) 債券　(D) 票券

(　) 4. 請問臺灣的加權股價指數期貨合約價值是每點多少元？
(A) 100 元　(B) 200 元　(C) 50 元　(D) 20 元

(　) 5. 請問臺灣期交所上市的小型人民幣匯率期貨，合約規格是每口為何？
(A) 10,000 美元　(B) 5,000 美元　(C) 20,000 美元　(D) 100,000 美元

(　) 6. 通常期貨商向交易人發出追繳保證金通知，為當交易人帳戶餘額低於何者？
(A) 原始保證金　(B) 結算保證金　(C) 維持保證金　(D) 交易保證金

(　) 7. 通常選擇權買賣的價格，就是選擇權的何項？
(A) 保證金　(B) 權利金　(C) 履約價　(D) 標的物市價

(　) 8. 請問買進買權最大獲利為何？
(A) 無上限　(B) 權利金　(C) 履約價加權利金　(D) 履約價減權利金

(　) 9. 請問賣出賣權最大損失為何？
(A) 無上限　(B) 權利金　(C) 履約價加權利金　(D) 履約價減權利金

(　) 10. 通常選擇權的權利金是由履約價值與何項組合而成？
(A) 內含價值　(B) 時間價值　(C) 保證金　(D) 標的物市價

(　) 11. 請問國內的台指選擇權契約乘數為何？
(A) 每點 50 元　(B) 每點 100 元　(C) 每點 150 元　(D) 每點 200 元

(　) 12. 請問認購權證之「發行者」相當於下列選擇權策略中哪一種角色？
(A) 買進買權　(B) 買進賣權　(C) 賣出買權　(D) 賣出賣權

(　) 13. 請問發行價外型認售權證的條件為何？
(A) 履約價高於標的物市價　(B) 履約價等於標的物市價
(C) 履約價低於標的物市價　(D) 以上皆非

( ) 14. 通常重設型的認購權證是指，何者可以重設？

(A) 權利金　(B) 權證價格　(C) 履約價格　(D) 行使比例

( ) 15. 通常上限型認購權證是指，下列哪項有上限？

(A) 漲跌幅　(B) 權證價格　(C) 履約價格　(D) 投資人的獲利

( ) 16. 通常國內的牛熊證都是採取何種形式發行？

(A) 價平　(B) 價內　(C) 價外　(D) 以上皆可

( ) 17. 通常延展型牛熊證，當投資人欲延展時，會調整何項價位當作下一期財務費用？

(A) 履約價　(B) 限制價　(C) 標的物市價　(D) 保證金

( ) 18. 下列何者非 ETN 之特性？

(A) 具流動性風險　(B) 具發行人信用風險　(C) 具追蹤誤差　(D) 有到期日

( ) 19. 通常投資型外幣存款是存款結合何種金融商品？

(A) 股票　(B) 債券　(C) 票券　(D) 選擇權

( ) 20. 請問保本型債券，通常是以哪一種債券當基底？

(A) 永續債券　(B) 零息債券　(C) 可轉換債券　(D) 可贖回債券

【理財規劃人員證照題】

( ) 21. 有關股票與期貨之比較，下列敘述何者錯誤？

(A) 股票為有價證券，期貨為買賣契約

(B) 股票在購入後可轉售，期貨不可轉售但可作反向沖銷

(C) 股票的信用交易槓桿倍數約為 10 至 20 倍，期貨之保證金交易槓桿倍數約為 1 至 2 倍

(D) 股票當日沖銷需透過信用交易帳戶，期貨可隨時以反向部位交易

【第 26 屆】

( ) 22. 有關基本型衍生性商品之敘述，下列何者正確？

(A) 遠期契約具有標準規格與報價

(B) 期貨契約僅採實物交割

(C) 交換契約屬買賣雙方特定協議契約

(D) 選擇權契約賣方具有履約權利　　　　　　【第 28 屆】

( ) 23. 期貨採用保證金交易，其性質為下列何者？

(A) 交易之部分價款　　　　　　　　(B) 履約保證

(C) 通常為交易價金之百分之五十以上　(D) 與契約價金之間無關

【第 26 屆】

( ) 24. 目前臺灣期交所除了加權股價指數期貨外，尚有哪些期貨商品？A. 電子類股價指數期貨 B. 金融保險類股價指數期貨 C. 短期利率期貨 D. 外匯期貨

(A) 僅 A.B　(B) 僅 A.B.C　(C) 僅 A.B.D　(D) A.B.C.D　【第 26 屆】

★( ) 25. 如果投資人於 5,050 點賣出臺灣期交所之加權股價指數小型期貨，並於 5,120 點回補，其損益為何？（手續費與期交稅不計）

(A) 損失 14,000 元　(B) 獲利 14,000 元　(C) 損失 3,500 元　(D) 獲利 3,500 元

【第 29 屆】

★( ) 26. 陳君以 60 萬元進行期貨交易，9 月 1 日買進五口 9 月台指期貨（變動 1 點價值 200 元，假設當時每口原始保證金 12 萬元），指數為 4,300 點，9 月 2 日時，9 月台指期貨指數上漲到 4,500 點，則陳君平倉所有部位後共計獲利多少？（不考慮手續費及交易稅）

(A) 8 萬元　(B) 12 萬元　(C) 20 萬元　(D) 32 萬元　【第 27 屆】

( ) 27. 選擇權的買方：

(A) 只有履約的義務　(B) 須繳交保證金

(C) 只有履約的權利　(D) 履約之權利與義務依交易策略不同因應　【第 27 屆】

( ) 28. 有關選擇權商品性質，下列敘述何者錯誤？

(A) 為非線性關係報酬率　(B) 買賣雙方須繳保證金

(C) 買方具有履約權利　(D) 無風險利率為影響選擇權價格因素之一

【第 29 屆】

★( ) 29. 當股票選擇權賣權權利金為 3 元，當損益兩平股價為 28 元時，請問該選擇權買入賣權履約價應為下列何者？

(A) 25 元　(B) 28 元　(C) 31 元　(D) 34 元　【第 29 屆】

( ) 30. 假設買入一股票買權，目前股價為 50 元，履約價格為 48 元，選擇權到期當日方可履約，假設到期股價為 45 元，請問屆時買權的投資人會採取的行動及該選擇權類別為何？

(A) 會執行選擇權，此為美式選擇權

(B) 不執行選擇權，此為美式選擇權

(C) 會執行選擇權，此為歐式選擇權

(D) 不執行選擇權，此為歐式選擇權　【第 29 屆】

( ) 31. 臺股指數報價為 4,525 點，台指選擇權 4,500 點之賣權（PUT）權利金為 125，該履約價權利金的內含價值為何？

(A) 125　(B) 0　(C) 150　(D) 100　【第 28 屆】

( ) 32. 假設某存款組合式商品（歐式選擇權），存款本金 10,000 歐元，連結標的為 EUR/USD 匯率，存款期間一個月（實際投資為 35 天），保障存款稅前年收益 4%，轉換匯率＝進場匯率 ＋ 0.015，清算匯率低於轉換匯率則歐元本金不會被轉換，若進場匯率為 1.135，且清算日當天清算匯率為 1.125，則投資人可領本金及收益為何？

(A) 本金 10,000 歐元，利息 38.89 歐元

(B) 本金 10,000 歐元，利息 0 歐元

(C) 本金 10,000 歐元，利息 38.89 美元

(D) 本金 11,500 美元，利息 38.89 歐元 【第 30 屆】

( ) 33. 如匯率連結組合式存款係以賣出匯率選擇權之買權為架構，保障存款稅前年收益 5%，到期時匯率未上升到履約價格之上，則投資人到期可領回金額若干？

(A) 95% 本金　　　　　　(B) 100% 本金

(C) 100% 本金+存款期間利息　(D) 無法確定 【第 28 屆】

( ) 34. 一檔以賣出「USD Call EUR Put」之匯率組合式商品，下跌至履約價格時，其美元存款本金轉換為弱勢之歐元本金，投資人須承受何種風險？

(A) 產品條件變動風險　(B) 稅負風險　(C) 匯兌風險　(D) 流動性風險

【第 26 屆】

( ) 35. 匯率連結型商品為使組合式商品達到一定比率之保本率，明確的領回本金比率，則應以下列何種選擇權方式架構？

(A) 購買買權　(B) 賣出賣權　(C) 賣出買權　(D) 均可保本 【第 26 屆】

★( ) 36. 某投資人買進一歐式買權，其標的股價為 60 元，履約價格為 50 元，無風險利率為 5%，距到期日時間為 6 個月，而權利金為 12 元，則該選擇權的時間價值為多少？

(A) 2 元　(B) 6 元　(C) 10 元　(D) 12 元 【第 34 屆】

( ) 37. 高先生以 5,200 點買進一口小型台指期貨（契約乘數為 50 元），繳納 23,000 元保證金，倘他三日後以 5,300 點將該期貨部位平倉，則高先生的投資報酬率為何？（取最近值，假設期貨交易稅為千分之 0.25，單邊手續費為 300 元）

(A) 18.56%　(B) 18.84%　(C) 19.86%　(D) 20.15% 【第 36 屆】

( ) 38. 某投資人買進一口相同到期日之歐式買權與歐式賣權，其履約價格均為 40 元，若買權的權利金為 4 元，賣權的權利金為 3 元，則到期時股價在何範圍內，投資人才有淨利？（不考慮交易手續費及稅負）

(A) 介於 37 元與 44 元之間　(B) 介於 33 元與 47 元之間

(C) 低於 37 元或高於 44 元　(D) 低於 33 元或高於 47 元 【第 36 屆】

（　）39. 有關臺灣加權股價指數選擇權（TXO），下列敘述何者正確？
　　　　(A) 契約乘數為每點新臺幣 100 元
　　　　(B) 本契約之交易日與臺灣證券交易所交易日相同
　　　　(C) 履約型態採歐式與美式兩種
　　　　(D) 權利金每日最大漲跌以加權指數收盤價 8% 為限　　　　【第 37 屆】

（　）40. 台指指數為 4450，某甲買進一口台指選擇權 4500 買權（CALL），權利金為 150；當指數上漲至 4600 時，某甲賣出 4500 買權，權利金為 200，若成本不計，某甲利益為何？（台指選擇權契約乘數 =50 元）
　　　　(A) 2,500 元　(B) 5,000 元　(C) 7,500 元　(D) 10,000 元　　　【第 37 屆】

（　）41. 以存款利息或存款部分本金去買進匯率選擇權或與賣出匯率選擇權結合之商品，稱為下列何者？
　　　　(A) 匯率連動債券　　　　　(B) 利率連動債券
　　　　(C) 匯率連結組合式存款　(D) 利率聯結組合式存款　　　　【第 37 屆】

（　）42. 有關衍生性商品的交易，下列何者不需繳交保證金？
　　　　(A) 買進期貨　(B) 賣出期貨　(C) 買進買權（CALL）　(D) 賣出賣權
　　　　　　　　　　　　　　　　　　　　　　　　　　　　　　　【第 38 屆】

（　）43. 張三買入某股票賣權，目前股價為 100 元，履約價格為 85 元，權利金 10 元，張三預期股價未來下跌空間大，試問至少達到損益兩平之股價為何？
　　　　(A) 75 元　(B) 80 元　(C) 90 元　(D) 95 元　　　　　　　　【第 39 屆】

（　）44. 有關匯率連結組合式商品之特性，下列敘述何者錯誤？
　　　　(A) 必為保本型商品
　　　　(B) 購買或賣出之匯率選擇權，可以為買權亦可為賣權
　　　　(C) 選擇權不被執行時，原存款本金不被轉換
　　　　(D) 適合有兩種幣別需求之客戶　　　　　　　　　　　　　【第 40 屆】

（　）45. 當對標的物看空時，下列何者是正確的操作策略？
　　　　(A) 買入買權（Call Option）　(B) 賣出賣權（Put Option）
　　　　(C) 賣出買權　　　　　　　　　(D) 買進期貨　　　　　　【第 42 屆】

NOTE

Chapter **04**

基金商品

本章架構

　　本章內容為基金商品，主要介紹基金概論、基本類型基金、證券類型基金、以及基金交易實務等。其內容詳見下表。

節次	節名	主要內容
4-1	基金概論	介紹基金的發行與收益。
4-2	基本類型基金	介紹六種基本類型基金商品。
4-3	證券化類型基金	介紹二種證券類型基金商品。
4-4	基金交易實務	介紹基金的買賣、費用與名稱類別之差異。

本章導讀

　　由於全球金融市場的詭譎多變、以及金融商品不斷的推陳出新，使得投資理財必須具備豐富的知識與經驗，才能跟得上時代的脈動。所以近年來國人的投資理財的觀念，也隨著金融氛圍的變化，由以往較偏愛個人獨自操作，現漸委由專業的經理人代為操作管理。

　　因此，基金已是現代人進行投資理財中不可或缺的金融工具。而且基金的投資風險較股票小，也有不錯的收益報酬率，所以近年來已躍居國人投資理財最愛的商品之一。所以有關基金的知識與技巧，對於現代人而言，是一項重要的課題。以下本章將依序介紹基金的簡介、基本類型基金、證券化類型基金、以及基金交易實務等內容。

4-1 基金概論

共同基金幾乎是現代人最常使用的投資理財工具，它兼具「小額投資」、「風險較低」、「專業化」的優點；且基金種類齊全，適合中長期與多元性投資的投資人持有。由於共同基金能較一般投資人，進行更專業的投資，所以一直深受投資人的青睞，因此全球的基金市場的管理規模，已日益蓬勃的發展中。以下本節將介紹基金的發行、以及基金的投資收益來源。

一、基金的發行

共同基金（Mutual Fund）是指集合眾多小額投資人的資金，並委託專業投資機構代為管理運用，其投資收益與風險則歸原投資人共同享有與分攤的一種投資工具，此又稱「證券投資信託基金」。

通常國內的共同基金，是由「證券投資信託公司」（簡稱：投信公司），以發行「**受益憑證**」的方式，向不特定的「投資人（受益人）」募集資金，並將委託「保管機構」代為保管受益憑證與所募得的資金。通常投信公司再將所募得的資金，依基金的類別，投資於各種金融商品，並建立一個可以獲取最大利潤及分散風險的投資組合。

一般而言，基金在發行時，會先設定每單位「**淨值**[1]」，假設每單位淨值設定為 10 元，若現在總共募集到 5 億個單位，則基金的「**淨資產價值**[2]」（Net Asset Value；NAV）為50 億元（10 元 ×5 億）。然後投信公司，再將這些資金投資於各種「金融商品」（如：股票、債券、期貨等），若一段期間後，假設基金的淨資產價值增為 60 億元，則此時基金每單位淨值就由 10 元漲為 12 元（60 億元 ÷5 億）。所以投資人買賣基金的獲利情形，通常都跟淨值高低變化有關。

二、基金的交易

通常基金經過發行，由投資人（受益人）購得後，若現投資人欲想將之前所購得基金賣出，或現有投資人想再進行買入，此時必須根據投資人所持有的是開放型或封閉型基金之差別，會各有不同的交易場域。以下將分別說明之：

---

1 每單位的淨值是指基金之淨資產價值，按發行在外總單位數平均計算之每單位價值。
2 淨資產價值（NAV）是指基金之全部資產減除全部負債之餘額。主要是以現金及證券為主。

(一) 開放型基金

　　通常開放型基金投資人可透過三種管道去申購或贖回基金，分別為「投信公司（境外基金代理人[3]）」、「代銷機構」與「代銷平臺」。以下分別介紹這三種管道。有關開放型基金的發行與交易架構圖，詳見圖 4-1。

1. 投信公司（境外基金代理人）

　　通常投資人欲交易境內（或境外）基金，可以直接找投信公司（或境外基金代理人），進行申贖。通常此管道投資人只能針對投信公司（或境外基金代理人），所發行（或代理）的基金進行交易。

2. 代銷機構

　　基金代銷機構乃被委任為代理銷售基金的機構，在國內通常是以銀行、證券商、投顧公司為主。通常代銷機構會跟多家境內及境外基金的發行機構簽約，所以投資人在此管道買賣的基金較多元。

3. 代銷平臺

　　國內金管會為了基金銷售通路，不用侷限在代銷機構，於 2016 年成立「基金銷售平臺」（基富通證券），因此境內及境外基金的發行機構，只要跟國內的「集中保管結算所」簽約後，就可以將基金放到「基金銷售平臺[4]」上架銷售。此管道將提供基金發行機構，更多元的銷售通路，不再受代銷機構的牽制，將使得投信公司更容易募集與銷售基金。

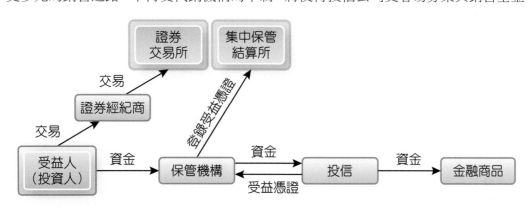

圖 4-1　開放型基金的發行與交易架構圖

3　國內於 2005 年後採取「基金總代理制」，境外基金需委任國內一家投信、投顧或證券商擔任「境外基金代理人」，以負責境外基金的銷售與募集。

4　國內現今的基金代銷平臺，除了「基富通證券」外，尚有兩家民間以投資顧問公司名義所成立的平臺，分別為「聚亨基金平臺」與「中租基金平臺」。

(二) 封閉型基金

通常封閉型基金的買賣是採集中市場交易，須由保管機構將已發行的受益憑證至國內的「證券集中保管結算所」登錄，然後就可在「證券交易所」掛牌上市。投資人須透過透過「證券經紀商」下單至「證券交易所」進行競價撮合交易。有關封閉型基金的發行與交易架構圖，詳見圖 4-2。

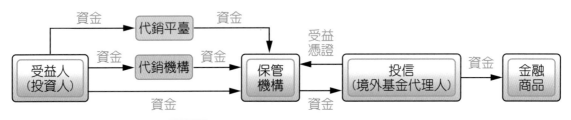

圖 4-2　封閉型基金的發行與交易架構圖

理財 NEWS

買基金手續費好貴？
3 大基金平臺零手續費，最低 3 千元就可進場

目前臺灣有 3 大基金平臺，基富通、鉅亨投顧、先鋒投顧（已改為中租投顧），不約而同的，這 3 家公司都打出了買基金優匯手續費的震撼行銷。過去在銀行買基金，手續費動輒 2%、3% 起跳，投資人還沒賺到錢，卻已經先被剝了一層皮。基金平臺上路後，手續費大降價，幾乎都已經降到 0.3% 到 0.6% 左右了。但現在便宜還要更便宜，直接就是 0 手續費，顯示基金平臺業者要跟銀行搶占通路的雄心不小。

• **3 要點，用心挑選基金**

雖然有了 0 手續費優惠，但不保證投資人買基金就會賺錢，尤其是目前金融市場變化多端，想要短線進出賺價差的空間縮小，投資人要更為謹慎。因此，挑選基金時要留意以下重點。

1. 別迷信品牌，比較後再投資

過去在銀行買基金，大多數人是靠理專推薦，但在基金平臺投資，一切要靠自己。別因為某些基金知名度高就買進，還是要小心比較同類基金，看哪一支基金的績效最穩健，再進場投資。

2. 別買到後收手續費基金

　　有些基金是前收手續費，有些基金是後收手續費。因為後收手續費基金有些隱藏了分銷費，每年還要多付 1% 左右成本，對投資人比較不利。這次的 0 手續費方案，主要都是指前收手續費基金，買基金前一定要弄清楚基金名稱上的小細節，不要買錯了。若是實在不確定，可以打電話到基金公司問清楚後再下單。

3. 別想短期獲利，更重視投資組合

　　雖然目前股債市表現都不錯，但卻也都在相對高檔，投資有一定風險。建議投資人現階段最好採取股債平衡的投資策略，另外，採取定時定額投資，較著重長期理財策略，不要過度偏向短線進出，也是較安穩的投資方向。

　　　　　　　　　　　　　　　　　　　　　　　資料來源：節錄自商業周刊 2020/01/15

> **解說**
>
> 　　現今愈來愈多人買賣基金尋求網路基金平臺，國內現在有 3 家平臺供投資人選擇。雖至平臺買賣基金，少了銀行理專的服務，所以要選擇適合自己的基金商品，也是要花精神去研究，但確實可以減少手續費的支出。

三、基金的收益

　　一般而言，投資共同基金的收益來源，大致包括：資本利得、利息收益及匯兌利得這三種。

(一) 資本利得

　　資本利得是投資基金最主要的收益來源，投資人藉由基金淨值（或市價）的買賣價差計算出損益。通常國內對投資境內基金的資本利得是免課稅的；但對境外基金的資本利得需課稅的，但須與基金的利息收益分配合併課稅；若境外基金的資本利得與利息利益，相加總超過新臺幣 100 萬元，才須要申報課稅。

(二) 利息收益

　　投信針對基金是否配息之規定會載明於公開說明書上，配息的頻率亦由投信所決定。通常投資於境內基金，若有配息且配發的利息部分是來自境內投資收益，則須依各類所得扣繳率標準扣繳。但境外基金的部分，須資本利得與利息收益分配合計超過 100 萬元，才須繳納基本稅額[5]。

5　國內於 2010 年起，若國人投資海外商品，其利息收益與資本利得合計超過新臺幣 100 萬元，且個人或家庭的所得總額，亦超過新臺幣 670 萬元者，才須針對海外收益進行課稅。

(三) 匯兌利得

若投資境外基金會比境內基金，多一種損益就是匯兌損益。所以投資人投資境外基金，若計價幣別出現大幅升值時，會使資本利得與利息收益都有匯兌利得，反之，就會有匯兌損失。

4-2　基本類型基金

共同基金依據不同的分類標準，可以分成許多基本類型，以下將分別針對不同種類的基金進行介紹：

一、依註冊地點區分

(一) 國內基金

國內基金（Domestic Fund）或稱境內基金，乃由國內投信所發行的基金，在國內註冊，以國內投資人為銷售對象，並受國內相關法令的監督管理。基金投資範圍包括國內及國外的各項金融商品，其計價幣別以「新臺幣」為主。

(二) 國外基金

國外基金（Offshore Fund）或稱境外基金，乃登記註冊於我國以外地區，由國外基金公司發行，以全球投資人為銷售對象。基金投資範圍以國外的金融商品為主、並亦有基金投資於國內，其計價幣別以「外國貨幣」為主。通常境外基金要在國內銷售必須經過金管會核准或申報生效後，才可合法銷售。

二、依發行型態區分

(一) 開放型基金

開放型基金（Open-end Type Fund）是指投信公司自基金發行日起一段時間後，投資人可隨時向投信公司申購或贖回，所以基金的發行單位數，也隨投資人的申贖而變動，並無固定的規模。申贖的價格是以基金的每單位「**淨值**」來計算，且投資人的申贖單位數可為畸零單位。通常申購時，以當日每單位淨值計算，若贖回時，以次日的每單位淨值計算。

(二) 封閉型基金

封閉型基金（Closed-end Type Fund）是指投信公司在基金募集期間，向投資人募得欲發行的單位數後，便將基金申請上市。上市後，投信公司不再接受贖回或申購，因此基金的單位數不會變動，有其固定的規模。將來投資人可透過證券商，以基金當時的「市價」在集中市場（證券交易所）公開交易買賣，但最小交易單位為 1 張（亦即 1,000 單位數）。通常封閉型基金的每單位交易市價、與基金的每單位淨值，並不一定相同，常有折溢價的情形發生[6]，若出現市價高（低）於淨值，稱為溢（折）價。

現行國內於證券交易所上市的兩種證券化類型基金，就是以封閉型基金的型態，分別為「指數股票型基金」（ETF）、以及「不動產投資信託證券」（REITs）。

表 4-1　開放型與封閉型基金的主要差異

	開放型基金	封閉型基金
交易方式	向投信申購贖回	在集中市場交易
申購贖回	可隨時申購贖回	不可隨時申購贖回
基金規模	不固定	固定
買賣情形	依淨值買賣	依市價買賣
交易單位	可為畸零單位	須以 1 張（1,000 單位）為基礎

三、依投資方針區分

(一) 積極成長型基金

積極成長型基金（Aggressive Growth Fund）是各類型共同基金中最具風險性者。主要投資目的是在追求資本利得的極大化，因此具有高風險、高報酬的特性，其投資標的通常是風險性較高的投資工具。例如：轉機股、投機股，甚至投資在期貨、認股權證、選擇權等投機商品上。

(二) 成長型基金

成長型基金（Growth Fund）主要投資目的在追求長期穩定的增值利益，其投資標的多是經營績效良好，股價有長期增值潛力的高科技股、或具成長潛力的中小型股為主。此基金追求的利潤以資本利得為主，股利收入僅佔小部分。風險性較積極成長型低，蠻受投資人青睞的，目前國內大多數基金皆屬此類。

6　臺灣早期基金市場發行約 30 檔的封閉型基金，且都有嚴重的折價問題，後來 1995 年證券主管機關同意封閉型基金可以轉型為開放型基金，於是封閉型紛紛轉型成開放型，國內最後一檔「富邦富邦」封閉型基金，也於 2013 年底申請改制為開放型。但國內又於 2003 年與 2005 年，開始發行 ETF 與 REITs，這兩種證券又是以封閉型基金的型態上市，所以封閉型基金仍在市場上佔有一席之地。

(三) 成長加收益型基金

成長加收益型基金（Growth and Income Fund）不僅追求投資的資本利得，且重視穩定的利息和股利收入。投資標的以未來前景看好且股利分配穩定的股票為主，如：大型績優股或成熟產業的股票。另外，亦可投資可轉換公司債，因為可轉換公司債是股票與債券的結合，當股票價格上揚時，可轉換成股票，享有資本利得；當股票價格下跌時，則享有公司債之固定收益。此類基金風險性較前二者為低。

(四) 收益型基金

收益型基金（Income Fund）其投資目的主要在追求穩定的固定收益，對於資本利得較不重視，投資標的以具有固定收益的投資工具為主。如：特別股、債券與票券等。國內此類型基金是以「債券型」與「貨幣型」基金為主，此類基金風險甚低，較適合希望藉由投資帶來固定收入的投資人購買。

(五) 平衡型基金

平衡型基金（Balanced Fund）其投資目標是希望同時著重在資本利得與固定收益。其投資標的為「股票」及「債券」兩種，其風險性則由此兩種投資標的的比例決定。此種基金與成長加收益型基金類似，但不同的是成長加收益型基金是投資在股票上，藉由選股達到操作目標，而平衡型基金則將投資組合分散於股票和債券。

四、依投資標的區分

國內各投信公司所發行之基金因受金管會對投資標的物之限制，其募集之資金只能投資於有價證券，主要在於股票及債券；而國外基金投資標的物不受限制，所以種類繁多。其投資標的分類如下：

(一) 股票型基金

股票型基金（Stock Fund）的投資標的物，是以一般的普通股為主，亦投資與股票相關的商品，如：存託憑證（DR）等，所以又稱為股票中的股票。通常投資股票型基金，是以資本利得的收入為主，少部分的基金亦有配息的制度[7]。通常投資股票型基金的淨值波動較大，容易受到總體經濟、政治發展、企業營運、利率等多方因素的影響。

7　有關基金的配息，通常會採取月、季、年配息，但也有些基金將利息收益累積在淨值內，不另外配息，會顯示為累積型。

（二）債券型基金

債券型基金（Bond Fund）的投資標的物，是以固定收益的公債、公司債與金融債券為主，亦投資債券附買回（RP）。通常投資債券型基金，除了有些會收到債券的利息收入（採月、季、年配息，但也有些將利息收益累積在淨值內，不另外支息）外，尚須注意債券的價格會因利率而變動，使得基金的淨值變動。所以投資債券型基金有可能賺到債息收益，但因基金淨值下降也會有資本利得損失。通常投資債券型基金必須注意利率風險、信用風險、通貨膨脹風險。

通常全球的債券型基金，又可依投資標的的風險高低，分為以下三種：

1. **高品質債券：**標的物以成熟市場國家或公司，所發行具投資等級的債券為主。
2. **新興市場債券：**標的物以新興市場國家或公司，所發行具投資等級的債券為主。
3. **高收益債券[8]：**標的物以信用等級較低、違約可能較高、且不具投資等級的債券為主。

（三）貨幣型基金

貨幣型基金（Money Market Fund）的投資標的物，是以貨幣市場的商品為主，例如：商業本票、承兌匯票、國庫券、銀行可轉讓定期存單、短天期（一年期以下）債券或債券附買回（RP）等。且根據國內的規定貨幣型基金須將資產的 70% 以上，投入於銀行存款、短期票券及附買回交易等商品上。通常投資貨幣型基金，大部分是以基金所收到的利息收入換算成穩定的資本利得為主。所以貨幣市場基金具有極低風險、以及收益穩定的特色。

（四）認股權證基金

認股權證基金（Warrant Fund）的投資標的物，是以認股權證或股票選擇權為主，其槓桿倍數約為一般基金的 3 ～ 5 倍左右，此類基金的淨值波動幅度相當大，風險性及報酬率也較高。

（五）期貨基金

期貨基金（Future Fund）的投資標的物，是以股票指數、利率、外匯、商品（如：咖啡、原油與黃金）期貨為主。由於期貨基金的買賣進出時機點，通常是利用「電腦程式交易」系統，來嚴格判斷與執行交易，完全沒有人為感情因素的干擾，並在全球市場找尋不同的多空獲利機會，且注重分散風險，所以其實波動風險並不高。

8　此類型債券型基金已於 2023 年 7 月必須更名為「非投資等級債券型基金」。

(六) 礦產基金

礦產基金（Mining Fund）的投資標的物，是以從事開發銷售黃金、白銀等貴金屬；或銅、鋁、鎳、錫等一般金屬的相關的公司股票為主。若基金以貴金屬為主要標的亦稱為貴金屬基金（Precious Metals Fund），由於貴金屬行情常與股票、債券等投資工具呈相反走勢，所以可作為投資組合中的平衡工具。通常貴金屬基金又以黃金為主，稱為黃金基金（Gold Fund），黃金又是對抗通貨膨脹的利器，所以在通貨膨脹時，特別適合投資此類基金。

(七) 能源基金

能源基金（Energy Fund）的投資標的物，主要是以從事石油、天然氣與煤礦等能源勘探、開發、生產及分銷業務等相關的公司股票；亦可投資於致力於開發、利用新能源技術之公司股票。通常能源基金的漲跌以原油的走勢為主，所以國際原油價格漲跌，左右能源廠商的利潤高低。通常原油價格會受國際石油輸出國組織（OPEC）的輸出政策、美國戰備儲油政策、原油使用大國的需求以及油品公司營運策略的影響。

(八) 產業基金

產業基金（Sector Specific Fund）的投資標的物，是以某單一產業的股票為主，常見產業基金分類如：高科技、內需型、地產股、休閒概念、醫療生化等產業。通常產業基金的走勢，端視產業的景氣變化為主。

你知道高收益債券分為哪幾種嗎？現在這種最合適！

美國高收益債券跟全球高收益債券有什麼不同？今天這一篇就來徹底終結這個問題，投資人看完之後就再也不會有疑問了！

1. 信用評等：首先我們要先知道「高收益債券」這個詞，他的定義是「非投資等級債券」，因此就信用評等的角度來看，只要是 BB+ 以下的信用評等，基本上都可以稱之為高收益債券。

2. 發行幣別：最主要的發行為美元高收益債券，其次也會有歐元高收益債券、英鎊高收益債券、新興市場當地貨幣計價的高收益債券等等。

3. 投資區域：根據不同的區域分，可以有全球高收益債券、美國高收益債券、新興市場高收益債券、與亞洲高收益債券。

綜合以上，臺灣常見的債券型基金有以下幾種：

1. 全球高收益債券：投資包含美元、歐元、其他貨幣、成熟市場、新興市場，等於說只要是信用評等為高收益的債券都能投資。而全球高收益債券當中，其中有六成是美國高收益債券。

2. 美國高收益債券：目前市場上的美國高收益債券，基本上都是以美元為主，然後美國的部位至少是 80% ～ 90% 以上。雖然投資範疇比全球型窄，但由於美國經濟表現強，因此美國高收益債券表現長年均優於全球高收益債券。

3. 新興市場債券：顧名思義以新興市場為主，境外基金版本的高收益債券普遍為 70% 左右，境內基金版則因為法規規定，上限為 40%。境內外基金，很少見到以新興高收益債券為命名的產品。

4. 亞洲高收益債券：這是一個投資範疇最小的高收益債券，顧名思義為僅投資於亞洲的高收益債券，且主要投資於中國地產債為大宗。

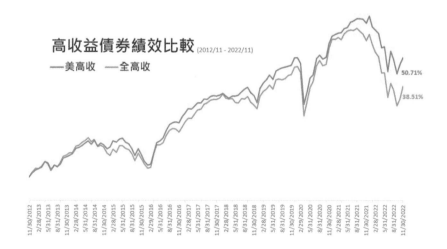

高收益債券績效比較 (2012/11 - 2022/11)
—美高收 —全高收
50.71%
38.51%

　　根據上圖觀察得知：美國高收益債券基金的績效表現優於全球高收益債，因此美國高收益債券是個好選擇。以下提供選擇美國高收益債券型基金所須注意要點：

1. 波動度要低、而且要抗跌

　　循著這個思路，找到這一檔「安盛環球基金－美國非投資等級債券基金」，波動度相對較低，而且 2022 年初至今以來也非常抗跌，表現優於大家所熟悉的聯博全高收超過 2 個百分點。

基金	淨值	淨值日期	自今年以來報酬率 (%)	年化標準差	Sharpe	Beta
安盛環球基金-美國非投資等級債券基金A CAP美元(本基金主要係投資於非投資等級之高風險債券且配息來源可能為本金)	181.9600	2022/12/16	-9.03	11.21	-0.23	0.87

基金	淨值	淨值日期	自今年以來報酬率 (%)	年化標準差	Sharpe	Beta
聯博-全球非投資等級債券基金A2級別美元(基金之配息來源可能為本金)	15.3700	2022/12/16	-11.36	13.23	-0.25	0.99

2. 長期績效要好

　　如果波動度低，長期績效投資人可能也會問說，績效會不會不好，上漲的時候漲不動？這邊我也發現安盛的美國高收益債券基金短中長期的表現均優於聯博的全高收，10 年的績效落差居然高達近 13 個百分點，這個結果肯定讓長年投資國民高收益債基金的投資人，感到非常驚訝。安盛美國高收益債不但波動低，績效還更加出色。

安盛環球基金-美國非投資等級債券基金A CAP美元(本基金主要係投資於非投資等級之高風險債券且配息來源可能為本金)								
報酬率(%)(12/16)	一個月	三個月	六個月	一年	二年	三年	五年	十年	成立日
單筆申購(原幣)	1.38	2.42	3.76	-8.54	-5.41	0.59	8.98	36.24	81.96

聯博-全球非投資等級債券基金A2級別美元(基金之配息來源可能為本金)								
報酬率(%)(12/16)	一個月	三個月	六個月	一年	二年	三年	五年	十年	成立日
單筆申購(原幣)	1.72	2.47	3.15	-11.00	-8.24	-6.28	-0.26	23.35	N/A

3. 配息要穩定：

　　基金市場的配息方式有兩種，一種是固定配息率、一種是固定配息金額，安盛美國高收益債券基金走的是固定配息金額，而且配息率算起來有 7% ～ 9%，跟市場上同類型基金比，配息率也具有一定的水準，喜歡配息的投資朋友可以做個參考。

| 安盛環球基金-美國非投資等級債券基金A DIS「st」美元(月配息)(本基金主要係投資於非投資等... ▼ | | | | | | |

| 基本資料 | 公司 | 淨值 | 績效 | 持股 | 五力 | 趨勢軌跡 | 配息 | 報酬比較 | 績效評比 | 報告書 | 行事曆 | 得獎 | 國人投資 |

配息基準日	除息日	發放日	狀態	每單位分配金額	年化配息率%	幣別
2022/10/28	2022/10/31	2022/11/07	配息	0.6	9.05	美元
2022/09/29	2022/09/30	2022/10/12	配息	0.6	9.32	美元
2022/08/30	2022/08/31	2022/09/07	配息	0.6	8.79	美元
2022/07/28	2022/07/29	2022/08/05	配息	0.6	8.69	美元
2022/06/29	2022/06/30	2022/07/07	配息	0.6	9.02	美元
2022/05/27	2022/05/31	2022/06/07	配息	0.6	8.45	美元
2022/04/27	2022/04/28	2022/05/09	配息	0.6	8.27	美元
2022/03/30	2022/03/31	2022/04/07	配息	0.6	7.99	美元
2022/02/25	2022/02/28	2022/03/07	配息	0.6	7.88	美元
2022/01/27	2022/01/28	2022/02/09	配息	0.6	7.72	美元
2021/12/29	2021/12/30	2022/01/07	配息	0.6	N/A	美元
2021/11/29	2021/11/30	2021/12/07	配息	0.6	N/A	美元
2021/10/28	2021/10/29	2021/11/05	配息	0.6	N/A	美元
2021/09/29	2021/09/30	2021/10/13	配息	0.6	N/A	美元

圖文資料來源：節錄自基金黑武士 2022/12/30

解說

　　國人很愛買月配息債券型基金，「非投資等級債券型基金」常以高配息吸引投資人目光，但也常常被「配息有可能來自本金」而困擾不已。其實，債券型基金本身淨值就是會因利率變動而波動，只是投資人可選擇低波動對淨值的變動干擾較小，且須注重長期績效表現與配息穩定這兩個因素。

五、依投資地區區分

(一)單一國家型基金

單一國家型基金（Country Fund）乃基金募集資金後，以單一國家的證券為主要投資標的物。當投資人特別看好某個國家具有發展潛力時，可以針對該國選擇國家基金。但此類基金的波動風險會較區域型與全球型高。

(二)區域型基金

區域型基金（Regional Fund）乃投資於某特定區域內的證券，可分散對單一國家的投資風險。一般常見的區域型基金有大中華經濟圈、亞洲新興國家、北美地區、拉丁美洲及東歐基金等。儘管區域型基金分散投資在區域內各國金融市場，但由於區域內景氣變化與金融市場變化，常常會出現同步的特性，因此投資風險仍比全球型基金高。

(三)全球型基金

全球型基金（Global Fund）乃在某一國募集資金後，將資金投資遍及全球金融市場，亦可投資募集資金的當地國。通常全球型基金最能夠達到分散風險目的，且投資收益亦最為穩健。

六、其他類型基金

(一)避險型基金

避險型基金（Hedge Fund）又稱「對沖型基金」；或稱「套利型基金」（Arbitrage Fund）。避險型基金是運用金融市場上的各種金融工具（如：股票、債券、期貨、外匯及選擇權等），進行極其複雜的金融操作，並承擔高風險，以獲取高收益為目的。其操作手法，例如：可利用兩種波動性相關係數極高的商品，其價格間發生價差時，可買進價格偏低的商品，同時賣出價格偏高的商品，以鎖住中間的價差利潤。

(二)保本型基金

保本型基金（Guaranteed Fund）其特色在於投資基金一定期間後，投信承諾投資人可以領回全部或一定比例的本金，以強調保本的功能。其操作方式：乃先將大部分的本金投資於固定收益證券，以孳生利息，當投資到期時，讓基金先具有回收本金的保障；然後再期初將少數的本金，投資於衍生性金融商品，以獲取額外的收益。

若當市場行情與投資人預期相同時，投資人可依據事先約定的比率（參與率）分紅；當市場行情與投資人預期相反時，至少可依約定到期時，由投信保證收回本金。此基金通常會設定「參與率」、「保本率」、「投資期限」，在期限到期時，本金擔保才有效；若在未到期之前，提前解約贖回，不但沒保證，且通常會加收懲罰性手續費。

例題 4-1　保本率與參與率

假設某檔保本型基金，若保本率設定為 95%，參與率設定為 125%，若某投資人投資 100 萬元，請問下列兩種情形，投資人可以領回多少錢？

1. 投資衍生性商品並無獲利？
2. 投資衍生性商品獲利 40 萬元？

解

1. 至少領回保本的 95%，100 萬 ×95% = 95 萬。
2. 投資衍生性商品獲利 40 萬元，可分紅 40 萬 ×125% = 50 萬。

投資人共可領回 95 萬＋ 50 萬＝ 145 萬元。

(三) 雨傘型基金

雨傘型基金（Umbrella Fund）是由投信公司將旗下數檔子基金（Sub-funds）包裝成一個組合商品，將數個子基金納入在一個傘型基金的結構下。通常傘型下的子基金種類包括股票型、債券型、平衡型、保本型、組合型、指數型等等各類型的基金，且投資範圍亦包含全球各市場。

投資人若投資此檔傘型基金，通常享有可以在一定期間內，依據自己的投資屬性的需要，任意的轉換子基金，除可節省轉換費用外，也可使投資更為有效益。此外，此類設計對基金公司而言，提供投資人一定次數的免費轉換條件，誘使投資人將資金留存於公司的旗下基金。

(四) 組合型基金

組合型基金（Fund of Fund），又稱「基金中的基金」。此類基金是將資金直接投資於數種不同類型的基金，其包括股票型、債券型、平衡型、指數型、全球股票型、全球債券型及全球平衡型基金等。

投資人選擇這類型基金的好處，是可以同時投資不同類型的基金，以分散投資風險；且等於有數數個基金經理人，幫投資人操盤投資，所以專業性較一般型的基金高。但投資人在未獲利前，必須先付出兩次管理費用，所以資金成本較直接買賣一般型基金高。

(五) 資產配置基金

資產配置基金（Asset Allocation Fund）又稱為「多重收益基金」，其乃利用投資理論中「資產配置」觀念。基金經理人根據全球經濟和金融情勢的變化，建構一個多元資

產的投資組合。其基金的投資組合標的，通常涵蓋全球各市場的股票、債券、票券、以及各類型基金（如：ETF、REITs）等多元資產。此基金收益來源較多樣，非傳統平衡型基金只有股票與債券的配置可以匹敵，所以不僅可以降低風險，收益亦相對穩定且持續，基金績效表現較穩健。

(六) 目標日期基金

目標日期基金（Target Date Fund）為「生命週期基金」（Life Cycle Fund）的一種，此基金的特色為在基金的目標期限內，基金經理人依據投資人，在人生不同的階段中，所追求的財富目標與風險承擔能力的不同，經理人幫投資人自動調整資產組合，以達到最佳的資產配置。通常此類基金會根據時間調整資產，以滿足投資人的需求。一般而言，基金成立之初，股票投資比重較高，以便能積極參與股市，追求較高報酬的收益；爾後，愈接近目標日期時，逐步調升債券投資比重，將資產轉進固定收益工具，以追求穩定成長。所以此種基金會有到期日，投資人依據自己的資金規劃可以選擇 5 ～ 10 年（保守型）、10 ～ 20 年（穩健型）、20 ～ 30 年（積極型）後到期的目標日期基金。

理財 NEWS

四類目標基金 挺退休人生

目標基金概況

基金	目標日期	目標到期	目標風險	目標報酬
到期日	有	有	無	無
投資時間	10年、20年、30年	6~10年	無限制	無限制
特性	• 有明確到期時間點，且能夠隨著期限將至而降低風險 • 從長期布局角度，逐步調整以達成民眾退休理財所需	• 多是投資在新興市場的美元主權債、美元類主權債和美元公司債為主 • 適合追求債券還本領利息目標的投資人	• 基金操作風格分為保守、穩健、積極 • 可依風險承受度來挑選，適合各理財目標	• 操作過程的彈性較大，投資商品也相對多元，不乏利用槓桿操作，可能面臨較高風險 • 有特定報酬目標的投資人

資料來源：採訪整理　　　　　　　　　　　　　　　　　　　黃力 / 製表

「目標日期基金」的投資組合會隨著時間拉長，波動度逐漸下降，投組中股票配置由高至低、債券比重由低至高，因此整體會從相對積極轉趨保守。換言之，基金會依據年齡與景氣循環調整股債配置，趁年輕較沒有負擔時，配置多一點股票部位，隨著年紀增長，基金自動慢慢降低風險部位，逐步轉換到債券部位守住獲利並持續賺取債息，來達成穩定退休目的。

　　「目標到期債券基金」則是通常持有到期債券，特性一是債券存續期間與到期日相同，其次是債券主要是持有到期，以進場時的到期殖利率為目標，與一般傳統債券基金不持有債券到期、賺取交易價差的模式不同，而一般投資時間多為六至十年。

　　「目標風險型基金」以風險管控與報酬優化作為投資雙核心，講究風險與報酬兼顧，追求穩中求勝，依基金操作風格分為保守、穩健、積極，配置上皆採全球布局，達到風險分散效果。

　　「目標報酬基金」無設立基金到期日，投資人需要自行做贖回的動作。目標報酬基金主要在於透過投資尋求投資報酬率或是收益目標，依此選擇投資工具，中間操作過程的彈性較大，投資商品也相對多元，不乏利用槓桿操作，可能面臨較高風險，因此不好掌握。

　　綜合來看，有明確到期時間點，且能夠隨期限將至而降低風險的目標日期基金，是目前主流退休規劃工具之一。國泰投信指出，到達目標日期後，投資人可自由彈性選擇全部買回、部分買回或按月買回，創造退休金來源，以上班族為例，定時定額也能養大退休金庫。

圖文資料來源：節錄自經濟日報 2022/09/09

解說

　　市面上，有四種目標基金，分別為目標到期、目標日期，目標風險與目標報酬基金。由於四種基金各有不同屬性，所以投資人在進行投資時，須瞭解其差異，並選擇適合自己的基金進行投資。

4-3　證券化類型基金

　　現今國內的基金市場，大部分是以開放型基金為市場的銷售主流。封閉型基金早年國內曾經風行過一陣子，由於該類型基金的淨值與市價，常常會出現較大的落差，所以常引來紛擾，所以逐漸在市場銷聲匿跡。

　　但近年來，商品的設計愈來愈多元與具彈性，將可隨時開放贖回與申購的因素，加入至封閉型基金內，讓新型態的證券化商品－「指數證券型基金」，兼具封閉型與開放型基金的特性，在國內已逐漸受到投資人的青睞。

　　此外，基金的投資標的大都是以金融商品為主，鮮少以實體物品為主。尤其，對不動產的投資，更是具有技術上的困難。但新型態「不動產投資信託證券」，將不動產的價值分割成小額的證券化商品，以封閉型基金的型式，在集中市場供投資人買賣。此舉可增加不動產的流動性，也開啟小額投資人，參與投資房地產的契機。

　　因此證券化類型基金，自從在國內推出後，對國內的基金市場注入一股新的投資風潮。以下本節將分別介紹這兩種於臺灣證交所上市的證券化類型基金－「指數證券型基金」（ETF）與「不動產投資信託證券」（REITs）之內容。

一、指數證券型基金

所謂的指數證券型基金，亦稱為「交易所交易基金」（Exchange Traded Funds；ETF），其乃是一種將指數予以「證券化」的商品。所謂指數證券化乃投信公司，在市場上先尋找某一籃子股票組成某種股價指數，當作所要追蹤的依據，然後發行受益憑證，提供投資人間接投資，其投資報酬績效，乃追縱所設定的股價指數報酬。因此 ETF 的操盤管理方式，是採取「被動式管理」，並不以擊敗指數為目的。

通常此種受益憑證，須在交易所以封閉型基金的型態掛牌上市，依據「市價進行買賣」；且 ETF 提供投資人類似開放型基金，可隨時進行實物或現金「申購與贖回的機制」，所以基金規模不固定；且亦提供如同股票交易一般的「信用交易制度」。所以 ETF 是一種兼具「封閉型基金」、「開放型基金」、「股票」的指數證券化金融商品。以下圖 4-3 為 ETF 結合三種商品特色之示意圖。

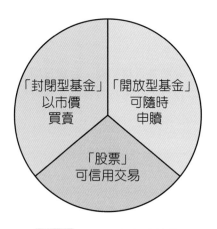

圖 4-3 ETF 之商品特色

通常 ETF 的發行種類，可以依據是否持有實物現貨、發行人、所要追蹤的資產種類、以及選股自主程度等等差異，可區分為以下幾種類型。

(一) 依持有實物與否區分

通常 ETF 其所要追蹤的指數報酬，投信可以利用下列兩種方式，去追蹤模擬建構出來。其一為直接去購買現貨的「現貨型 ETF」；另一為利用衍生性商品或其他商品，去模擬指數漲跌的「合成型 ETF」。

1. 現貨型

現貨型 ETF 是將資金直接投資於標的指數之成分股，以完全複製[9]（買所有成分股）或代表性樣本複製[10]（買進部分代表性成分股）兩種方式，來追蹤指數表現。

---

9 國內發行的現貨 ETF 中，採取完全複製成分股，如：「臺灣 50」、「中型 100」等多檔 ETF。
10 國內發行的現貨 ETF 中，採取代表性樣本複製成分股，如：「寶電子」等多檔 ETF。

2. 合成型 [11]

合成型 ETF 乃資金不直接投資於指數成份股，而是運用各種衍生性金融商品（如：期貨、選擇權等）或其他金融商品，來複製或模擬指數的報酬，以追蹤指數表現。通常此種 ETF 不能進行實物申購與贖回的機制，僅能進行現金申購與贖回。

(二) 依發行人區分

ETF 依發行人區分，可分為境內型與境外型兩種。

1. 境內型

ETF 的發行人為國內的發行機構。通常在國內發行的 ETF，又依發行標的成份來自國內或國外，分為國內成分證券型與國外成分證券型兩種。其中，國內成分證券型則發行以國內指數為成分股的 ETF，如：臺灣 50ETF；國外成分證券型則發行以國外指數為成分股的 ETF，如：元大上證 ETF。

2. 境外型

境外型 ETF 的發行人為國外的發行機構。通常國外發行機構將已在國外上市的 ETF，經由國內代理人引進，直接跨境在國內上市交易，所以此 ETF 屬於原裝進口，國內為其第二上市交易地。目前國際上跨境上市多採此種方式。此外，若境外第一上市地的每單位 ETF 掛牌價格，不一定能符合國內投資人交易習慣，因此境外型在國內上市，通常不限定每張為 1,000 的單位。例如：上證 50ETF 交易單位為 100 單位。

(三) 依資產種類區分

ETF 依資產種類區分，大致可分為以下四種類型：

1. 股票型

股票型 ETF，其資產標的為全球主要的股票市場，包括：全球跨區域、區域型及單一國家的股票指數 ETF；或以產業類別區分的金融、科技、房地產、航運等各種產業股票指數 ETF。

2. 債券型

債券型 ETF，其資產標的為各類債券，包括：各國政府公債、新興市場債、公司高收益債、資產抵押債、可轉債、通膨指數債等債券指數 ETF。例如：國內發行的「元大美債 20」ETF。

3. 匯率型

匯率型 ETF，其資產標的為全球各國的貨幣，包括：連結「單一貨幣」如：美元、英鎊、歐元、日圓、紐幣、人民幣等貨幣 ETF；以及連結「一籃子貨幣」。例如：十大工業國貨幣指數 ETF。通常匯率型 ETF 大都以外匯期貨持有居多，而非持有真實貨幣。例如：國內發行的「元大美元指數」ETF。

---

11 國內的合成型 ETF，以國外成分證券型、槓桿型與反向型為主，如：「元大上證」、「寶滬深」、「T50正2」、「T50 正反 1」等多檔 ETF。

4. 商品型

商品型 ETF，其資產標的商品原物料市場，包括：原油、黃金、白銀、基本金屬、貴金屬、農產品等原物料商品 ETF。例如：國內發行的「元黃金」、「元石油」、「華頓黃豆」ETF。通常商品型 ETF 的標的都是期貨商品，而非現貨商品。

(四) 依據選股自主程度

基本上，早期的 ETF 是採被動式的追蹤某些標的指數（或投資組合）為主，但近年來，已發展出主動式管理的 ETF，甚至發展出介於主動式與被動式之間的智慧型（Smart Beta）ETF。以下將分別介紹之：

1. 主動式管理

通常採取主動式管理的 ETF，仍然維持 ETF 的發行架構，但其主要特色在於其並非追蹤某個標準指數，而是採取主動選股機制，追蹤表現出眾的個股，追求超額報酬。這種主動式 ETF 猶如具申贖機制的封閉型基金樣式。

2. 被動式管理

通常採取被動式管理的 ETF，為該類型基金的標準型式。一般而言，經理人依據要追蹤的指數其成分股，採取被動式管理；但現在對這些成分股的管理方式，又可分為以下兩種：

(1) 按照權重調整

基金經理人依據原來要追蹤的指數內的成分股，按其權重的高低，進行操作調整。此乃標準的 ETF 管理型式。

(2) 機動調整

基金經理人的選股，仍依據要追蹤的指數內的成分股，但其配股並不完全採取權重，而是採取機動調整。例如：現在可選取的成分股中，哪些是現在較具題材性或潛力性，就給予這些成分股較高的權重，採取較機動性的選股策略，所以此類型的 ETF 被稱為「智慧型（Smart Beta）ETF」。因此類型 ETF 的操作模式，結合傳統被動型以及主動投資選股的優勢，所以為投資人提供更靈活的操作策略。例如：「兆豐臺灣藍籌 30」與「元大台灣高息低波」等 ETF。

(五) 其他類型

以下介紹兩種國內上市的其他類型 ETF。

1. 槓桿型

槓桿型 ETF 的漲跌幅度是追蹤指數的倍數，若為追蹤國內某指數之 2 倍槓桿，則該 ETF 漲跌幅度最大為 20%。例如：「元大台灣 50 正 2」，其漲跌幅度為臺灣 50 指數的 2 倍。

2. 反向型

反向型 ETF 的漲跌方向是與追蹤指數相反，若追蹤指數，今日漲幅 1%，則此 ETF 會跌 1%，漲跌方向剛好跟追蹤指數相反。例如：「元大台灣 50 反 1」，其漲跌方向與臺灣 50 指數相反。

理財 NEWS

投資高息 ETF 要注意！專家提醒：2 項配息來源佔比高等同「左手配右手」

　　配息型 ETF 深受國內投資人喜愛，近年相關商品跟著推出搶市，但專家提醒，投資人挑選時除了比較配息率，配息主要來源也是要注意的一大指標，若非以股利為主，而是拿資本利得或收益平準金來配發，等同於配發本金，左手配右手，失去長期存股領息意義。

　　永豐投信表示，一般 ETF 的收益分配來源有三大項目，包括：股利所得、資本利得及收益平準金。依主管機關規定，ETF 每次配息組成，基金公司應於除息交易日前至少兩個營業日前，公告收益分配金額與預估股息占比金額。

　　永豐優息存股（00907）基金經理人指出，ETF 屬於被動式投資，資本利得來自於追蹤指數定期調整產生的交易結果，而收益平準金則是基金公司避免大額申購可能稀釋配息時運用，因此若以二者為配息主要來源，實質趨近於投資人本金的返還。經理人提醒投資人若以存股領息為投資目的，挑選 ETF 時最好回歸息收本質，選擇以股利所得為主要分配項目的 ETF，才不會失去存股領息的本意。

資料來源：節錄自 Yahoo 奇摩股市 2023/09/07

解說

　　國人喜愛具有配息的 ETF，常常在要配息前夕大舉買入，但基金經理人自前次投資標的股票所獲取的股利總額並無法完全支應暴增的受益人數，所以只能動用資本利得及收益平準金來進行支付，所以市場有人說此種情形「左手配右手」，投資人必須明瞭。

理財小常識

ETF 基金收益平準金是什麼？

「收益平準金」是屬於投信作帳的會計科目，其目的乃是為了使配息型的 ETF 每期的配息率穩定所設置的「讓收益公平分配的準備金」。

通常 ETF 所投資的一籃子股票，從股票所收到股利要配發給投資人時，投信公司以目前基金受益人數（即股東數）計算來計算配息率，若配息率不錯，可能吸引暴量的投資人搶進，那實際的配息率就會因受益人數暴增，而被大幅稀釋，因此投信為了維持固定的配息率，可能會動用「收益平準金」來支應。因此投信公司通常在成立基金時，就會設置「收益平準金」來支應短期暴增收益人數所須支付的配息資金。

二、不動產投資信託證券

不動產證券化（Real Estate Securitization）是屬於物權的證券化概念，即不動產所有權人將不動產信託移轉予受託機構，受託機構按不動產之資產價值、開發管理或處分之收益作為證券化之標的基礎，受託機構再發行證券化後的受益證券，向投資人銷售之過程。

目前我國不動產證券化制度，大致分為二種型式，其一為「資產運用型」，亦即先發行證券募集資金，再投資不動產之「不動產投資信託」制度，其所發行的證券就是不動產投資信託證券（Real Estate Investment Trusts；REITs），此類型一般以「基金」的方式對外發行。另一為「資產流動型」，亦即先將不動產信託，再據以發行證券募集資金之「不動產資產信託」制度，其所發行的證券就是不動產資產信託（Real Estate Asset Trust；REAT），此類型一般以「債券」的方式對外發行。其不動產證券化發行示意圖，詳見圖 4-4。

圖 4-4　不動產證券化發行示意圖

所謂不動產投資信託證券（REITs）是將不動產（如：辦公大樓）的所有權予以證券化，也就是將所有權分割成小額等份的股權，再將這些股權以「封閉型基金」的方式發行，供投資人進行小額投資。所以投資人購買此基金，等於間接擁有不動產所有權的一部分。投資人買此類基金，除了可享有固定配息（配息的資金來源為辦公大樓的租金收入）外，也可享有不動產增值波動的資本利得收益。

國內現行已有多檔 REITs 掛牌上市交易（如：土銀富邦 R1 等），由於此商品是在交易所，是少數以不動產為標的的證券化商品，因此投資人較為陌生。所以本節將介紹 REITs 投資優勢，讓投資人對 REITs 有基本的認識與了解。其投資 REITs 的優勢如下：

(一) 收益穩定

通常 REITs 將不動產每年所收到的租金收入，轉為現金股利分配給投資人，所以投資 REITs，除可享有不動產增值波動的資本利得收入外，亦可領取相對穩定的股利收益。

(二) 具保值性

通常不動產具有保值、抗通膨的特性，所以投資 REITs 等於間接投資在不動產。當通貨膨脹發生時，不動產的租金等相關收益，亦會跟著物價水準向上調整，所以 REITs 的股利收益與市場價格，亦隨之水漲船高。所以投資 REITs 會隨著不動產增值而受益，具有一般證券所沒有的保值與抗通膨之特性。

(三) 流動性佳

通常 REITs 乃於集中市場以封閉型基金形式掛牌交易，與股票交易方式相同，所以流動性與變現性，均較直接投資在不動產佳，且投資門檻也較低，一般投資人皆可參與。

(四) 稅賦優惠

在依據國內不動產證券化的條例規定，REITs 的信託利益（如：租金收入）應每年分配股利收益。REITs 除了免徵證券交易稅外，股利收益採取 10% 分離課稅，不須併入營利事業所得稅或綜合所得稅總額課稅。因此對於資金大戶而言，其節稅的效果會比資金放在定存好。

4-4　基金交易實務

投資人買賣基金，首先會面臨到須至何地辦理申購與贖回；以及投資時須支付哪些交易手續費或管理費用。此外，在投資基金時，有些基金的名稱類別較多元，所以也應先搞清楚，以避免造成投資上的糾紛。以下將針對這三點進行說明之。

一、基金的買賣

通常基金的買賣或申購贖回，基本上，封閉型基金與開放型基金的運作方式是不同的。

(一) 封閉型基金

封閉型基金乃首次向發行憑證的投信公司申購後，以後將來的買賣都透過證券商至證券交易所集中撮合交易，並以基金的「市價」進行交易。通常買賣封閉型基金是以受益憑證的張數為單位，在國內一張封閉型基金受益憑證，通常為 1,000 個單位數。

(二) 開放型基金

　　開放型基金通常可透過基金的代銷機構、或直接找投信公司（境外基金代理人），以基金的「淨值」申購或贖回。通常在國內申購境內或境外基金都是用當日的淨值買入，若贖回境內（境外）基金，則是以次日（當日）的淨值當作計價標準。通常買賣開放型基金大都以「交易金額」為單位，所以投資人買賣開放型基金時，可能會買賣畸零單位數；而非封閉型基金以 1,000 為單位的整數單位數。

二、基金的費用

　　通常投資人買賣基金，須負擔一些交易成本。且有部分的費用已在淨值中先行內扣（如：管理費、保管費與分銷費），所以投資人並沒有查覺；有部分的費用是需要另外額外支出的。投資人需額外支出的費用，就封閉型基金而言，就是「證券手續費」（$0.1425\% \times 2 = 0.285\%$）與「證券交易稅」（$0.1\%$）兩者的加總；就開放型基金而言，就是「手續費」與申請轉換基金的「轉換費」。至於有關基金所有可能應付的費用說明如下：

(一) 申贖手續費

　　基金的申購或贖回手續費，是指申購或贖回基金時所支付的費用；此費用主要用來支付投信公司的投資諮詢服務、以及申購或贖回基金時所有的行政費用。此手續費大部分是申購時就被收取，但也有贖回時再收取的。

　　通常申贖國內股票型基金的手續費為 1.5%，國外股票型基金的手續費為 3%，且債券型基金的手續費與股票型基金也會不同；但通常銷售機構會依不同客戶，給與程度不一的折扣。有關國內外各類型基金的申購／贖回手續費，整理於表 4-2。

(二) 轉換費

　　基金的轉換費是指投資人可以將目前的基金，申請轉換為同家投信公司所發行的其他基金，所須支付的手續費用。例如：由股票型基金轉換為債券型基金，通常銀行會收取若干的轉換手續費用。一般而言，國外基金的轉換手續費通常是 500 元，國內基金則不一定；另外，部份的投信公司也會收取轉換金額的 0.5% 至 1% 左右的轉換手續費。

(三) 管理費

　　基金的管理費，又稱為「經理費」，為投信公司管理該基金資產之管理服務費用，這是投信公司最主要的收入來源。通常基金管理費會從每日投資損益所計算出的淨值直接扣除，所以屬於內含費用，投資人在申購時，有時會忽略此管理費金額的高低。一般而言，基金保管費用會依據各類型基金而有所調整，通常約為 0.3% ～ 2.5% 左右。有關國內外各類型基金的管理費用，整理於表 4-2。

(四)保管費

基金的保管費是指基金公司支付給保管機構的管理費用。通常基金都會有個資產保管機構(保管銀行),保管機構當然也會對基金收取費用,保管費是從基金資產中自動扣除,投資人不需另外支付。一般而言,基金保管費用約為 0.2% 左右;但通常此保管費有些基金已將計入在管理費內,並不一定會單獨顯現出來。

(五)分銷費

基金的分銷費又稱管銷費,通常此費用為針對後收手續費 B 類基金,所收取的一項內含的行銷管理費。此費用會在基金的淨值中內扣,投資人不需再另外支付。

表 4-2 國內外各類基金的費用一覽表

基金類別		申購 / 贖回手續費	基金管理費
國內基金	股票基金	1.5%	1.5%
	債券基金	0.5%	0.3%
國外基金	全球股票基金	2% ～ 3%	0.6% ～ 1.5%
	單一國家 / 產業基金	2% ～ 3%	1.5% ～ 2.5%
	債券基金	1.5% ～ 2%	0.65% ～ 1.6%

資料來源:Smart 致富月刊

三、基金的名稱類別

由於境外型基金的投資與銷售範圍較為廣泛,所以既使同一檔基金,也會因基金公司的銷售策略或投資人的需求,有不同的基金代號名稱,以利於基金公司區分管理,但卻也常常造成投資人滿頭霧水。基本上,境外基金公司大致會針對基金的「計價幣別」、「避險幣別」、「手續費收取」「配息與否」、「申購族群」等差異,給予不同的基金名稱或代碼。但每一家基金公司,給予相同類型的基金的名稱或代碼,也不一定相同。本節將介紹的只是一般較普遍的分類,確實的分類基準,仍以境外基金公司內部的分類為準。

此外,國內的投信投顧公會,為了簡化投資人在購買基金時,讓投資人對於基金的相對風險與報酬的高低,有比較簡易的判別方式,也提出了一些簡明的指標,供投資人參考。以下也將一併介紹之。

(一)計價幣別差異

通常同一檔基金,可依計價幣別,分成多檔供投資人選擇。通常會以美元、歐元、人民幣、澳幣計價居多。通常基金公司會在基金標上幣別名稱,但投資人選擇不同幣別計價的基金時,需考慮該幣別將來的升貶值情形。

(二) 避險幣別差異

現在有些同一檔基金，除了上述多種計價幣別供投資人選擇外，還多了「避險幣別」。若投資人選擇某種「避險幣別」的基金，也就是利用那種「避險幣別」當作「計價幣別」，但損益會增加「避險幣別與投資幣別的利率差」。

例如：投資人投資「南非幣避險」的美國債券型基金，其基金損益除了「債券型基金本身的資本利得損益」與「臺幣與南非幣的匯差」外，還會在加上基金進行避險時，會去「存南非幣再借出美元」，然後再拿美元去投資美國債券，因兩種幣別利率不一樣，此時會有多一筆「南非幣存款與美元借款的利率差損益」。

(三) 手續費收取差異

通常實務上有些境外基金，既使同一檔基金會依據手續費「前收型」或「後收型」。除了手續費結構不同外，其管理費（內扣費用）的收取也不一樣，所以投資人申購基金時須詢問清楚，以免便宜了手續費，但被收貴了管理費。以下針對「前收型」與「後收型」進行介紹：

1. 前收型

投資人申購時，就先繳手續費。通常基金代碼會在基金名後加上 A、A 股、X 股等字眼。

2. 後收型

投資人贖回時，再繳手續費。有些手續費有逐年遞減的特性，也就是投資愈久，手續費愈便宜。通常基金代碼會在基金名後加上 B、B 股、C、F、U、Y 股、N 股等字眼。

(四) 配息與否差異

通常投資基金，有部分基金會採取「配息」方式，將利息分配給投資人；但也有部分基金，將利息收益累積在淨值內，採取「不配息」方式。以下介紹各家基金公司對配息、不配息基金的表示方式：

1. 配息（Distribution；dis）

配息基金的配息方式，可以採月、季、年配息。通常配息基金，在基金代碼會加註「配息、dis」等字眼、或者會在上述 A、B、C 類之後再被標示為「AT、AD、BT、AM 等等」。

2. 不配息（Accumulation；acc）

不配息基金，將利息收益累積在淨值內，以複利的方式繼續投資。通常不配息基金，在基金代碼會加註「累積、累計股份、acc」等字眼、或者會在上述 A、B、C 類之後再被標示「A1、B1、C1、A2、B2、C2 等等」。

(五) 申購族群差異

因基金投資者，有些是財力雄厚的法人，所以基金公司會提供這些大額投資人或法人，較便宜的管理費用或手續費，以和一般的散戶投資人有所區別。因此在基金名稱代碼會標示「I、N、Y、X 等等」字眼，以區別不同。

(六) 風險報酬等級差異

國內的投信投顧公會，為了讓基金投資人簡易的明瞭基金風險報酬高低的區分情形，將其等級化。其所公布的「基金風險報酬等級分類標準」，是依基金類型、投資區域或主要投資標的（產業），由低至高，區分為「RR1、RR2、RR3、RR4、RR5」五個風險報酬等級。其中，RR1 表低度風險、RR2 表中低度風險、RR3 表中度風險、RR4 表中高度風險、RR5 表高度風險。以下表 4-3 為各類基金風險報酬等級分類標準。

表 4-3　各類基金風險報酬等級分類標準

基金風險	基金類型		主要投資標的 / 產業
RR1	貨幣型基金		短期票券
RR2	債券型基金		具投資等級的債券
RR3	債券型基金		不具投資等級的債券
	平衡型基金		股票與債券混合
	股票型基金	全球型	一般型、公用事業、電訊、醫療健康護理等
		區域型	一般型、公用事業、電訊、醫療健康護理等
RR4	債券型基金		可轉換債券
	股票型基金	全球型	中小型、科技型等各種產業
		區域型	中小型、科技型等各種產業
		單一國家型	一般型
RR5	股票型基金	全球型	黃金貴金屬、能源型
		區域型	黃金貴金屬
		單一國家型	中小型、科技型等各種產業

資料來源：投信投顧公會

投資基金　留意五風險

　　投資人買基金除了要看基金風險報酬等級（RR），還要看五大風險。投信投顧公會為提高國人投資基金的風險保障，研議推出基金風險揭露 2.0 加強版，除更新部分基金風險報酬等級，並強化基金須於公開說明書須加註五大風險之揭露，包括匯率、產業、信用、流動性、利率。

　　依公會研議結果，擬將全球型高收益債基金維持 RR3 等級，臺股、區域型高收債基金維持 RR4 等級，全球能源基金調高至 RR5，成為唯一被調高類別，全案尚未正式拍板。

基金風險揭露2.0加強版重點

項目	內容
實施時間	投信投顧公會已報主管機關，待核定後生效
基金風險報酬等級	維持五級，分為RR1～RR5計五個等級，RR1波動度最小，RR5波動度最大
主要基金分級	●台股基金：維持RR4 ●高收益債基金：全球型維持RR3、區域型維持RR4 ●全球能源基金：唯一調高的基金類別，從RR4調高至RR5。
新增風險報酬等級無法涵蓋的風險	基金計價幣別匯率風險、投資標的產業風險、信用風險、利率風險、流動性風險

資料來源：採訪整理　　　　　　　　　　　蔡靜紋／製表

　　外界對這次基金風險報酬等級調整高度關注，投信投顧公會理事長表示，臺灣與歐盟是全世界「唯二」針對基金做信用評級的地區，臺灣 RR 標準是參考歐盟 UCITS 基金揭露「綜合風險與回報指標」（SRRI）作法，依基金過去五年淨值波動的標準差（即波動程度），由小到大區分為 RR1 ～ RR5 五個等級，RR1 波動度最小，RR5 波動度最大。

　　針對先前市場有聲音認為 RR 只看波動度變數，未考量其他變數，專家強調，以波動度為指標理由有三，一是判斷風險等級最簡單的指標，二是諾貝爾經濟學得獎者 Harry Markowitz 的效率前緣理論也是採用波動度衡量，三是參考歐盟做法，而臺灣的境外基金註冊地多數來自盧森堡、愛爾蘭，考量一致性，故採波動度當指標。

　　經公會研究多時，這次 RR 分級仍維持五級，與投資人風險承受度一致，而市場關注度較高的基金類別中，臺股基金維持 RR4，全球型高收益債基金維持 RR3、區域型高收債基金則維持 RR4。專家進一步說明，區域型高收益債過去五年的波動度落在 RR3 區間，但在嚴謹保守原則考量下，決定維持放在 RR4 等級。

　　為保障投資人權益，投信投顧公會針對基金投資風險，除原本規定揭露 RR 等級外，將強化規定各基金須於公開說明書中，加註說明五大風險，包括匯率、產業、信用、流動性、利率風險；例如，匯率風險即是因應部分單一貨幣波動較大的風險，例如，過去爭議較大的南非幣等，讓投資人審酌個人風險承受度而後行，而利率風險則是因應全球利率環境即將由降息、低利環境步入升息環境，希望透過揭露說明，讓投資人在購買前充分了解風險。

圖文資料來源：節錄自經濟日報 2021/09/29

解說

　　國內原本欲將基金風險與報酬等級由五級調成七級，後經專家謹慎評估後，仍維持五級制。但投信公司須強化規定各基金須於公開說明書中，加註說明基金的五大風險，包括：匯率、產業、信用、流動性與利率風險，以讓投資人充分瞭解所面臨的風險。

【基礎題】

（　）1. 下列何者為發行共同基金的機構？

(A) 投資信託公司　(B) 投資顧問公司　(C) 信託投資公司　(D) 證券金融公司

（　）2. 通常投信發行基金後，通常會將受益憑證委託何者保管？

(A) 證券集保公司　(B) 投資顧問公司　(C) 保管銀行　(D) 證券金融公司

（　）3. 下列何者非基金的銷售機構？

(A) 證券金融公司　(B) 投資信託公司　(C) 銀行　(D) 基金平臺

（　）4. 下列何者非投資基金的收益來源？

(A) 資本利得　(B) 利息收益　(C) 匯兌利得　(D) 轉換利益

（　）5. 下列對於封閉型與開放型基金的敘述，何者正確？

(A) 兩者皆依淨值買賣　(B) 兩者淨資產隨時異動

(C) 兩者皆依市價買賣　(D) 可以皆可贖回

（　）6. 通常平衡型基金的標的物為何？

(A) 債券與期貨　(B) 債券與票券　(C) 股票與債券　(D) 股票與期貨

（　）7. 下列基金，何者獲利可能最高？

(A) 積極成長型　(B) 成長型　(C) 成長加收益型　(D) 平衡型

（　）8. 下列基金，何者風險可能最低？

(A) 單一國家型基金　(B) 能源基金　(C) 黃金基金　(D) 全球型基金

（　）9. 下列對保本型基金的敘述，何者有誤？

(A) 投資的本金具保障　(B) 通常具有投資期限

(C) 先將資金投資在債券　(D) 必須在集中市場交易

（　）10. 下列對傘型與組合基金的敘述，何者正確？

(A) 皆包含數檔基金　(B) 投資標的物為基金

(C) 投資標的物為股票　(D) 波動較一般基金高

（　）11. 下列何者為 ETF 的特性？

(A) 依淨值買賣　(B) 可以實物申購　(C) 主動式管理　(D) 規模固定

（　）12. 請問現貨型與合成型 ETF 的主要差異為何？

(A) 交易場所　(B) 持有實體股票　(C) 發行人　(D) 資產種類

（　）13. 下列何者非國內境外型 ETF 的特性？

　　　　(A) 新臺幣計價　　　　(B) 屬於第二次上市

　　　　(C) 每張 1,000 單位　　(D) 國外已有上市相同的 ETF

（　）14. 請問原油 ETF 是屬於？

　　　　(A) 商品型　(B) 股票型　(C) 債券型　(D) 匯率型

（　）15. 若一檔槓桿 2 倍反向型 ETF，若該追蹤指數今日漲 3%，請問該 ETF 今日可能漲跌如何？

　　　　(A) 漲 6%　(B) 跌 6%　(C) 漲 3%　(D) 跌 3%

（　）16. 下列對不動產基金（REITs）的敘述，何者有誤？

　　　　(A) 又稱不動產投資信託證券　(B) 通常會配息

　　　　(C) 以投資商用不動產為主　　(D) 是屬於開放型基金

（　）17. 下列何者為 REITs 的特性？

　　　　(A) 依淨值買賣　(B) 可以實物申購　(C) 封閉型基金　(D) 規模不固定

（　）18. 依現行國內規定，REITs 分配股利時，採分離課稅多少？

　　　　(A) 10%　(B) 6%　(C) 20%　(D) 0%

（　）19. 通常封閉型基金的證交稅為何？

　　　　(A) 1%　(B) 0.1%　(C) 0.3%　(D) 0.5%

（　）20. 通常投資境內的股票型基金手續費為何？

　　　　(A) 1%　(B) 1.5%　(C) 2%　(D) 3%

【理財規劃人員證照題】

（　）21. 投資人在決定利用共同基金進行投資前應先考慮之因素，不包括下列何者？

　　　　(A) 風險承擔能力　(B) 景氣變動狀況

　　　　(C) 投資目標　　　(D) 基金經理公司成立期間　　　　【第 30 屆】

（　）22. 在國內，投資共同基金的優點，不包括下列何者？

　　　　(A) 專業機構的管理和運用　(B) 具節稅功能

　　　　(C) 有效分散投資風險　　　(D) 保障投資收益　　　　【第 28 屆】

（　）23. 下列何種管道目前無法提供投資人申請購買海外基金？

　　　　(A) 銀行　(B) 發行投資型保單的保險公司

　　　　(C) 證券商　(D) 票券金融公司　　　　【第 28 屆】

（　）24. 下列何者負責基金的主要投資決策？

　　　　(A) 基金經理公司　(B) 基金保管銀行

　　　　(C) 基金經理人　　(D) 基金銷售人員　　　　【第 30 屆】

( ) 25. 下列何者不是投資人投資共同基金的主要獲利來源？

(A) 資本利得　(B) 利息收益　(C) 權利金收入　(D) 股利收入　　【第 30 屆】

( ) 26. 下列何者不是投資共同基金的風險？

(A) 贖回風險　(B) 市場風險　(C) 利率風險　(D) 匯兌風險　　【第 26 屆】

( ) 27. 目前我國共同基金受益憑證之發行係屬於下列何種機制？

(A) 合夥制　(B) 契約制　(C) 無限公司制　(D) 股份有限公司制　【第 29 屆】

( ) 28. 下列何者為貨幣型基金最主要的獲利來源？

(A) 資本利得　(B) 利息收益　(C) 股息收入　(D) 股價指數之波動【第 26 屆】

( ) 29. 下列各類型基金之風險高低順序為何？A.積極成長型基金 B.收益型基金 C.成長加收益型基金 D.成長型基金

(A) A＞B＞C＞D　(B) A＞C＞D＞B

(C) A＞D＞C＞B　(D) A＞B＞D＞C　　【第 27 屆】

( ) 30. 王先生購買二百萬元為期 3 個月之保本型商品，保本率為 95%，則到期時王先生最少可領回多少金額？

(A) 一百九十萬元　(B) 一百九十五萬元

(C) 二百萬元　　　(D) 二百一十萬元　　【第 27 屆】

( ) 31. 指數股票型基金的商品性質不包括下列何者？

(A) 股票型基金　　(B) 封閉型基金

(C) 積極型基金　　(D) 開放型基金　　【第 30 屆】

( ) 32. 有關寶來台灣卓越 50 證券投資信託基金之敘述，下列何者錯誤？

(A) 只有「參與證券商」才可以參與發行

(B) 一般投資人僅可於次級市場進行交易

(C) 證交稅率與一般股票交易相同

(D) 可以進行信用交易　　【第 30 屆】

★( ) 33. 張先生持有台灣 50ETF 基金 10,000 單位，買進時每單位是 44.12 元，一共支付給券商 441,829 元，今天以每單位 44.53 元賣出，請問券商於交割時必須支付給張先生多少金額？（交易手續費 0.1425%、證交稅 0.1%）

(A) 440,220 元　(B) 442,220 元　(C) 444,220 元　(D) 446,220 元　【第 30 屆】

( ) 34. 下列何者是投資共同基金的特性？

(A) 專業投資機構的管理和運用　(B) 高風險高報酬

(C) 投資難度極高但變現性佳　　(D) 不具節稅功能　　【第 36 屆】

( ) 35. 下列何項費用已反應在基金淨值上？

(A) 基金經理費　(B) 申購手續費

(C) 轉換手續費　(D) 買賣價差　　　　　　　　　【第 29 屆】

( ) 36. 下列何種基金的基金保管費最低？

(A) 國內債券型基金　(B) 國內股票型基金

(C) 海外平衡型基金　(D) 海外全球債券型基金　　【第 29 屆】

( ) 37. 為了彌補初期未能收到申購手續費的損失，通常基金公司會就何種基金收取「管銷費用」，並直接在每日基金淨值中扣除？

(A) A 股基金　(B) α 股基金

(C) B 股基金　(D) β（Beta）股基金　　　　　　【第 28 屆】

★( ) 38. 某基金申購手續費 2.5%，基金經理費 1%，基金保管費 0.15%，一年前某投資人透過銀行（信託管理費依期初信託金額 0.3% 計算，贖回時收取）申購該基金 2 萬個單位，並支付 5,000 元申購手續費給銀行，當時買入價格 10 元，贖回價 11 元，則贖回時可以拿到多少元？

(A) 219,400 元　(B) 219,100 元　(C) 217,400 元　(D) 217,100 元 【第 29 屆】

( ) 39. 有關投資共同基金所涉費用，下列何者非屬之？

(A) 基金經理費　　　　　　　　　(B) 基金保管費

(C) 申購手續費遞減式後收的基金管銷費　(D) 代銷佣金　　【第 22 屆】

( ) 40. 下列何者為 B 股基金之特徵？

(A) 限制持有國內與國外股票比例

(B) 限制持有股票與債券比例

(C) 申購手續費為遞減式後收型

(D) 申購手續費為前收式　　　　　　　　　　　　【第 25 屆】

( ) 41. 下列何種基金又稱為基金中的基金？

(A) 組合型基金　　　(B) 指數股票型基金

(C) 國際股票型基金　(D) 區域型基金　　　　　　【第 34 屆】

★( ) 42. 王先生要向某投信購買基金 40 萬元，其申購手續費 1.5%，基金經理費 1.5%，基金保管費 0.2%，請問除投資金額外，另需額外支付投信費用多少元？

(A) 12,600 元　(B) 12,000 元　(C) 6,600 元　(D) 6,000 元　　【第 34 屆】

( ) 43. 有關封閉式基金之敘述，下列何者錯誤？

(A) 投資人不得向基金經理公司請求贖回

(B) 目前國內封閉式基金大部份時間處於折價狀況

(C) 買賣成交價格是以淨資產價值為基準

(D) 投資人僅能透過證券經紀商在交易市場買賣　【第 36 屆】

(　) 44. 有關指數股票型證券投資信託基金（ETF），下列敘述何者錯誤？

(A) ETF 與股票之單日漲跌幅相同

(B) ETF 於盤中公告其淨值，股票則不用公告

(C) 股票之證券交易稅為千分之三，ETF 為千分之一

(D) 股票與 ETF 取得信用交易資格，皆受上市 6 個月觀察期之限制

【第 36 屆】

(　) 45. 有關投資共同基金的各種費用，下列敘述何者正確？

(A) 銀行受託投資國內外基金，所收取的信託管理費收費標準各銀行有所不同

(B) 只有部分的國內外基金另外委託保管機構保管基金資產，所以有保管費用產生

(C) 基金經理費、基金保管費和信託管理費都是在基金資產中做為費用項目扣除

(D) 國內投信基金進行基金轉換的規定或辦法與國外基金相同　　【第 37 屆】

(　) 46. 有關開放型基金的敘述，下列何者錯誤？

(A) 基金規模不固定

(B) 投資人可隨時向基金公司要求贖回

(C) 基金的成交價格由市場供需關係決定

(D) 為維持基金的流動性，將一部分的基金投資於變現性高的工具【第 39 屆】

(　) 47. 有關 ETF（指數股票型基金）之敘述，下列何者錯誤？

(A) 投資標的為「一籃子股票」

(B) 具有受益憑證的特性，應公告淨值

(C) 一上市即可信用交易

(D) 價格最小變動幅度與一般股票相同　　　　　　　　【第 40 屆】

(　) 48. 下列何種型態之基金其投資目標是同時著重在資本利得與固定收益？

(A) 成長型　(B) 平衡型　(C) 積極成長型　(D) 收益型　　【第 42 屆】

第二篇

投資分析與策略

　　通常投資人進行投資理財時,首先,必須對整個金融市場的基本面有所瞭解,其次,再針對欲投資的商品進行投資分析比較,最後,再擬定投資策略與方針。本篇的主要內容為投資分析與策略篇,其包含三大章,主要介紹投資理財時,各種商品的投資分析與策略。這些內容是投資人在進行投資理財時,所應具備的基本重要常識。

CH 05　市場基本面分析

CH 06　商品投資分析

CH 07　商品投資策略

Chapter **05**

市場基本面分析

本章架構

　　本章內容為市場基本面分析，主要介紹非經濟面、總體經濟面、以及產業面分析等。其內容詳見下表。

節次	節名	主要內容
5-1	非經濟面分析	介紹五種非經濟面因素的分析。
5-2	總體經濟指標分析	介紹六種總體經濟指標的分析。
5-3	產業面分析	介紹產業生命週期、特性以及結構分析。

本章導讀

　　通常進行投資理財時，除了須對欲投資商品的特性進行瞭解外，最重要的是須對現在整個市場的投資氛圍與現況，進行瞭解分析。通常進行市場基本面分析，須對整個市場所涉及的非經濟面與總體經濟面因素，進行通盤的瞭解；此外，仍須對市場中各產業所處的狀況，進行瞭解與分析。因此本章將針對金融市場，所涉及的三種基本面分析進行介紹。

5-1　非經濟面分析

　　一般而言，投資人進行市場面投資分析時，最無法被準確預期的是那些非經濟因素所造成的干擾。由於這些因素常常突發性的影響整個市場，進而造成整個市場各項金融資產價格的大幅波動。因此投資人必須隨時注意這些非經濟面訊息，對金融商品價格所產生的影響。以下將介紹這幾個非經濟面因素的分析：

一、政治

　　國內外的政治情勢轉變，常會伴隨著經濟、社會與貿易等政策的改變。例如：以往臺灣與美國每當四年一次的總統大選後，可能因不同政黨當選，所引起的統獨爭議或發生政黨惡鬥情勢，都會讓國內外的股市出現巨大波動。2019 年與 2020 年香港分別發生「反送中」與「港版國安法」的政治紛擾，讓香港人民感受到人權自由被嚴重威脅，造成街民暴動事件，也引起當地股市的震盪。

二、法令

　　政策法令的修訂可能會對社會與經濟造成重大影響，尤其是政府朝令夕改的政策轉彎，更會引起大眾的爭議。例如：國內於 2000 年政府宣布停建核四政策、2013 年恢復課徵證交所得稅及 2016 年通過全面週休二日（一例一休）等事件，這些政策法令的實施與轉變都對當時經濟社會帶來不安，也使得國內股市受到不利的波及。

三、人禍

　　戰爭、恐怖攻擊與病毒傳染等人禍事件的發生。例如：1996 年中共對臺飛彈演習、2000 年美國與伊拉克戰爭、2001 年美國 911 恐怖攻擊、2016 年歐洲各國連續遭到恐怖攻擊及 2020 年中國發生新型冠狀病毒（COVID-19）蔓延至全球事件，都造成當地或全球民眾的極度恐慌，也對當地或全球股市帶來巨大危機。

四、天災

　　全球每年都會發生地震、海嘯與風災等天災事件，尤其以地震所產生的損害最大，且無法預期。例如：1995 年日本阪神大地震、1999 年臺灣的 921 大地震及 2011 年日本東北大地震並引發海嘯等事件。若發生嚴重地震時，除了會造成嚴重的人員傷亡外，也會造成當地經濟重大損失，甚至波及全球，並使金融市場嚴重受到影響。

五、謠言

市場不實傳言與謠言都是突來的干擾因素，企圖引起投資人恐慌，並造成金融市場的異常波動。例如：1997 年與 2020 年分別謠傳中共、北韓領導人鄧小平、金正恩去世謠言事件。此外，近年來手機通訊軟體發達，市場常有不肖份子利用它來發佈不實謠言，例如：台積電或鴻海老闆身體微恙等，造成被謠傳公司的股價異常變動。

5-2　總體經濟指標分析

一般而言，一個國家的總體經濟狀況的優劣，是影響整個市場基本面的最大因素。通常影響整個金融市場的總體經濟因素，包括：國際經濟、景氣、利率、匯率、物價與貨幣供給額等因素。以下將分別介紹之：

一、國際經濟

一般而言，臺灣為出口導向的經濟體，隨著金融自由化、國際化，國內的經濟金融脈動難免受到國際影響，國際經濟大國，如：美國、日本、中國與歐盟等國的經濟成長狀況、物價水準、國際貿易收支及利率水準的變化，往往也會牽動國內金融市場的情勢變化。

當然，美國是全球經濟的龍頭老大，又是臺灣最大出口國家，所以有人說「美國打噴嚏，臺灣就得重感冒」，反應出我國景氣受到美國很大影響。所以美國的任何經濟數據的公布，都會左右著國內經濟表現，進而影響國內金融市場的走勢。例如：美國於 2000 年發生網路股泡沫、2008 年發生金融海嘯危機，都禍及全球，當然臺灣也不能倖免於難。

此外，近年來臺灣對中國的貿易依存度大增，所以只要中國市場的消費力道下降、或者中國的匯率大幅變動，都會使得臺灣的出口受到很大的影響。因此中國的經濟情勢，現在已深深的影響國內金融市場的走勢。例如：中國於 2015 年為了貿易出口需求，讓人民幣大幅貶值，釀成全球股災，當然臺灣的金融市場也就首當其衝。

二、景氣循環

一般而言，全球任何一個經濟體，都有其景氣循環趨勢。投資人須隨時注意其循環的變化，在不同的時期，必須調整投資商品的部位、以及轉換商品的種類，這樣才能因時制宜，以達到最大投資效益。

通常經濟景氣循環包括四個階段，分別是「谷底」、「擴張」、「高峰」和「收縮」。通常景氣從谷底翻升後，往往會隨著景氣復甦而後擴張，直至達到高峰後，再收縮回到谷底，此種循環的過程，稱為「景氣循環」（Business Cycles），詳見圖 5-1。

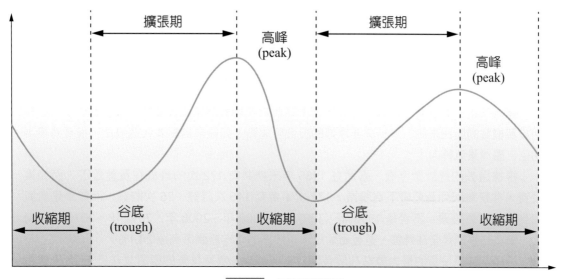

圖 5-1　景氣循環圖

　　通常在衡量景氣好壞的指標，最常見的是由國內的國家發展委員會每月公佈的「景氣對策燈號 [1]」，分別為「紅燈」（45分～38分）、「黃紅燈」（37分～32分）、「綠燈」（31分～23分）、「黃藍燈」（22分～17分）與「藍燈」（16分～9分）五種燈號（判斷分數），其各代表景氣由繁榮至衰退的信號。紅燈表示景氣過熱，黃紅燈表示景氣趨向熱絡，綠燈表示景氣穩定，黃藍燈表示景氣趨向衰退，藍燈表示景氣衰退。通常實務上景氣對策燈號算是落後指標，較不能預測市場商品價格未來的走勢，但兩者具密切之關係。

　　此外，在國家發展委員會每月公佈的「領先指標 [2]」和「同時指標 [3]」這兩指標皆是預測未來景氣趨勢的方法。一般而言，領先指標有領先同時景氣指標 3 ～ 5 個月，所以若領先指標連續 3 個月上揚，表示景氣有復甦的跡象，我們可以藉由這兩者指標的變化，預測未來景氣趨勢，間接預期未來金融市場的走勢。

1　景氣對策信號包含這 9 個項目分別為「貨幣供給額 M_{1B} 變動率」、「股價指數」、「工業生產指數、「製造業銷售量指數」、「製造業營業氣候測驗點」、「非農業部門就業人數」、「海關出口值」、「機械及電機設備進口值」及「商業營業額」。
2　領先指標構成項目包含這 6 個項目分別為「外銷訂單指數」、「貨幣總計數 M_{1B}」、「股價指數」、「工業及服務業受僱員工淨進入率」、「核發建照面積（住宅類住宅、商業辦公、工業倉儲）」與「SEMI 半導體接單出貨比」。
3　同時指標構成項目包含這 7 個項目分別為「工業生產指數」、「電力（企業）總用電量」、「製造業銷售量指數」、「商業營業額」、「非農業部門就業人數」、「海關出口值」與「機械及電機設備進口值」。

理財
NEWS

藍燈景氣燈號投資術　搭 4 大選股法如虎添翼

據過去統計數字看，投資人在黃藍燈下買股之年均報酬率高達 24.1%，這對找不到中長期投資機會的股民來說，是一次非常好的投資時間點，如能再搭配 4 大選股法，投資將事半功倍。臺灣景氣轉向？

根據過去的統計數字看，臺灣在 1985 年來總共有 172 次的景氣在黃藍燈下，而如果投資人在景氣回到黃藍燈下買股票，172 次中會有 146 次賺錢、26 次賠錢，而如果是景氣回到藍燈下買股票，不管是 1990 年、1997 年、2000 年、2008 年、2012 年、2016 年等期間，最後結果則是全部賺錢，並且黃藍燈下買股票的年均報酬率高達 24.1%。

不過，這項投資的最大重點在於長期持有非短線，畢竟景氣的循環並非是 1、2 天或是 1、2 週就能馬上變好，所以，一旦投資人確定要以景氣燈號來投資臺股，就要有長期抗戰的心理準備。

依照景氣燈號投資的邏輯來看，筆者認為，可利用以下 4 種方法：跌破 10 年線、本益比、低股價淨值比及長期存股。由於這 4 種方法都是建立在長期投資的基礎上，如果再搭配景氣燈號分數進場，在個股標的經過有系統的篩選後，長線要賠錢的機率就相對降低。

跌破 10 年線的方法主要是當大環境遭遇系統性風險，導致個股股價重挫跌破 10 年線，變成長線有超跌的跡象，不過如果公司體質健全，那麼從過去的經驗來看，股價原本在 10 年線上的公司一旦短期跌破 10 年線，其實是一個買點，不管未來是重回 10 年線，甚至是長線繼續往上創高，10 年線下就是機會。

資料來源：節錄自商業周刊 1328 期 2022/11/19

解說

長期投資須注意景氣變化，有些投資人利用景氣對策燈號進行操作策略。若景氣亮藍燈則進行長期投資，專家指出除了看景氣燈號外，還須搭配個股跌破 10 年線、尋找低本益比與低股價淨值比之個股以及進行長期持有策略，這樣才是長期獲利的保證。

三、利率

一般而言，利率的走勢攸關眾多金融商品的價格變化、甚至影響不動產業的榮枯。通常利率的走勢與景氣的循環呈正比，當景氣成長時，利率也會隨之調高，以抑制過熱的投機活動；當景氣衰退時，利率也會隨之調降，以刺激投資行為。

若以股市投資為例：通常利率的走勢是與股價走勢大致上呈反比的，當利率上升，會造成股票價格較容易下跌；當利率下降，則股票價格反而容易呈上漲趨勢。以投資人

的觀點，當利率上升時，表示要借錢買股票的資金成本增加、或此時將錢放進定存利息會增加，這將導致投資人不願投入資金買股票，將使得股價下跌；反之亦然。

在實務上，央行的貨幣政策中，可以藉由調整重貼現率與存款準備率，以影響國內短期利率（金融同業拆款市場利率為主）、或長期利率（10 年長期公債殖利率為主）的走勢，並直接與間接的影響金融資產的走勢。一般而言，長期利率的走勢跟股市榮枯，較有關聯性。例如：美國長期債券殖利率若走低，甚至低於短期債券的殖利率（俗稱：利率倒掛），對股市未來的走勢都有較偏空的疑慮。

 理財小常識

利率倒掛

一般而言，正常的利率曲線，大多是上升型式，但若發生較不尋常的下降型式，俗稱「利率倒掛」，或許意味著經濟景氣將有所變化。通常發生長短期利率發生倒掛情形，代表景氣將衰退。因短期利率上揚，企業籌資借貸成本提高，不利企業新發債籌資，民間信貸利息增加，造成市場消費動能減弱；長期利率較低，也意味著長期景氣將陷入衰退風險，股市也可能步入熊市。

通常發生「利率倒掛」現象，都是泛指美國的公債市場的長短期債券的殖利率出現異常。一般認為，當美國的「2 年期短期公債」與「10 年期長期公債」的殖利率發生倒掛時，表示美國經濟景氣與股市都會步入衰退。當然的，美國經濟與股市走弱，臺灣也一定與之共舞。

下表為這 20 幾年來，美國發生利率倒掛之後，股市與經濟景氣發生變化的情形。由下表得知：當美國每次發生利率倒掛後，過一陣子，股市與經濟情勢也都確實會發生反轉。而且股市走空會比經濟走疲先行反應，這也明白的告訴大家「股市是經濟的櫥窗」。

	第 1 次	第 2 次	第 3 次	第 4 次
發生利率倒掛時點 (T_1)	2000 年 2 月	2006 年 6 月	2019 年 8 月	2022 年 6 月
股市開始下跌時點 (T_2)	2000 年 8 月	2007 年 10 月	2019 年 12 月	?
經濟發生衰退時點 (T_3)	2001 年 3 月	2007 年 12 月	2020 年 2 月	?
T_1 至 T_2 歷經期間	6 個月	16 個月	4 個月	?
T_1 至 T_3 歷經期間	13 個月	18 個月	6 個月	?

四、匯率

　　一般而言，匯率變動對金融市場的影響，可以從產業面與金融面來進行分析，以下本處以股市為範例，以進行這兩方面的分析：

(一) 產業面

　　由於臺灣是一個以出口為導向的海島型國家，匯率是國內外資產價格聯繫的橋樑，匯率的變動會對經濟產生相當大的影響，進而影響股票價格。當新臺幣升值時，對國內出口業而言，外銷產品的價格相對提高，國際競爭力下降，使得外銷量減少，對出口產業的股價具有負面影響。反之，當新臺幣貶值時，外銷產品的價格相對降低，有助銷售業績，對出口產業的股價具有正面影響。

(二) 金融面

　　通常國際資金是流動的，若一國貨幣將升值或貶值，將使國際資金流進或流出，以進行匯差的套利，也會間接影響股票價格。當新臺幣升值時，外國資金為了套利將資金匯入國內換取新臺幣，讓新臺幣的流通量增加，若部分資金流入股票市場，將對股價具有正面的影響。反之，當新臺幣貶值時，原本換成新臺幣的外國資金會換回外幣，造成新臺幣的流通量減少，此時在股市的資金若被抽離，對股價具有負面的影響。

　　所以由上述兩方面分析，匯率升貶值會對股市造成正面或反面影響，須端視那兩方面的影響力孰大來決定。

五、物價

　　一般而言，穩定物價控制通貨膨脹，一直是中央銀行在擬定調整貨幣政策中最優先考量的。當物價不穩定，導致通貨膨脹或通貨緊縮，將造成金融面與經濟面的震盪，使得股票市場也受到影響。當物價不斷上揚時，將使生產成本增加，可能迫使企業轉嫁成本給消費者，導致銷售量可能降低，廠商的利潤下滑，因而使得經濟景氣衰退，整體股票價格下跌。通常所有的物價以「油價」對經濟影響最大，當油價上揚，則大多數產業的經營或生產成本會提高，如：運輸航空、汽車業、石化業、塑膠業或其他依賴石油的類股，可能因成本增加，導致利潤下跌，股票價格因而下跌。

　　一般而言，用來衡量物價水準的指標是是由行政院主計處每月公佈的「消費物價指數[4]」（Consumer Price Indices；CPI）與「躉售物價指數[5]」（Wholesale Price Indices；

---

4 消費物價指數（CPI）是在衡量一般正常家庭日常生活，主要消費物品與勞務的價格相對變化程度的物價指數。目前臺灣的 CPI 包括：食物類、衣著類、居住類、交通類、醫療保健類、教育娛樂類以及雜項類等 7 個基本分類。

5 躉售物價指數（WPI）是在衡量大宗物資批發價格的加權平均價格，所編製而得的物價指數。調查價格的產品包括：原料、中間產品、最終產品與進出口品，但不包括各類勞務。

WPI）為主。特別要注意的是消費者物價指數，若是消費者物價指數年增率連續三個月超過 3.0% 以上，即有引發通貨膨脹之虞。此外，躉售物價指數亦是觀測消費物價指數的先行指標，投資人可以觀測躉售物價指數的變動，來瞭解消費物價指數未來的變動，以研判是否會造成通貨膨脹，進而影響金融市場資產價格。

為什麼遇到通膨都要升息？上班族該如何應對？

通膨時升息，最重要的是為了避免通貨膨脹率大於銀行存款利率。此外，升息後導致借貸利率提高，有可能減緩經濟活動，最後抑制通膨。

- **發生通膨原因有哪些？盤點 4 種主要原因**

導致通膨的因素有很多，以下舉出 4 種主要的發生原因：

1. 企業經營成本提高：如基本薪資提高、勞基法修法調整一例一休等因素，就會影響企業的人力成本支出，成本就會轉嫁到商品及服務售價，消費者就需要負擔更貴的價格。
2. 商品供不應求：物以稀為貴，當市場需求增加，供需出現不平衡，商品價格就會上升。像是近 2 年全球貨運受疫情衝擊，以及俄烏戰爭影響，國際能源、原物料價格上漲，也會使國內企業進口原物料時負擔更昂貴的成本，只能透過提高售價維持利潤。
3. 政府「印鈔票」：如果政府採取寬鬆貨幣政策，讓更多資金流入市場，可能會採取「印鈔票」，也就是流通的貨幣變多。可是貨幣變多、可以買到的東西沒有變多，貨幣的價值就變低了。
4. 該國政局、社會動盪：如辛巴威在 2000 年至 2009 年間就因為政局、社會動盪問題，陷入一段極度嚴重的惡性通膨，早在 1986 年時，辛元幣值還比美元高，但到了 2006 年 6 月時，1 美元已經可以兌換 50 萬辛元，到 2008 年甚至增到 100 億辛元。

面對通膨、利率夾擊，我們該如何應對？通膨及利率調升對於不同的族群帶來的影響不盡相同，以下將分成 3 個部分個別說明：

1. 受薪族群：對於受薪階級來說，通貨膨脹會使手上的資金不斷縮水。2022 年 6 月主計處公布物價上漲率（CPI）為 3.59%，是 14 年來新高。面對通膨，受薪族群可以學習理財管理，養成記帳習慣，減少不必要開支，並將一部分的資金放入銀行定存，享受現在的升息紅利。
2. 購屋自住的族群：銀行升息最直接影響的族群是有剛性需求的購屋族群，使得每個月償還的利息變多。根據《經濟日報》的報導指出，若以貸款額度 1,500 萬，分 20 年期償還的貸款人為案例，在 2022 年 10 月升息來到 1.87% 後，每個月的房貸將多支付將近 1 千元。建議民眾可詢問貸款銀行能否將房貸指標利率改成為季調。

3. 投資族群：投資族可分為 2 個部分：(1) 投資股票、基金、債券的族群，仍需留意大盤走勢，持有臺股的族群，可觀察一些優良企業的股價，選擇好股被錯殺時進場。(2) 投資不動產的族群受到的影響較小，因不動產的保值性高，本身就是適合抗通膨的產品。不過由於房地產市場受升息、打房政策雙衝擊，成交量正在萎縮中，投資不動產要審慎選擇抗跌物件，並注意市場流動性（是否容易脫手）。

資料來源：節錄自商業周刊 2022/10/12

解說

自從 2022 年起，全球受通貨膨脹的威脅，美國聯準會（FED）為了遏止通膨而進行強力升息，全球央行幾乎也紛紛跟進。報導中，解釋為何會發生通貨膨脹的四種原因，也教導不同族群要如何因應。

六、貨幣供給額

通常股票價格要上漲，最直接原因就是來自於資金的動能，貨幣供給量可作為資金動能的指標。當貨幣供給量增加時，使得可投入股票市場的資金增加，會造成股價上漲；反之，當幣供給量減少時，可投入股票市場的資金減少，股票市場資金不足，有可能導致下跌。

目前國內衡量貨幣供給額指標分為三種，即 M_{1A}、M_{1B}、及 M_2，三者的差別在於統計的範圍大小不一。以下為這三者的定義：

M_{1A} ＝通貨淨額＋支票存款＋活期存款

M_{1B} ＝ M_{1A} ＋活期儲蓄存款

M_2 ＝ M_{1B} ＋準貨幣（定期存款＋定期儲蓄存款＋外幣存款＋郵政儲金＋外國人持有新臺幣存款＋附買回交易餘額＋貨幣市場共同基金）。

一般而言，M_{1B} 為短期流動性較高的資金，當股市活絡時，資金會從定存（儲）會轉入活存（儲）；反之，當股市氣衰時，資金會從活存（儲）會轉入定存（儲），所以 M_{1B} 年增率的變動會較大些。M_2 為所有的貨幣總額，所以不管股市榮枯，其定存（儲）與活存（儲）資金相互流動，並不太會影響整體貨幣的總量，所以 M_2 年增率的變動較平穩些。

　　因此在實務上，會對 M_{1B} 與 M_2 年增率的變動情形進行觀察[6]，以瞭解資金的流向，進而研判對股市的影響。通常當 M_{1B} 由低處往上突破 M_2，亦稱「黃金交叉」，表示短期資金活絡，股市資金充沛，可能會帶動股市有資金行情；反之當 M_{1B} 由高處往下突破 M_2，亦稱「死亡交叉」，表示短期資金退縮，股市資金動能不足，股市可能會有下跌情形。

5-3　產業面分析

　　一般而言，投資人欲進行股票或基金投資時，必須關心欲投資的股票或基金類型，是屬於哪一類型的產業？該產業的特性、結構與前景如何？因此產業面分析對於投資理財而言，是一項不可或缺的重要基本常識。

　　通常產業是由一群生產或服務相似的廠商所組合而成，例如：塑膠、鋼鐵、電子、金融與觀光業等。每一產業內有可能存在上中下游廠商，廠商相互之間的依存所形成產業結構。在這產業結構內，須了解上中下游廠商之間的競爭與互補，才能知道公司的經營優劣勢。且各產業之間的互動與受景氣的影響，都會牽扯公司的經營表現。因此一個產業興衰，有時會影響一家公司的營運獲利，進而影響其股價表現。以下將介紹產業生命週期、特性與結構分析。

一、產業的生命週期

　　一般而言，產業生命週期可分為四個時期，分別為草創期、成長期、成熟期與衰退期（如圖 5-2）。以下藉由觀察產業的營收變化，可分析產業處於生命週期之何種階段，以下將說明產業各生命週期階段之主要特性。

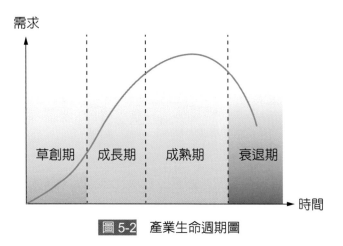

圖 5-2　產業生命週期圖

6　通常利用 M_{1B} 與 M_2 年增率的兩者變動，所形成的「黃金交叉」與「死亡交叉」，根據作者經驗需當時市場活期存款利率與定期存款利率兩者有相當的差距，「黃金交叉」與「死亡交叉」才具參考價值。

(一) 草創期

若產業處於草創期時，大都需要大量資金去擴展、開發與實驗，所以未來獲利具有高度的不確定性，風險較高。所以此時投資人去投資剛創立的公司，將來有可能獲取高額暴利，也有可能血本無歸。

(二) 成長期

若產業處於成長期，通常已經順利經過草創時期的不確定風險，此時業績快速成長，營收利潤增加。所以此時投資人去投資處於成長期的公司，將來可以獲取不錯利潤的機會很大。

(三) 成熟期

若產業處於成熟期時，通常歷經前兩個時期後，成長終將趨緩，營收與利潤增加幅度有限。所以此時投資人去投資處於成熟期的公司，會享有較高的股利收益為主，資本利得為輔。

(四) 衰退期

若產業處於衰退期時，可能因產業結構改變、替代產品出現、新技術興起或社會需求改變，使得產業成長受阻，利潤下降。所以此時投資人去投資處於衰退期的公司，可能股利收益與資本利得都不盡人意，甚至可能血本無歸。

二、產業的特性

根據不同產業對於總體經濟景氣變化的敏感度，可將產業進一步區分為：成長型、防禦型、循環型與利率敏感產業等四種類型，以下分別說明之：

(一) 成長型產業

成長型產業是指此種產業之景氣狀況較不易受經濟景氣波動之影響，市場上的需求大於供給，其營收及獲利優於整體經濟的表現，當然也勝過其他產業。例如：臺灣的電子產業，即使經濟景氣處於衰退階段，電子產業的銷售依然暢旺，所以電子業為臺灣成長型產業之代表。

（二）防禦型產業

防禦型產業是指此種產業較不易受經濟景氣波動的影響，獲利相當穩定，也沒有很高的成長率。通常防禦型產業多半是屬於成熟時期之民生必需品產業，即使在經濟蕭條時，產業營收及獲利都能維持穩定水準。例如：食品業、油電燃氣業等就是典型之防禦型產業。

（三）循環型產業

循環型產業與經濟景氣榮枯關係密切。當經濟景氣好轉時，該產業營收及獲利數字有良好表現；但當經濟景氣轉壞時，產業的營收及獲利數字亦隨之下降，甚至於虧損。例如：汽車、家電與觀光產業即屬此一類型，當景氣繁榮時，消費者消費意願提高，循環型產業的銷售額會快速成長；反之，當景氣蕭條時，消費者消費意願降低，循環型產業銷售額將隨之下跌。

（四）利率敏感產業

利率敏感產業是指此種產業會因市場利率走勢改變而波動。當預期市場利率走跌時，該產業會因而受惠，產業的營運表現會變好；但當預期市場利率走高時，產業的營運表現會衰退。例如：銀行業、證券業、票券業等金融服務業以及營建業即屬此一類型，當預期利率上漲或下跌時，這種產業分別會有受害或受惠的影響。

三、產業的結構分析

一個成熟的產業內部會有不少的競爭與上下游廠商，這些廠商會對產業內部企業產生競爭與合作關係，會影響整個產業的整體獲利能力。根據國外知名學者波特（Michael Porter）所提出五個企業在產業中所會面臨到的競爭因素（五力分析），分別為：現有競爭者的威脅、供應商的議價能力、購買者的議價能力、替代性產品的威脅與潛在進入者的威脅等這五種因素。以下將分別說明這五種因素，對產業競爭力的影響（見圖 5-3）。

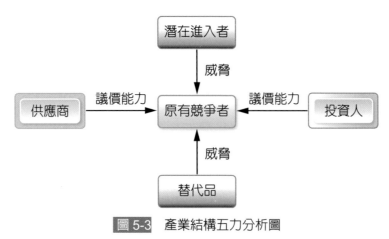

圖 5-3 產業結構五力分析圖

(一) 原有競爭者的威脅

當產業存在原有競爭者時，競爭者希望增加市場佔有率，通常會採取價格戰，此時同產業的其他公司也會受威脅，也加入促銷戰，同產業內公司彼此銷價競爭下，這樣將導致整個產業利潤下降。

(二) 供應商的議價能力

如果上游供應商掌握產業重要生產因素，例如：原料、零組件等，且對這些生產因素有絕對的議價能力，則公司將受制於供應商，進貨成本就無法有效降低，進而影響公司的利潤，也影響整個產業的利潤。

(三) 購買者的議價能力

如果產業內有一購買者可以購買產業大部分的產品，將擁有相當大的議價力量，可以要求廠商在價格和數量的讓步，若公司為順利銷售產品，便會答應買方的條件要求，這樣會造成整個產業的獲利下降。

(四) 替代性產品的威脅

若有替代性產品出現，消費者在購買上會有更大的選擇空間，此時也代表廠商生產之產品有可能會被替代品更替，造成產品消費量減少，使得廠商與整個產業的銷售下降，獲利減少。

(五) 潛在進入者的威脅

當有潛在競爭者欲進入各產業時，表示該產業仍有利可圖，新廠商進入產業後，將造成產業的競爭生態改變，勢必會對原有產商的銷售造成威脅，彼此為了爭食地盤，利用價格戰，最後導致整個產業利潤下降。

理財
NEWS

2024 年全球科技股 搶賺 AI「創新技術週期」財

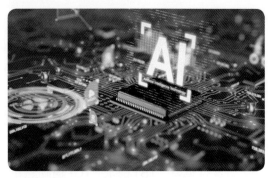

　　AI 全新運算時代來臨，法人認為，全球科技股進入 2024 年後，將進入 AI 創新技術週期，看好各項科技應用都將結合 AI 元素，加速新應用商機迎來爆發性成長拐點，其中，掌握 AI 關鍵技術的科技股、半導體股，將迎來價值重估行情，建議投資人中長線投資全球 AI 基金，掌握新一輪新科技上漲潛能。

　　專家分析，從 2024 年起，AI 也將進入應用加速階段，所有應用落地更快，商業模式更加多元化，等於明年各項科技產品，都有機會結合 AI 最新技術，打造「產品 +AI」的創新模式，等於未來將有更多潛力商機有待企業開發，全球科技產業正式進入 AI 創新技術週期中，AI 所掀起的投資浪潮，目前仍屬於萌芽期。

　　專家看好 2024 年 AI 結合高速運算、車用半導體、資料中心（伺服器等）與工業方面股票，以及網路基礎建設相關類股，未來投資前景持續亮麗，建議投資人可趁美國聯準會暫停升息之前，採分批布局方式投資全球 AI 主題基金。

　　根據過去經驗顯示，在美國暫停升息階段之前，優先布局科技成長股，將可順勢掌握股市提前反應貨幣政策放緩的漲升先機，隨美國進入降息循環後，美債殖利率走緩又有利於科技股表現，現在布局掌握未來漲升潛利較大。預料全球 AI 基金，2024 年有望重拾市場關愛，基金績效有望再迎一波新升勢，布局全球 AI 基金績效後勁不容小覷。

資料來源：節錄自中時新聞網 2023/08/26

解說

　　股票投資是買這家公司或產業的未來，所以選擇一個未來會積極成長的產業或公司進行布局，是投資獲利的重要關鍵。現今全球未來的明星產業就屬 AI，AI 創新技術週期中，目前仍屬於萌芽期，因此由 AI 所帶動的產業概念股，預期會有很大的成長空間，將是投資人加碼的新寵。

本 章 習 題

【基礎題】

(　) 1. 下列何者屬於市場面分析的非經濟因素？

(A) 利率　(B) 物價　(C) 政策　(D) 貨幣供給量

(　) 2. 下列何項不屬於景氣指標？

(A) 景氣燈號　(B) 同時指標　(C) 領先指標　(D) 匯率

(　) 3. 當景氣燈號為藍燈表示景氣處於？

(A) 低潮　(B) 穩定　(C) 趨向熱絡　(D) 趨向衰退

(　) 4. 通常市場利率的走勢會與股價成何種關係？

(A) 正比　(B) 反比　(C) 無關　(D) 穩定

(　) 5. 當臺幣升值時，可能會導致臺灣以出口為導向的公司股價？

(A) 下跌　(B) 上漲　(C) 無關　(D) 穩定

(　) 6. 當臺幣貶值時，可能會導致外國資金流出，對股市的走勢造成何種情形？

(A) 下跌　(B) 上漲　(C) 無關　(D) 穩定

(　) 7. 通常物價持續上漲對股市的影響為何？

(A) 正面　(B) 反面　(C) 無關　(D) 穩定

(　) 8. 當貨幣供給額增加，將導致股市價格？

(A) 下跌　(B) 上漲　(C) 無關　(D) 穩定

(　) 9. 當預期 M1b 年增率減緩，投資人將預期整體股價如何變動？

(A) 上漲　(B) 下跌　(C) 可能上漲或下跌　(D) 無關

(　) 10. 就產業生命週期而言，投資下列何種時期的股票比較容易獲取資本利得？

(A) 草創期　(B) 成長期　(C) 成熟期　(D) 衰退期

(　) 11. 承上題，何時期投資人會以享有較高的股利收益為主？

(A) 草創期　(B) 成長期　(C) 成熟期　(D) 衰退期

(　) 12. 下列哪一產業比較屬於成長型產業？

(A) 食品業　(B) 電子業　(C) 汽車業　(D) 證券業

(　) 13. 下列哪一產業比較屬於防禦型產業？

(A) 食品業　(B) 電子業　(C) 汽車業　(D) 證券業

( ) 14. 下列哪一產業比較屬於利率敏感型產業？

    (A) 證券業　(B) 電子業　(C) 汽車業　(D) 公用事業

( ) 15. 對產業結構分析中，常常使用的五力分析，不包括何項？

    (A) 潛在競爭者　(B) 替代性產品　(C) 政府介入　(D) 買方議價力

【理財規劃人員證照題】

( ) 16. 在股票投資領域中，下列何者不屬於總體經濟分析？

    (A) 景氣對策信號　(B) 經濟成長率　(C) 產業週期　(D) 利率　【第 27 屆】

( ) 17. 有關國發會所編製的景氣對策信號，下列敘述何者錯誤？

    (A) 景氣對策信號可用來判斷未來景氣

    (B) 景氣對策信號的統計數據涵蓋多項

    (C) 景氣對策信號分為紅、綠及藍燈三種信號

    (D) 紅燈表示景氣過熱　【第 30 屆】

( ) 18. 景氣循環包括擴張期與收縮期，下列何者非為收縮期之階段？

    (A) 復甦　(B) 緩滯　(C) 衰退　(D) 蕭條　【第 30 屆】

( ) 19. 國發會編製的景氣對策信號，當由黃藍燈轉為綠燈時，代表景氣情況為下列何者？

    (A) 景氣嚴重衰退轉為景氣穩定　(B) 景氣穩定轉為景氣活絡

    (C) 景氣穩定轉為景氣欠佳　(D) 景氣欠佳轉為景氣穩定　【第 29 屆】

( ) 20. 景氣對策信號分數在高於 23 分低於 31 分，為何種燈號？

    (A) 藍燈　(B) 黃藍燈　(C) 綠燈　(D) 黃紅燈　【第 26 屆】

( ) 21. 我國景氣動向綜合領先指標指數，其指標群組中不包括下列何者？

    (A) 失業率　(B) 股價指數　(C) 實質貨幣總計數　(D) 外銷訂單指數

    【第 27 屆】

( ) 22. 下列何種指標能真實反映過去經濟情況？

    (A) 領先指標　(B) 同時指標　(C) 技術面指標　(D) 落後指標　【第 27 屆】

( ) 23. 由電力總用電量、工業生產指數、製造業銷售量指數、商業營業額等構成的經濟指標，屬於下列何者？

    (A) 領先指標　(B) 同時指標　(C) 擴張指標　(D) 落後指標　【第 26 屆】

( ) 24. CPI 與 WPI 最大的差異在於，WPI 不包含下列何者？

    (A) 食品　(B) 藥品　(C) 醫療服務費用　(D) 燃料　【第 26 屆】

( ) 25. CPI 所反映的物價不包括下列哪一項？

    (A) 食品　(B) 股票　(C) 交通費　(D) 醫療費用　【第 29 屆】

( ) 26. 一國面臨景氣嚴重衰退時，該國政府宜採行下列何種政策以提振經濟？

(A) 縮減政府支出　(B) 提高利率　(C) 增加貨幣供給　(D) 提高本國貨幣幣值

【第 30 屆】

( ) 27. 有關臺灣的貨幣政策指標，下列敘述何者錯誤？

(A) 準備貨幣又稱為強力貨幣或貨幣基數

(B) $M_2 = M_{1b} +$ 準貨幣

(C) 準貨幣包括存款機構與郵匯局的存款準備金及社會大眾所握持的通貨

(D) $M_{1b} =$ 通貨淨額+支票存款+活期存款+活期儲蓄存款　　【第 29 屆】

( ) 28. 在產業生命週期四個階段中，具有產品已有相當被接受度，轉虧為盈，預期在短期內有大量的現金流入，投資收益高，風險相對較小特性的階段是下列何者？

(A) 草創型　(B) 成長型　(C) 成熟型　(D) 衰退型　　【第 28 屆】

( ) 29. 下列何者屬於成熟型產業，較不受景氣循環影響？

(A) 食品飲料業　(B) 工具機業　(C) 資訊業　(D) 塑化業　　【第 27 屆】

( ) 30. 以景氣循環作為產業分類，產業可區分為三大類，下列項目何者不是其中產業分類的類別之一？

(A) 成長型產業　(B) 隨循環型產業

(C) 資產型產業　(D) 抗循環型產業　　【第 26 屆】

( ) 31. 產業生命週期中，若競爭者已湧入市場，使盈餘趨緩，並呈現穩定情況，屬於何階段？

(A) 草創期　(B) 成長期　(C) 成熟期　(D) 衰退期　　【第 33 屆】

( ) 32. 下列何項為我國最廣泛應用之通貨膨脹指標？

(A) 躉售物價指數　　(B) 消費者物價指數

(C) 進出口物價指數　(D) 國民生產毛額平減指數　　【第 34 屆】

( ) 33. 中央銀行所採行之貨幣政策工具中，下列何者對提高貨幣供給額的效果最大？

(A) 調整存款準備率　(B) 調整重貼現率

(C) 公開市場操作　　(D) 外匯市場操作　　【第 37 屆】

( ) 34. 當物價明顯上漲時，政府通常會採用緊縮性的貨幣政策，以抑制物價持續上漲，此時對利率與股價有何影響？

(A) 利率上升，對股價有不利之效果　(B) 利率下降，對股價有不利之效果

(C) 利率上升，對股價有助漲之效果　(D) 利率下降，對股價有助漲之效果

【第 37 屆】

(　) 35. 有關國發會編製的景氣動向指標，下列敘述何者錯誤？

　　　　(A) 股價指數及實質貨幣總計數均是領先指標

　　　　(B) 工業生產指數及長短期利率利差均是同時指標

　　　　(C) 失業率及製造業存貨價值均是落後指標

　　　　(D) 領先指標至少要連續三個月上升或下降，才能預測經濟趨勢已有所改變

　　　　　　　　　　　　　　　　　　　　　　　　　　　　　　　【第 38 屆】

(　) 36. 下列何者屬於景氣動向領先指標之構成項目之一？

　　　　(A) 失業率　　(B) 經濟成長率　　(C) 股價指數　　(D) 生產者物價指數【第 39 屆】

(　) 37. 有關「草創型」產業之敘述，下列何者正確？

　　　　(A) 對長短期資金均有強烈需求

　　　　(B) 成長率很高，但經營風險很低

　　　　(C) 投資收益高，風險相對較小

　　　　(D) 沒有投資價值，除非有較佳併購計畫　　　　　　　　　　【第 40 屆】

(　) 38. 當多數投資人將定期存款解約，轉存至活期儲蓄存款時，下列敘述何者正確？

　　　　(A) M_2 增加　　(B) M_{1a} 增加　　(C) M_{1b} 增加　　(D) 股市資金動能減少【第 41 屆】

NOTE

Chapter **06**

商品投資分析

本 章 架 構

　　本章內容為商品投資分析，主要介紹股票、基金、期貨、選擇權與權證等商品的投資分析。其內容詳見下表。

節次	節名	主要內容
6-1	股票投資分析	介紹有關股票的基本面、技術面分析、以及選股策略分析。
6-2	基金投資分析	介紹有關基金投資的績效指標分析、實務評鑑分析以及基金投資觀念。
6-3	期貨投資分析	介紹未平倉合約量與成交量、未平倉合約量與期貨價格的關係。
6-4	選擇權投資分析	介紹賣權／買權成交量比值、賣權／買權未平倉比值。
6-5	權證投資分析	介紹七種研判權證投資分析的指標。

本 章 導 讀

　　通常投資人進行投資時，除了選擇合適的自己的金融商品外，再來就是必須瞭解該商品的分析工具。一般而言，投資人較常投資的金融商品，大致上以股票、基金、期貨、選擇權與權證等這幾種為主。這些商品各自有其特性與交易規則，當投資這些商品時，當然必須瞭解其個別的投資分析工具、指標與方法，這樣才能使投資具有效率性。

　　以下本章各節將分別介紹股票、基金、期貨、選擇權與權證等商品，其各項投資指標的分析、以及投資觀念的說明。

6-1 股票投資分析

　　一般而言，股票一直是投資人最熱衷的投資工具，投資人汲汲營營欲在股海中獲取利潤，是必須付出時間與精神去研究分析的。在這研究分析工具中，基本面與技術面分析，最廣為使用的分析方式。通常投資人會使用基本面分析尋找標的股票，再藉由技術面分析尋找買賣時點，兩者相輔相成。以下本節將介紹幾種較常見的基本面與技術面分析指標，並進一步介紹選股的策略分析。

一、基本面分析

　　以下介紹投資人在進行股票投資時，常用來評估公司，是否具有投資價值的各種財務比率、以及會影響公司股價變動的事件研究分析。

(一) 財務比率分析

　　以下介紹幾種常見的公司財務報表裡，常見的財務比率分析：

1. 負債比率

　　負債比率（Total Debt Ratios）其最主要的用途，是用來衡量公司的財務槓桿程度。若此比率若太高，表示公司財務槓桿程度太高，則公司營運風險愈高，對債權人保障愈低。反之，若負債比率過低，可能使企業缺乏「利息支出可以抵稅」的財務槓桿效果，因此公司應有最適負債比率。

　　一般而言，一家公司的負債比率不宜超過 50%。因為高負債比率可能侵蝕公司的獲利或甚至使公司因週轉不靈而倒閉。每一產業負債比率的標準並不一致，因此仍須與同業相比較才客觀，但基本上不宜過高。

2. 營業淨利率

　　營業淨利率（Net Profit Margin）又稱「營業純益率」，其最主要的用途，是用來衡量公司營業收入能幫公司股東獲取稅後盈餘的能力。此比率愈高，代表公司每一元的營業收入，最後幫股東所創造的淨利愈高。

　　通常一家公司的淨利率，當然是愈高愈好，但在真實世界中，一家淨利率很高的公司，不見得會比淨利率較低的公司經營成功。因為要有高淨利率可能必須採取高價格的銷售策略，最終可能導致銷售量下降，公司淨利反而減少；反之，若公司採取薄利多銷的策略，雖然淨利率不高，但公司也有可能會經營較長久。

3. 股東權益報酬率

　　股東權益報酬率（Return on Equity；ROE）其最主要的用途，是用來衡量公司股東的自有資本運用效率，若股東權益報酬率較高，表示股東投資的資金，被較有效率的運用。

此數據為股東最有興趣的數據，此比率當然是愈高對股東愈有利，但仍須觀察公司的淨利是否有很高的比例，來自於業外收入或高負債所產生盈餘，這些因素都有可能，在短期成就很高的股東權益報酬率，但長期而言不一定對公司有利。

4. 本益比

本益比（Price/Earnings Ratio；P/E Ratio）其最主要的用途，是用來衡量公司每賺 1 元的盈餘，投資人願意付出多少市價購買其股票。亦即衡量投資人對於公司未來績效的信心程度。通常較有願景的公司，投資人願意付出價高的本益比，去購買此股票。本益比的計算公式如下：

$$本益比 = \frac{每股價格}{每股盈餘}$$

通常本益比偏低的公司，有可能是公司股價被嚴重低估，亦有可能公司為較成熟或沒有前景的公司，投資人不願意出太高的價格去購買。所以利用本益比來選股，須衡量此時這檔股票的價格，現在處於低估或高估是短暫性還是長期性的。若只是暫時性，將來會恢復正常股價，所以可以買進低估或賣出（放空）高估。若是長期前景很光明或暗淡，將來前景不錯的公司，可繼續加碼高本益比之股票；反之將來前景黯淡公司，再低的本益比亦不值得投資。此外，投資人給予每一產業的本益比，皆不盡相同。

5. 市價淨值比

市價淨值比（Price to Book Ratio；P/B Ratio）其最主要的用途，是用來衡量投資人願意付出相對淨值多少倍的市價購買其股票。通常比較有遠景的公司，投資人願意付出價高的市價淨值比去購買此股票。市價淨值比的計算公式如下：

$$市價淨值比 = \frac{每股價格}{每股帳面金額（淨值）盈餘}$$

一般而言，股票價格意謂著公司未來的價值，通常一家具有前景的公司股價應高於現在的帳面金額（淨值），因此一家公司的市價淨值比，通常應高於 1。若市價淨值比偏低的公司，有可能是公司股價被嚴重低估，亦有可能公司為較成熟或沒有前景的公司，投資人不願意出太高的價格去購買。

所以利用市價淨值比來選股與本益比一樣，須衡量此時這檔股票的價格，現在處於低估或高估是短暫性還是長期性的。若只是暫時性，將來會恢復正常股價，所以可以買進低估或賣出（放空）高估。若是長期前景很光明或暗淡，將來前景不錯的公司，可繼續加碼高市價淨值比之股票；反之，將來前景黯淡公司，再低的市價淨值比亦不值得投資。

6. 現金股利殖利率

現金股利殖利率（Cash Dividend Yield）其最主要的用途，是用來衡量投資股票每投入一元的市價，能獲取多少比例的現金股利。若投資人投資股票若以領現金股利為主，當然股利殖利率愈高的股票，愈值得去投資。現金股利殖利率的計算公式如下：

$$現金股利殖利率 = \frac{現金股利}{每股股價}$$

投資股票的資金，其機會成本就是銀行利息，所以股息殖利率通常會與銀行利息相比，若股利殖利率高於銀行利息，表示該檔股票的持有報酬率至少優於銀行定存。但大部分的投資人投資股票，都是希望賺取較高額的資本利得，若無法如願，至少現金股利殖利率愈高，防禦性愈強，在空頭市場是一項不錯的選擇。

理財 NEWS

愛買高殖利率股票？過來人：
避開三大陷阱　讓你提早十年退休

　　最近各公司陸續公告股利，喜歡領配息的投資人這時候就會開始布局，但是千萬不要看到殖利率高就買進，有可能會讓你賺了股息賠了價差。本篇分享 3 種高殖利率的陷阱：

- 「高股息陷阱」的第一種情況：公司營運太差，導致沒有填息

　　以前剛開始進入股市，一定是挑殖利率高的股票，當時很喜歡一檔賣電視螢幕的公司－瑞軒，因為它以往的殖利率都有 8% 以上，最高還有達 12%，相當吸引當時的我，那時候完全不懂「要填息才算是真正賺到股利」這個概念，買股票只在乎配息高，便在 2017 年的時候買進瑞軒，當年發放 1.7 元的股利，除息前股價為 19.1 元，所以殖利率高達 8.9%（1.7/19.1），殊不知，至今已經超過 1 年半，仍未填息。

　　因為當時挑選股票，不知道瑞軒已經開始衰退了，營運不佳，近期股價也下滑至 12 元左右，而且隔年度 2018 年也發不出股息，所以選股票不能只看高殖利率，營收太差可能也會導致無法填息。

- 「高股息陷阱」的第二種情況：吃老本

　　有些公司配發的股利金額會大於當年度的 EPS，讓投資人以為殖利率相當高，但你有發現奇怪的事情嗎？發出去的配息＞公司賺到的錢。原來，公司會從以前年度賺的收入，拿來今年發放，有吃老本的現象。但股民買高殖利率股票，看的是公司穩定獲利及配息，若是一直吃老本，總會有用完的一天，一般企業發放股利，通常是由前一年度所賺的錢發放，但有些公司可能會由「資本公積」來發，通常有 2 種情況：1. 公司有多餘的閒置資金。2. 本業賺的不多，為了維持高殖利率，所以拿老本來發。

例如：遠傳今年宣布發布股利配發率高達 130%，公司當年度 EPS 只有 2.88 元而已，竟然可以發 3.75 元給你？這就是因為資本公積配息，並不是完全靠當年度收入配發，就是吃老本的狀態，這種情況已經長達 10 年以上，存股族要避免買到這類型的股票。

- **「高股息陷阱」的第三種情況：靠大筆業外收入配息**

好的公司是本業賺錢，然後與股東分享股利，股民若看到公司 EPS 大增，就會期待可以拿到更多配息，這個邏輯通常沒錯，只是你要注意的是，EPS 是本業賺來的，還是營業外收入獲得的呢？

如果是靠賣土地、領保險金而使當年度 EPS 大增，這種收入僅是一次性性質，公司宣布發高額股利，會引發市場追逐炒高股價，但明年不見得還有大筆業外收入可以發股利，若想要買進，要特別注意不要追高！

- **案例 1：宏達電在 2018/Q1 出售手機部門給 Google**

此筆的收入是屬於一次性業外收入，畢竟不是每年都有部門可以出售，因為出售部門大賺約 313 億元，使得宏達電終結連 3 年虧損，2018 全年每股狂賺 14.72 元，雖然還沒公布發多少股利，不過 EPS 暴漲，股利發放狀況應該也會相當不錯，這時股民如果要買進，千萬要小心，不要賺了股息，賠了價差。

- **案例 2：中連貨賣地 EPS 大增 20 倍**

中連貨在 2018 年初賣掉在中和區的土地及地上物，獲利高達 3 億 7,400 萬元，截至 2018/Q3，本業僅賺 247 萬元，可是靠著業外收入大賺，使得 EPS 大漲 20 倍以上。

資料來源：節錄自經濟日報 2019/04/15

解說

市場上，常有些股票標榜具高殖利率，並不代表可以在獲取高現金股利報酬率外，就穩賺不賠。若公司除息後，並沒有讓股價漲回原來除息前的價位，投資人仍會損失資本利得。所以投資人須避開投資高殖率股的三種陷阱，其一，避開未來營運太差，最終仍無法填息；另一，避開配息是以過去累積的資本公積為主，最後，避開配息是來自短暫的一次性業外收益，而非本業的穩定收入。

(二) 事件研究分析

在公司的事件研究分析中，大致上有三種情形會引起股價變動，分別為公司的股權變動時、公司的營業活動有重大宣告時、以及公司具有引人注意的特殊題材發酵時。以下將分析這三種情勢對股價的影響。

1. 公司的股權變動

(1) 新股上市

通常公司發行新股包括：初次上市上櫃（IPO）或已上市上櫃辦理現金增資（SEO）。承銷商為使公司順利上市上櫃，通常會壓低承銷價使得與市場價格有明顯價差，讓認新股的投資人有套利空間，所以通常 IPO 會有蜜月行情。但公司辦理現金增資，須發行的新股，若新募得資金用於擴大產能或轉投資的資本支出上，通常對公司將來的營運具有正面的效果，所以股價通常會有正面反應；若公司經營不善，將新募資金用於改善公司財務狀況，因基於流通在外股數會增加，將會造成的盈餘稀釋效果，對公司股價具負面效果。

(2) 減資

若一家公司經營良好，考慮將來內部不須那麼多現金，公司可將多餘資金去市場買回公司股票，並辦理註銷股份（即減資），將使流通在外股數減少，這樣可以提高每股盈餘，對股價具正面效果。但大多數公司都是經營不善，利用減資來彌補虧損，然後再來辦理增資，通常都是希望股價將來能起死回生。

(3) 買回庫藏股

庫藏股票係指公司利用公司資金買回自己發行流通在外的股票，其目的希望維持公司股價之穩定、供股權轉換行使支用或辦理減資調整公司的資本結構。通常實務上當公司實施庫藏股制度，對當時股價有護盤作用，甚至會有上漲的情形出現。

(4) 董監事改選行情

依據臺灣的公司法規定，公司董監事每三年須改選一次，所以董監事改選前，若原董監事的持股偏低、或市場派覬覦其經營權時，此時原公司董監事與市場派都會爭相增加持股，而容易引爆董監事改選行情，使公司股價有大幅上揚的機會。

(5)　除權行情

公司發放股票股利，使得公司流通在外股數增加，但公司股價因除權後，相較以前便宜，若投資人對公司未來營運具有信心，股價會上漲至原除權前之價位，即為填權。通常在股市處於多頭市場時，股票比較有機會上漲，而出現除權行情；若處於空頭市場時，甚至股價會下跌而出現貼權情形。

2. 公司的營業活動

(1)　盈餘或股利宣告

當公司盈餘或股利宣告時，若是高盈餘或高股利的宣告，通常對股價的表現具有正面的激勵效果，但既使盈餘與股利的宣告並不是很突出，只要比預期來的好，通常也會激勵股價。

(2)　併購與投資宣告

當公司宣佈合併或購併，通常主併與被併購的公司股價都會波動，至於是正面或負面，須端視雙方的併購條件而定。此外，公司若進行長期的資本投資，表示公司未來有成長機會，股價通常會有正面反應。

3. 公司的特殊題材

(1)　特殊類股

某些股票具有某些特殊的議題，較容易吸引投資人的目光，進而使股價具有正向的反應。例如：某些股票被國外投資機構（如：摩根史坦利）列為指數概念股（摩根概念股），當外資欲購買該國股票時，它們是被建議投資標的，所以這些股票較容易受到外資青睞，進而股票上漲。此外，市場上也有些股票，擁有大量土地資產（如：資產概念股）、投資中國的營收佔整體營收比重很高的股票（如：中國概念股）、或與世界知名大廠業務往來，也有可能知名大廠業績成長，而股價因而受惠（如：美國 - 蘋果電腦概念股）等等，這些具有某些特性的股票，都能吸引投資人的目光。

(2)　特殊時期

某些股票可能在特定時段，會有特定的議題可以炒作，以吸引投資人的注意。例如：某些集團股或被投信認養的股票，為美化財務帳面或投資績效，在年底會有「作帳行情」；也有些股票在選舉時與某些政黨或候選人有相關，也會因為政黨或候選人的當選，而有所謂的「選舉慶祝行情」。

二、技術面分析

技術面分析自 19 世紀末發展至今，已超過百年了。近年來因電腦的發達，也使得運用技術分析進行預測方便了許多。一般而言，技術面分析大概可分成「線型類」與「指標類」兩種類型，以下分別簡單介紹之：

(一) 線型類技術分析

此種類型的技術分析是以股價變動所產生的趨勢線型，來當作研判買賣的基準。因為此種類型所產生的技術趨勢線型，每個人的看法不一定相同，所以此分析方法較為主觀。此類型技術分析包括：K 線理論、道氏理論、波浪理論與移動平均線理論等。以下介紹 K 線理論、波浪理論與移動平均線理論，這三種較常用的線型分析。

1. K 線理論

K 線（Candlestick Chart）又稱陰陽線或紅黑線，K 線圖就是將股票每日、每週、每月的開盤價、收盤價、最高價、最低價等漲跌變化狀況，用粗線及細線的方式記錄下來，目前已成為股票技術分析中的一種重要方法。從當日、週或月 K 線中，投資人可以看出當日、週或月買賣雙方勢力的消長，且將連續一段期間的 K 線連結在一起，可以研判未來股市的走勢。

通常 K 線是由開盤價、收盤價、最高價、最低價 4 種價格所組成，包含「紅 K 線」、「黑 K 線」與「十字線」。以下將介紹之：

(1) 紅 K 線

因為收盤價高於開盤價故實體線以紅色表示，表示股價上漲（見圖 6-1）。最高價與收盤價之間的部分稱為上影線，開盤價與收盤價之間用粗線表示，稱為紅實體線，開盤價與最低價之間就稱為下影線。

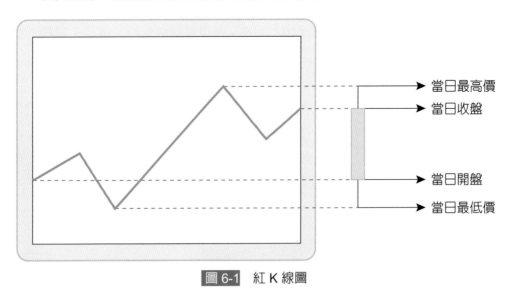

圖 6-1　紅 K 線圖

(2) 黑 K 線

因為收盤價低於開盤價故實體線以黑色表示，表示股價下跌（見圖 6-2）。最高價與開盤價之間的部分稱為上影線，開盤價與收盤價之間用粗線表示，稱為黑實體線，收盤價與最低價之間就稱為下影線。

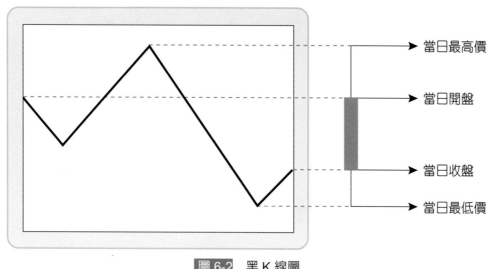

圖 6-2　黑 K 線圖

(3) 十字線

當開盤價與收盤價相同時，則實體線消失，若有上影線與下影線就成為十字型。若有下影線遠長於下影線的，稱為 T 字型；若有上影線遠長於下影線，稱為倒 T 字型；若幾乎沒有上下影線，稱為一字線。（見圖 6-3）。

圖 6-3　十字線圖

2. 波浪理論

波浪理論（The Wave Principle）是艾略特（Elliott）在 1930 年代所提出的股市波動原理。波浪理論是依據歷史資料所發展出來的一套股市波動原理，將市場上的價格趨勢型態，歸納出幾種不斷反覆出現的型態。

波浪理論認為一個完整的股市的價格波動型態，將分成 8 個波浪，其中前 5 個波浪屬

於上漲區段（1、3、5 為主升波，2、4 為修正波），後 3 個波浪屬於下跌區段（a、c 為主下波，b 為反彈波）。其波浪理論示意圖，如圖 6-4。

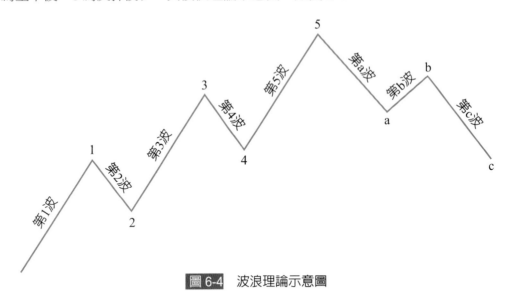

圖 6-4 波浪理論示意圖

3. 移動平均線理論

移動平均線（Moving Averages Curve；MA）是一種趨勢判別指標，將一段期間內的股票收盤價格相加，計算其平均數，然後連接成一條線，用以觀察股價趨勢線。一般而言，投資人可以透過移動平均線判斷市場股價的走勢到底是漲勢、跌勢、還是盤整。移動平均線依期間長短可分為 5 日線（週線）、10 日線、20 日線（月線）、60 日線（季線）與 240 日線（年線），它們分別代表某段期間投資人的股票平均持有成本。通常在實務上以 5 日線（週線）或 20 日線（月線）為短期平均線；60 日線（季線）為中期平均線；240 日線（年線）為長期平均線。

投資人利用移動平均線與每日收盤價之間的關係變化，分析某一期間多空的形勢，以研判股價的可能變化，讓投資人判斷壓力與支撐。通常當股價在平均線之上由高點回跌並迫近平均線時，通常都會有一定支撐；同樣地，當股價在平均線之下由低點回升，並接近平均線，通常都會遇到壓力。且當時的股價若一直處在長期移動平均線之上，屬多頭市場；反之，則為空頭市場。

此外，美國投資專家葛蘭碧提出葛蘭碧八大法則（Joseph Granville rules）乃運用股價與 200 日移動平均線之間的關係，做為投資人判斷買點與賣點的依據。其買賣時機說明如下：（見圖 6-5）。

(1)　買進時機

　　A.　平均線從下降逐漸走平（盤整），股價從平均線的下方向上突破，為買進訊號。

　　B.　股價走在平均線之上，股價突然下跌，未破均線，然後又繼續上漲，此時可以進行加碼。

　　C.　移動平均線仍在上升，股價跌破平均線，但隨即又回到平均線之上，為買進訊號。

　　D.　股價低於平均線，平均線為下降趨勢，股價突然連續暴跌，為買進時機。

(2)　賣出時機

　　E.　股價在平均線之上，股價連續急漲，遠離平均線，而平均線未明顯上升，可能會再跌回平均線，為賣出時機。

　　F.　平均線從上升逐漸走平，股價從平均線的上方往下跌破平均線，為賣出訊號。

　　G.　股價走在平均線之下，股價上升但未達均線又回跌，為繼續下跌之訊號。

　　H.　股價雖然上升突破平均線，但均線仍在下降，不久又回到平均線之下，為賣出訊號。

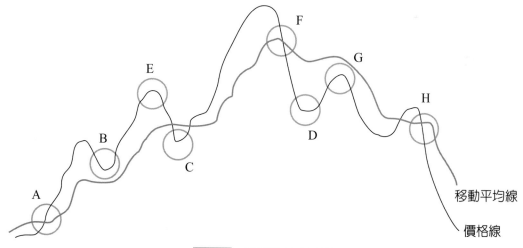

圖 6-5　葛蘭碧八大法則

(二) 指標類技術分析

　　此種類型的技術分析是以股票的價格與成交量所產生的數值，來當作研判買賣的基準。此類型的技術指標，通常有明確的數值當研判基準，但在運用於「個股」時，這些指標常常出現高檔與低檔鈍化的情形，也就是說指標已經顯示應該可以買或賣了，但其實還不到買或賣的時刻，所以投資人若依原標準進行買賣，容易產生誤判而造成損失。所以此指標類分析，較適合於「大盤指數」的趨勢研判。

此類型技術分析，包括：價與量兩種主要類型以及其他類型等。以下介紹幾種投資人在進行股票投資時，常用來評估買賣時點的技術類指標：

1. KD 值—隨機指標

KD 值—隨機指標可分為兩項指標，其一為 K 值，另一為 D 值。K 值變動的速度較快，可視為短期線，而 D 值則較慢，可視為長期線；且 K 值與 D 值皆介於 0 至 100 之間。通常乃利用 K 值與 D 值的交叉情形與數值變化，來研判買賣時機。

其使用 KD 值的研判標準如下：

(1) KD 值高於 85 以上，代表超買區，表示賣出訊號；KD 值低於 15 以下，代表超賣區，表示買進訊號。

(2) 若 K 值大於 D 值，K 線由下往上突破 D 線時（亦稱黃金交叉），表示買進訊號。

(3) 若 D 值大於 K 值，K 線由上往下突破 D 線時（亦稱死亡交叉），表示賣出訊號。

2. RSI 相對強弱指標

相對強弱指標（Relative Strength Index；RSI）為衡量買賣雙方的相對強弱度，假設收盤價是買賣雙方力道的最終表現，則上漲視為買方力道，下跌視為賣方力道。而 RSI 式中 RS 即為買方力道與賣方力道的比值，亦即雙方相對強度的概念。RSI 則是把相對強度的數值定義在 0 ～ 100 之間，如此更能方便參考使用。

其使用 RSI 值的研判標準如下：

(1) RSI 大於 85 以上為超買，表示賣出訊號；RSI 小於 15 以下為超賣，表示買進訊號。此外，利用此指標來研判「個股」時，可能會出現高、低檔有鈍化情形。

(2) 股價創新高，同時 RSI 也創新高時，表示後市仍強；若 RSI 未創新高，表示賣出訊號。

(3) 股價創新低，同時 RSI 也創新低時，表示後市仍弱；若 RSI 未創新低，表示買進訊號。

3. 乖離率

乖離率（Bias）主要在衡量目前股價偏離移動平均線的程度，任何遠離移動平均線的股價，最終均可能會修正趨近於移動平均線，偏離程度越遠，修正的機率及幅度就越大。此偏離有兩個方向，當收盤價在移動平均線之上則為「正乖離」，股價可能有向下修正的機會；反之，當收盤價小於移動平均線時稱為「負乖離」，股價很可能上升，以接近移動平均線。

其使用乖離率 BIAS 的研判標準如下：

(1) 若 5 日的乖離率在 -3% 以下，則為買進訊號；在＋3.5% 以上，則為賣出訊號。

(2) 若 10 日的乖離率在 -4.5% 以下，則為買進訊號；在＋5% 以上，則為賣出訊號。

(3) 若 20 日的乖離率在 -7% 以下，則為買進訊號；在＋8% 以上，則為賣出訊號。

(4) 若 60 日的乖離率在 -11% 以下，則為買進訊號；在＋14% 以上，則為賣出訊號。

三、選股策略分析

基本上，若投資人欲進行較中長期的股票投資，通常會利用基本面分析去選股，再搭配技術面分析去找適宜的買賣時點，兩者相輔相成，才能創造良好的投資績效。當然的，選擇一檔值得中長期投資的好股票，才是整個投資最重要的重點。以下本單元將介紹幾種利用基本面分析的方式，進行選股策略的說明。

(一) 低本益比

通常本益比愈低，股價愈值得投資。一般而言，股票本益比在 15 倍以下，較值得投資人的。當然的，每個產業的本益比都不同，所以若要比較兩家公司的本益比高低，須在同一產業相互比較後，比較客觀。此外，每家公司現在的本益比是高或低，亦可跟本身以往的歷史記錄相比較，更可清楚的知道現在所處的股價，是否有被高估或低估的情形發生。例如：某檔股票現在的本益比為 12，以往最高為 20，最低為 10；那大概可知此檔股票，現在的股價比較處於低估的情形。

(二) 低股價淨值比

通常股價淨值比愈低，股價與淨值愈接近，表示股價比較合理，沒有被高估的情形，但股票是否具投資的價值？這個問題的答案卻沒有一定論。若股價低於淨值，則股價淨值比小於 1，看似公司股票價格被低估，但其實是有可能投資人對這家公司的前景並無期待，才會產生股價低於淨值的情形，所以通常此種股票比較沒有投資的價值。

反觀，股價高於淨值，則股價淨值比大於 1，看似公司股票價格被高估，但實務上投資人買進股票就是對公司的前景有所期待，所以願意給予比較高的股價當作肯定。一般而言，股價淨值比介於 1～3 之間，股價較兼具合理與未來性；通常太高的股價淨值比，投資人要評估是否該檔股票已被嚴重高估？因此投資人應選擇股價淨值比高於 1 且相對較低的股票，才比較具有投資價值。

(三) 高股利殖利率 [1]

通常大部分的投資人買進股票，大都想很快的賺取資本利得後就出場，比較容易忽略投資股票時，從股利所帶來的報酬率。因為當一家公司不管發放股票股利或現金股利的同時，股價都必須被經過除權或除息的調整，所以既使發再多的股利，如果最後股價沒有辦法填權或填息，投資人仍會有投資損失，且領取股利還有被課稅的缺點。

1　上述「本益比」、「股價淨值比」、「股利殖利率」三種股票的分析指標，可於臺灣證交所的網站內，搜尋到所有上市股票的這三種指標的狀況。網址為：http://www.twse.com.tw/zh/page/trading/exchange/BWIBBU_d.html。

因此投資人如果想短期進出股票，高股利殖利率的股票，可能對短線投資人不具吸引力。但如果投資人想長期持有股票，那選擇一檔可發放穩定且高股利殖利率的股票，就很重要了。因為高股利殖利率的股票，可為投資人帶來較優的股利收入，既使投資該檔股票被套牢，仍可經由長期穩定的配股配息，讓投資不至於有太大的損失、甚至有機會翻本。因此投資人愈長期持有股票，高股利殖利率的股票，是一項進可攻退可守的優質標的物。

（四）低負債比率

通常一家公司財務結構穩定時，該公司的負債比率應該不會太高，因為「通常會賺錢的公司，比較少借錢」。一般而言，一家公司的負債比率不宜超過 50%，該比率愈低愈好，顯示財務結構相當良好。通常負債比率是一種靜態指標，所以要觀察某公司連續 5 年以上的負債比率，或許才能較瞭解該公司的財務結構優劣。

雖然負債比率愈低的公司，財務狀況愈好，不過有些公司負債比率雖高，但不見得財務狀況有問題。因為負債的類型，大致可分成兩種：其一須支付利息的銀行借款、應付款期票券、應付公司債等；另一為營運產生不必支付利息的款項，如：應付帳款[2]、預收款項[3] 等。若某公司負債比率高，大部分是由不必支付利息的款項所構成，那麼這種高負債比率就不用太擔心。

(五) 高純益率

通常一家公司的純益率（營業淨利率）愈高，表示公司的產品或服務愈好，盈餘品質就愈好，經營能力愈強。因此投資人可以選擇一家長期以來，公司都具有高水準純益率的公司進行投資，公司的股價應該都會有不錯的表現。

(六) 高股東權益報酬率

通常投資一檔股票就是這家的股東，若想較長期持有該公司，就必須選擇可以用股東自有資本賺錢能力愈高的股票，所以就是 ROE 愈高的公司。當然一家公司要有高 ROE 的數據，就是淨利要高，還有股東權益要小。但股東權益要小，有一種可能是公司股本真的很小，這種公司較沒問題；另一種可能是公司股本不小，但資金都是借來的，所以投資人須注意一下公司的負債比率是否有過高的情形，才不至於誤判。

但基本上，投資人可以選擇一家過去 5 年至 10 年，該公司的平均 ROE 都有大於 10% 的公司進行投資，在長期持有的情形下，投資人應會有不錯的投資報酬率。

---

2 應付帳款是指應付給廠商的款項，因為時間未到，所以暫時不需支付現金。
3 預收款項是指公司跟往來客戶，預先收取款項（訂金），因商品尚未交貨給客戶，所以還不能認列為銷貨收入。

(七) 高訊息量

通常投資一檔股票不管是作多或作空，最重要的就是股價要有波動性，因為這樣才有機會賺取價差利益。通常股價會較大幅度的波動，大都是來自於市場上，有該公司的訊息產生，因此選擇一檔訊息量較多的股票，表示該股票受到投資人關注的機會較高，自然股價就比較會波動，這樣對於股票投資人而言，就有機會賺取價差。

通常要觀察某檔股票的訊息量多或寡，可利用各股票相關網站內的個股新聞（如：Yahoo 的股市網站），以進行判別。當然個股的新聞題材多寡，仍會受到公司規模的影響。因此要利用此原則來進行分析，必須考慮公司規模這個變數的干擾。

(八) 高法人持股率

通常法人對資訊蒐集與解讀能力都優於散戶，所以法人在短期間內，持股率增加的個股，大都是具有題材性、高獲利或高價值的個股；且法人持股比例較高的個股，也表示股票的籌碼較集中。因此法人持續買進，表示看好該個股未來的成長性，所以選擇高法人持股率的個股，通常獲利的機會較大。

理財 NEWS

巴菲特選股心法曝光　5 招輕鬆判斷公司好壞

巴菲特是波克夏·海瑟威公司的靈魂人物，堪稱有史最會投資的「股神」。巴菲特投資眼光獨特，尤其擅長「價值投資法」，注重一家公司的長期發展潛力，可以作為我們學習的參考。巴菲特選股的邏輯廣為大眾青睞，以下整理巴菲特的投資邏輯重點如下：

第一，尋找好的公司，穩定獲利的公司，其經營者具良好的誠信，在股價合理的時候買進並長期持有。

第二，不管大盤漲跌只在乎公司的體質，用合理的價格買進，套用現在的就是股價淨值比 P/B Ratio =(股價 / 淨值)*100%，淨值比通常要小於 2 倍。

第三，尋找長期穩定成長的公司，例如，每股盈餘（EPS）連續 10 年成長或者 10 年未出現負值，也就是不可投資虧損或獲利不穩定的公司。

第四，公司的股東權益報酬率（ROE）>15%， 公司能穩定為股東創造收益，而且來自於本業，不靠業外收入來美化帳面。

第五，股票的實際報酬率高於長期美國債券殖利率，而且公司的自由現金流為正數。

資料來源：節錄自奇摩股市 2021/04/16

解說

全球知名股神巴菲特，擅長「價值投資法」，乃注重公司的長期發展潛力。他有 5 個投資邏輯，值得大家參考，分別針對經營者誠信、股價淨值比、EPS 穩定成長、股東權益報酬率與公司的自由現金流等面向進行觀察。

理財小常識

巴菲特指標（Buffett Indicator）

全球知名的投資股神－巴菲特（Buffett），在衡量股市是否合理，認為使用「巴菲特指標」可能是一個很好的方式。該指標可以用來評斷市場的價值是否被投資人高估或是低估，也可拿來判斷股市的行情是否過熱。其指標如下說明：

$$巴菲特指標 = \frac{股票市值}{GDP}$$

理財 NEWS

存股，選每年有配股、配息最好！30 年投資老手：
老牌集團績優股，「低價股」及「業績轉機股」都可留意

所謂的「長期投資」，是以長線保護短線為原則。先前曾經提到的買賣股票直接獲利方法中的「買低賣高」、「參加配股配息」均屬於長期投資的核心持股所使用的方法，這裡所謂的長期投資，並非一般存股方式只買不賣，仍會配合「適當持股現金比」增減持股來回操作創造報酬，稱之為「理財性投資標的」，屬於「核心持股」。至於另一類「波段操作」的獲利原則，則是偏重於「買高賣更高」獲利方法的衛星持股，稱之為「投資性投資標的」。

至於這兩者的比重，實務操作建立持股部位上，是以「理財性投資標的」（核心持股）佔七成，「投資性投資標的」（衛星持股）則是三成左右，積極者或是資深投資者當然也可以六四比或五五比，每個人不盡相同。接下來，我們分別來說明一下「理財性投資標的（核心持股）」及「投資性投資標的（衛星持股）」，兩者各有什麼不同的選股原則、作法和操作策略。

一、長期投資（理財性投資）選股重點與原則

理財性投資標的（核心持股）選股重點主要有下列四項：

重點一、長線保護短線為原則；

重點二、可長抱三年之心理準備；

重點三、正派、信譽良好、社會風評佳的公司；

重點四、自己比較熟悉的公司。

選股原則部分同樣可以分為四項：

- **原則一、以基本面為主要考量，有下列三個公司獲利指標可做為參考**

　　首先是每季稅後每股盈餘，即每季 EPS 是否成長、穩定，或是轉虧為盈。EPS，又稱為每股收益或每股盈利，也就是每 1 股賺多少錢？可想而知和公司的股價會有一定的關連性，也是公司現有股東與潛在投資人衡量公司獲利的關鍵要素之一。第二是每季營益率，也就是本業獲利能力，是否成長、穩定，或是由負轉正？營益率高，代表的是企業獲利能力強；相對營益率越低，表示企業獲利能力較低；若為負值，就代表企業本業營運處於虧損狀態。第三是股東權益報酬率（ROE）是否為正數且成長或穩定？股東權益報酬率是衡量相對於股東權益的投資回報之指標，反映公司利用資產淨值產生純利的能力。

- **原則二、搭配簡易的技術面籌碼面變化做為輔助**

　　搭配簡易的技術面與籌碼面變化輔助。技術面是指月 KD 指標從 80 以上剛開始交叉往下。至於籌碼面的價量變化，以日成交量超過股本十分之一為基準。舉例來說：一家股本 30 億元的公司，股票面額 10 元，以每張 1,000 股來計，總張數相當於有 30 萬張，若是某日成交量超過 3 萬張，就是超過股本的十分之一，表示籌碼有大幅流動現象。如果再配合股價在高基期位置，則可能出現主力出貨情形，不可不慎；另外，還有融資餘額近期大幅增加、外資法人陸續減碼且減碼幅度大等，有諸如此類現象的個股，可能有些人是敬而遠之。

- **原則三、同類股、同性質股或同價位股做比較**

　　以金融股中的「玉山金」為例，若想布局此股，有些人會先找同類金融股中，股價波動幅度及獲利能力較為接近的「兆豐金」及「第一金」做比較，分析三家的獲利情況、歷年來的配股配息、分析各家的成長引擎是何項業務、未來成長動能是否能持續…再看價位進行最後的評估及決定。

- **原則四、每年皆有配股、配息最好**

　　如果有一家公司能夠每年皆有股利分配給股東，代表這家公司股利政策相當穩定，具有一定的獲利能力和穩健的經營管理，相對產業的競爭力應該也不差。透過每年的配股配息，可達到降低成本效果，尤其是每年皆有配股配息，可望逐年降低持股成本，對我們長期投資而言相對有利。如果這家公司具備穩定獲利能力，那股價填權息機率更大幅增加。這類股屬於以長期投資為主，理財性投資標的中相當理想的選股標的。

- **長期投資，選股標的：老牌績優集團股**

　　經濟景氣會有好壞循環，每波循環時間並非固定多久一次；同樣的，各類不同產業也會有景氣循環之現象。如果一家公司經過「多次」產業景氣循環，還能存在於市場，表示在同業中具有一定產業定位，本身經營管理能力亦不差，若再加上具備創新能力及創造穩健獲利，就算再次遭遇景氣循環低潮期，相對關廠倒閉之風險也會較同業低。如果我們能利用其產業景氣不佳，獲利衰退甚至發生虧損時，反映在股價上，處於相對的「低檔盤底期」，進而利用其低檔盤底期間分批慢慢布局，勝算並不低，儘管我們無法預知景氣何時會開始翻揚向上。

　　不過，我們是以自有資金和長期投資的角度切入，一旦該產業景氣或公司本身獲利開始出現回升，未來的股價派升將具相當動能，若這時才選擇開始布局，成本也會提高些。以專家長年的觀察，從「低檔盤底期」慢慢分批承接到獲利了結，可創造出不錯的投資報酬率。不過，布局此類型股票必須耐心以待。另外，還有台塑集團、東元集團、光寶集團、統一集團，永豐餘集團、華新集團、台玻集團、宏碁集團、廣達集團等集團股中的低價或轉機股，是可以多加留意的標的。切記，仍要堅守不熟悉的不碰原則，要以自己熟悉的公司為投資組合標的。專家會以集團股中的「低價股」及「業績轉機股」為留意標的。

資料來源：節錄自商業周刊 2023/03/13

解說

　　投資人要從股票市場獲利必須要有專業能力與耐心。股票老手提供長期投資的四個選股重點與原則。另外，提醒老牌集團績優股、低價股以及業績轉機股也可多多留意。

6-2　基金投資分析

　　在進行基金投資時，除了要選擇一間服務品質、以及公司誠信度優良的基金公司外，最重要的就是要選擇一檔操作績效優秀的基金。通常衡量基金的績效好壞，大多數的投資人都只有考慮報酬率這個因素，其實這是不夠的，基金的風險也是很重要的。因此選擇一檔優異的基金，除了要同時考慮報酬與風險的「絕對績效」表現外，更要去考慮其「相對績效」表現。以下本節將介紹幾種評估基金的「績效指標」；並進一步介紹實務界，由知名的基金評鑑公司，所提供的簡明「實務評鑑分析」。此節最後，再介紹一些投資基金時，所應具備的投資觀念，以供讀者參考。

一、績效指標分析

　　一般而言，衡量基金的績效指標，可分為「絕對績效指標」與「相對績效指標」兩種，以下分別介紹之：

(一) 絕對績效指標

　　通常衡量基金的絕對績效指標，是以基金的報酬率與風險（包含：總風險與系統風險）的介紹為主。

1. 報酬率

通常報酬率為最常被用來觀察基金投資績效的指標，主要衡量基金的獲利能力。通常基金的報酬率，會拿來跟「大盤指數」或「同類型基金」的報酬相比較，若優於這兩

者的報酬率，代表基金操作績效良好，基金經理人對於選股有其獨到之處；反之，則較差。

通常衡量開放型基金的報酬率，是以淨值為計算標準，但封閉型基金，是以市價為計算標準；若基金有配息制度，須將股息加入計算。一般而言，基金公司會同時顯示出基金短期（1年以下）、中期（1年～3年）、長期（3年以上）的績效表現，供投資人參考。投資人可依個人的投資策略，自由選擇。

2. **總風險（標準差）**

通常衡量基金的總風險，是用統計學的「標準差」（σ）來表示。在統計學的觀念，標準差表示分散程度，主要衡量報酬率的波動程度。通常標準差愈大，表示基金的報酬率波動性愈大，風險性愈大。所以當報酬率每增加一單位時，當然希望所增加的風險性愈少愈好。故當兩檔基金報酬率相同時，應選擇標準差愈小者，亦即風險性愈小。

3. **系統風險（β 值）**

因為基金是投資組合概念，所以投資組合的總風險，其實已經將非系統風險給分散掉了，剩下的只剩系統風險，因此衡量基金的風險，亦可僅用系統風險來處理之。

通常衡量基金的系統風險，是用統計學的貝它係數（Beta Coefficient；β）來表示。若從統計學的觀點來看，β 係數其實是一個經由線性迴歸模型實證所得到的迴歸係數，其可說明個別資產（或投資組合）報酬率與市場報酬率的線性關係。此處用以衡量「基金報酬率」與「市場報酬率」的連動關係；亦可解釋為，當市場報酬率變動一單位時，基金報酬率的反應靈敏程度。

通常每檔基金的 β 值可能大於、等於或小於 1，也可能為負值。若 β 值等於 1 時，表示基金的漲幅與大盤指數（市場報酬率）相同。若 β 值等 1.5 時，表示大盤指數（市場報酬率）上漲 1% 時，基金報酬率會上漲 1.5%；相對的當大盤指數（市場報酬率）下跌 1%，基金報酬率則下跌 1.5%。若 β 值等於 -1 時，表示大盤指數（市場報酬率）上漲 1%，基金報酬率則下跌 1%，與大盤指數（市場報酬率）連動成反向。

此外，國內型基金的 β 值的計算，是個別基金相對國內大盤指數；若是區域型基金或全球型基金的 β 值的計算，是個別基金相對所追縱國家的大盤指數之加權平均。

（二）相對績效指標

上述中報酬率與風險值，都是一個「絕對」值的觀念，若只用它來衡量基金績效，又難免太過簡略。所以應將報酬與風險同時考量採取「相對」的概念，這樣衡量出來的投資績效就比較客觀。以下將介紹幾種常見衡量基金績效的相對指標：

1. **報酬風險比率**

報酬風險比率（Return to Risk Ratio；R/R Ratio）是由基金報酬率除以投資組合風險而得，其實該比率即是變異係數（CV）的倒數。該比率衡量基金每承擔一單位總風險可

以獲取多少報酬率，該比率愈高愈好，表示基金每承受一單位的風險可以獲取的報酬就愈高。基金的報酬風險比率其計算公式，如下式：

$$R / R = \frac{R_p}{\sigma_p} \qquad R_p：基金報酬率 \qquad \sigma_p：基金總風險$$

2. 夏普指數

夏普指數（Sharpe Index）（S_p）是 1990 年諾貝爾經濟學獎得主夏普（Sharpe）所提出的，該指數是指基金每多承受一單位的風險，可以獲取多少的風險溢酬。夏普指數愈高，表示基金投資組合每承受一單位的風險，可以獲取的風險溢酬就愈高。若夏普指數為正值（負值），表基金報酬率高於（低於）無風險報酬（定存利率）。基金的夏普指數其計算公式，如下式：

$$S_p = \frac{R_p - R_f}{\sigma_p} \qquad R_p：基金報酬率 \qquad R_f：無風險報酬率 \qquad \sigma_p：基金總風險$$

3. 崔納指數

崔納指數（Treynor Index）（T_p）是 1966 年由崔納（Treynor）所提出，其衡量方式與夏普指數相似，唯一不同乃崔納指數是利用 β 係數（系統風險），來替代夏普指數的標準差（總風險）。崔納指數是指基金每多承受一單位的系統風險，可以獲取多少的風險溢酬。崔納指數愈高，表示基金每承受一單位的系統風險，可以獲取的風險溢酬就愈高。基金的崔納指數其計算公式，如下式：

$$T_p = \frac{R_p - R_f}{\beta_p} \qquad R_p：基金報酬率 \qquad R_f：無風險報酬率 \qquad \beta_p：基金系統風險$$

二、實務評鑑分析

此節上述所介紹的絕對性與相對性績效指標，在實務上，是廣泛被使用的。至於這些指標的使用，在實務上，有比較簡明的相對應指標可供直接參考。國際上有幾家知名的基金評等機構，如：「晨星」（Morningstar）、「理柏」（Lipper）、標準普爾（Standard & Poor's；S&P）等機構，都有對基金的各項指標進行評鑑，而且提供簡明的評鑑指標，供投資人參考。以下將針對全球知名基金評等機構——「晨星」對基金評鑑，所提供的星等評鑑目標、星等評級以及如何使用星等評級等項目進行說明。

(一) 星等評鑑目標

晨星基金評鑑公司為了提供投資人，一個全方位的衡量基金績效指標。於是設置了「晨星星等評級」（Morningstar Rating），該評鑑乃根據基金的「報酬」、「風險」以及「費用」這三個面向進行評鑑，其評級指標的高低，用以呈現被評鑑的基金與同類組基金，其風險調整後的相對績效表現。透過分組評級的方法，讓投資人更容易清楚的知道，被評鑑的基金在同類組基金中，其基金經理人和管理團隊的相對優劣表現如何。

(二) 星等的評級

晨星公司為了提供給投資人簡明的評鑑指標，其將基金的績效指標，予以星等化，星等共分為 5 級。星等評級乃使用客觀的量化評級方法，以該公司所計算的風險調整後收益（MRAR）當作計分的依據，其計算程式是根據預期效用理論所制定，不僅全面考量基金過往每月報酬率的變化，並且特別注重基金，在下跌時的波動幅度。雖然計算程式較為複雜，但有助於降低市場多空變化對星等評級的影響。星等評級不僅可以表揚績效表現穩健的基金，也會呈現基金為承擔較高的風險所付出更多代價。

晨星的星等評級，乃將單一基金與相同組別基金進行比較。若評鑑出的 MRAR 愈高的基金，所獲得的星等評級也愈高。評級結果由最高 5 顆星到最低 1 顆星。通常同組別內，得分最高的前 10%，可獲得 5 顆星評級；之後 22.5%，可獲得 4 顆星評級；再之後 35%，可獲得 3 顆星評級；再之後 22.5%，可獲得 2 顆星評級；最後的 10%，則僅獲得 1 顆星評級。星等評級的分配比例係按常態分佈，獲得 1 顆星評級的基金數目等同 5 顆星評級的基金數目，有關晨星的基金星等評級分佈詳見圖 6-6 的說明。

此外，評等結果又分別計算 3 年、5 年和 10 年的星等評級，然後再以這三個不同年期的評級結果，加權計算出該基金的整體綜合評級。所以星級評等結果將顯示「整體」、「3 年」、「5 年」和「10 年」的星等評級。投資人可根據各期間的評級結果，更清楚地知道基金的績效表現。有關「晨星」的基金績效評分星等資料，可於國內的「證券投資信託暨顧問商業同業公會」的網站搜尋到結果。（網址：http://www.sitca.org.tw/）

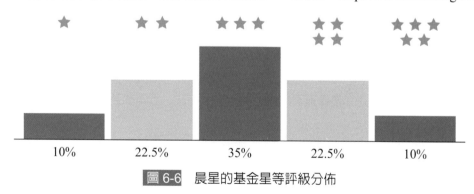

圖 6-6　晨星的基金星等評級分佈

(三) 如何使用星等評級

　　根據晨星基金評鑑公司對星等評級的結果說明，該評級結果僅基於基金的風險調整後的績效給予星等評級，並無加入質化研究分析的因素。因此星等評級目的在於提供投資人一個簡單明瞭的基金篩選工具，投資人不應將其視作買賣基金的推薦建議。且晨星公司對投資人使用星等評級時，提出須注意以下幾個事項：

1. 當基金經理人變更時，星等評級不會隨之改變。因此，評級結果可能只反應了前任基金經理人的績效。

2. 星等評級是將投資標的相近的基金分組比較。投資人要特別注意，若某基金組別的平均報酬率為負數，則該組別內獲得 5 顆星評級的基金，亦可能出現負報酬率。

3. 星等評級調整時，投資人不應以評級下降，視為賣出基金的訊號。星等評級的改變，並不一定表示該基金表現有失水準，可能只是因為同組別內其他基金的表現相對更為出色。

理財 NEWS

買基金要先「超級比一比」　別錯把毒藥當蜜糖

　　買東西許多人會勤勞比價格、比規格，買基金「會比較」也很重要。除了看績效，風險報酬等級、夏普值、標準差、星級評比等五大指標，能幫助你挑出優等生。要注意的是，同類基金做比較才有意義，例如單一國家基金不能與區域型基金相比，股票型不能與債券型相比。

- **指標一、風險報酬等級**

　　「理財要先理心」，如果不想每天心情隨著市場波動起伏，必須選擇適合自己風險承受度的產品，比選市場更重要。每檔基金都有標註風險報酬等級，目前分為五個等級，風險報酬最高的是 RR5、最低的是 RR1。單一國家股票、產業型基金，大多落在 RR5、RR4，代表報酬風險波動較大；債券型基金大多落在 RR1、RR2，報酬風險波動小。

- **指標二、過去績效表現**

　　雖然績效不代表未來的報酬，但過往的表現仍極具參考價值，再加上基金是中長期的投資工具，因此判斷一檔基金優異與否，應該觀察其一、三、五年或甚至更久之前的績效，而非只看近日的表現。

　　最常使用的篩選方式為「4433 法則」，即第一個「4」先找出過去一年績效在前四分之一的基金，第二個「4」則選出二、三、五年期績效排名在前四分之一的基金，再接著檢視這些基金最近 3 個月、6 個月的表現，刪掉排名不在前三分之一的基金，以這種方式選出來的基金即是適合中長期投資，或者可用定期定額方式投資的基金。

- 指標三、標準差

標準差主要是用來衡量一檔基金在一段期間的波動表現，數值越大，表示波動度越大，較適合追求高風險投資人，若追求安穩的人，應選擇標準差小的基金。一般而言，股票型基金的標準差，比債券型來得高。

如果想買臺股基金，使用 4433 法則挑出績效不錯的三支後，該選哪一檔呢？這時就可以用標準差輔助篩選。投資報酬率差不多的狀況下，標準差較低的基金，表示績效相對穩健，投資人需要承擔的震盪風險較小。

- 指標四、夏普值

夏普值指的是風險調整過後，基金的報酬率表現；可以看出經理人在相同風險下，創造績效的能力。夏普值較高的基金，可獲得較穩健的報酬率。用以確保基金績效不至於大起大落，或經理人為了追求高報酬，而將投資部位暴露在極高的風險下。

- 指標五、機構評鑑

如果投資人不知道如何進行以上績效與風險的評估，也可透過第三方專業評鑑機構，如投信投顧公會、標準普爾、晨星，來了解該資產管理公司整體表現。目前最被廣泛使用的是晨星評級，最好的五顆星，最差的一個星，若成立時間低於三年的就沒有評級。晨星評級是根據基金風險調整後報酬率來評估（類似夏普值），投資人可優先選擇三顆星以上的基金，當然若五顆星，表示基金績效特優。

根據以上五個指標比較、篩選，就能找到同類基金中相對優異的產品，買入後也要定期追蹤汰弱留強。切記，買東西都要貨比三家，買基金也要會比較，別聽信明牌，或追捧話題基金，當心別人的蜜糖變成自己的毒藥。

資料來源：節錄自鉅亨網 2020/05/08

解說

基金是現代人投資理財規劃裡的重要標的商品之一，要選擇一檔優質且適合自己的基金，可從風險報酬等級、績效、標準差、夏普值與星級評比等五大指標來進行觀察，且這些指標須同類基金進行比較才有意義。

三、基金的投資觀念

基金幾乎已是現代人最常使用的投資工具之一，投資人在進行投資時，須注意哪些事項，本單元將整理幾項要點說明之：

(一) 避免投資週轉率過高、或頻繁更換經理人的基金

通常一檔基金的週轉率太高，表示經理人過於頻繁轉換投資標的，這樣投資所獲得的利益較容易被交易的手續費所侵蝕，對基金淨值的累積具負面的影響。此外，每檔基

金的經理人，都有其特有的思考模式、與短中長期的布局策略以及操作習性；若投信太過於頻繁更換某檔基金的經理人，這樣會影響該基金的績效穩定度。

(二) 投資低淨值基金，並不一定具獲利機會

通常某檔股票，因某些原因，價格突然暴跌或低於合理價格過多，此時大量的資金進場買該檔股票，這檔股票價格可能因而彈升，投資人可賺取利益。但此觀點並不適合於基金的操作，若某檔基金淨值暴跌或淨值價格很低，此時大量資金投入該檔基金，是將資金交給經理人去操作；若基金淨值低落是經理人操作失當所引起，再將大量資金交給經理人操作，操作績效並不會因此好轉，所以可能無濟於事。除非那檔基金所投資的市場，短期遇到非理性情形所引起的暴跌，那此時投資偏離合理價格的基金，才具獲利機會。所以應該去購買因經理人優異的操作，所產生的高淨值基金，才有繼續獲利的契機。

(三) 採定期定額投資方式，應停利不停損

通常一個國家的經濟狀況，都會歷經谷底、擴張、高峰和收縮的景氣循環現象。所以利用定期定額的方式投資基金時，當股市剛好落到景氣衰退階段，基金此時的報酬可能就會下滑，甚至為負值，投資人在這段期間，不應停止扣款，因為這樣會喪失在股市低點時，大量買入低成本基金的機會；且不應停損贖回，但可加碼買進。待景氣回溫，股市上漲後，基金報酬為正值或已到達到目標報酬，可趁機贖回停利。

(四) 採定期定額投資方式，應選擇波動大的基金或市場

通常採取定期定額方式，比較適合投資波動幅度較大的基金、或者選擇基金所要投資的市場波動性較大。因為基金的淨值波動大，表示投資人比較有機會買入較低成本的基金，雖然負報酬的機會較大；但將來基金淨值，也比較有可能大幅彈升，其獲利的空間也會較大些。

理財小常識

定期定額投資，該選擇波動大的基金嗎？

　　一般常聽到要選擇波動較大的基金來進行定期額投資較合適，確實如此嗎？以下本單元利用兩檔報酬率相當，但波動性不一樣的基金，承作定期定額一段時期後，其績效表現的差異來說明之。

　　本單元於 2021 年 6 月，於「投信投顧公會」網站所公布的「晨星」（Morning Star）基金績效 5 月份的資料中，篩選出兩檔，三年期報酬率相當，但標準差（波動性）具有差異的基金進行比較。如下表可以得知：波動較大（小）的基金，分別為「街口中小」、「日盛首選」，這兩基金績效的三年期報酬率大約相當都在 43% 左右，但兩者的三年期波動性就較有差異，分別為 27.93% 與 19.88%。

波動性	基金名	三年總報酬率	三年年化標準差
波動大的基金	街口中小	43.22%	27.93%
波動小的基金	日盛首選	43.62%	19.88%

資料來源：晨星基金績效 (2021/05)

　　再來將這兩檔基金，往前三年（2018/05）開始承作定期定額，並每半年檢測一次績效報酬，共檢測 6 次。由下表得知：波動性較大的「街口中小」，其報酬率介於 -14.62% ～ 47.93% 之間；波動性較小的「日盛首選」，其報酬率介於 -10.02% ～ 29.58% 之間。顯然波動性較大的基金其報酬率的變化幅度也較波動性較小的基金來得大。

　　若投資人選擇波動性較大的「街口中小」基金進行定期定額，或許在不同時點贖回的績效與波動性較小的「日盛首選」優劣互見。但若以整體投資效益來看，投資波動性較大的基金相對波動性較小的基金，可能會出現較大的負報酬，但也可能出現較大的正報酬，所以投資人仍應選擇波動性較大的基金，並於合適的時點贖回，才是定期定額的投資要訣。

時期	2018/11	2019/05	2019/11	2020/05	2020/11	2021/05
定期定額期間	半年	1 年	1 年半	2 年	2 年半	3 年
街口中小報酬率	-14.62%	-18.70%	8.13%	9.25%	39.01%	47.93%
日盛首選報酬率	-10.02%	-2.61%	16.22%	19.49%	32.88%	29.58%

(五) 投資獲獎基金，並無法長期保證績效

通常投資人在投資基金時，以往長期績效良好、或曾經獲獎的基金，比較容易成為投資人的投資標的。雖然那些明星基金的經理人，過去擁有較優異的操作能力，但並不代表它可一直持續下去；或者明星基金被更換了經理人，都有可能使績效不如以往出色。因此投資獲獎基金，並無法長期保證績效都可一直保持的很突出。但基本上，根據大部分的學術實證研究，優異的基金大都有「正向持續性」的現象，雖績效一直要保持名列前茅，確屬不易，但大部分以往表現優異的基金，績效不至於落後致中下水準。因此獲獎基金，仍是投資人當下要進行投資時，可優先考慮的投資標的。

 理財小常識

獲獎基金之後的表現，仍可繼續保持在名列前茅嗎？

本單元乃以國內舉辦最悠久的傑出基金「金鑽獎」為獲獎基金之代表。並以 1998 年（第1屆）至 2016 年（第 19 屆），在「一般類型」基金中曾經獲得五年期「金鑽獎」的基金為探討對象。

由於每年度獲獎基金皆以結算至前一年度的績效為主，因此本單元也將以前一年度為基準，分別探究得獎前後的績效表現。例如：2016 年得獎的五年期基金，乃是 2011 年至 2015 年，這五年表現最優的基金，那我們再探討它後五年，乃 2016 年至 2020 年的表現是否已如以往那般傑出呢？

由表得知：得獎基金之五年後的績效與同類型基金相比較，真的差異很大，有的還能名列前茅，有些居然是吊車尾。但整體平均而言：五年期的「金鑽獎」基金，在得獎後五年的績效排名位於同類型的 52.82%，大致居中。此結果或許可讓我們知道：以前表現很傑出的基金，不代表以後就能繼續保持那般優異的成績。

年份 （屆數）	五年期金鑽獎 得獎基金	得獎前一度之 後五年績效	五年後績 效排名	所有基金 檔數	排名 比例
1998 年 （第 1 屆）	【從缺】	NA	NA	NA	NA
1999 年 （第 2 屆）	建弘雙福	-30.37%	54	60	90.00%
2000 年 （第 3 屆）	保德信高成長	-11.96%	16	69	23.19%
2001 年 （第 4 屆）	保德信高成長	96.59%	19	79	24.05%

年份 （屆數）	五年期金鑽獎 得獎基金	得獎前一度之 後五年績效	五年後績 效排名	所有基金 檔數	排名 比例
2002 年 （第 5 屆）	群益馬拉松	78.64%	23	81	28.40%
2003 年 （第 6 屆）	新光台灣富貴	65.44%	75	83	90.36%
2004 年 （第 7 屆）	新光國家建設	-30.88%	76	78	97.44%
2005 年 （第 8 屆）	統一統信	17.40%	72	76	94.74%
2006 年 （第 9 屆）	日盛上選	7.67%	62	77	80.52%
2007 年 （第 10 屆）	日盛精選五虎	0.39%	20	76	26.32%
2008 年 （第 11 屆）	元大多福	-12.36%	47	79	59.49%
2009 年 （第 12 屆）	元大新主流	38.95%	77	82	93.90%
2010 年 （第 13 屆）	元大 2001	16.39%	50	77	64.94%
2011 年 （第 14 屆）	統一大滿貫	27.68%	24	77	31.17%
	永豐永豐	-5.89%	64	77	83.12%
2012 年 （第 15 屆）	統一大滿貫	45.93%	45	78	57.69%
	永豐永豐	15.93%	76	78	97.44%
2013 年 （第 16 屆）	【從缺】	NA	NA	NA	NA
2014 年 （第 17 屆）	安聯台灣大壩	89.18%	1	75	1.33%
	統一大滿貫	31.23%	28	75	37.33%
2015 年 （第 18 屆）	安聯台灣大壩	151.04%	2	72	2.78%
2016 年 （第 19 屆）	貝萊德寶利	131.67%	16	72	22.22%
	安聯台灣大壩	216.10%	2	72	2.78%
平均					52.82%

註：有些得獎基金名稱已更名，本表所呈現之基金名皆已更名後為代表。

資料來源：台北金融研究發展基金會與 TEJ 資料庫

(六) 投資 ETF 須注意摩擦成本，所帶來的無形損失

通常投資 ETF 時，基金經理人乃將資金，投資於欲追蹤的證券或相關的商品（如：期貨、選擇權）上，除了要考慮基金本身須被收取經理費與管理費等固定成本外，還必須考慮經理人須定期或頻繁更換持股證券或其他商品，所產生的交易成本或追蹤誤差；這些摩擦成本將會在淨值中扣除，會帶給投資人無形的損失。尤其，槓桿型、反向型與期貨型式的 ETF，因為須較頻繁的更換持有標的，所產生的摩擦成本會高於現貨型的 ETF，所以比較不適合長期持有。

理財
NEWS

金管會示警兩類 ETF 不適合長期持有

	標的指數	正向 2 倍 ETF
第一日	+5%	+10%
第二日	-5%	-10%
累積報酬	(1+5%)*(1-5%)-1=-0.25%	(1+10%)*(1-10%)-1=-1%
累積報酬之 2 倍	-0.5%	
二者偏離	-0.5%= 正向 2 倍 ETF 累積報酬率（-1%）- 標的指數二日累積報酬率之 2 倍（-0.5%）	

金管會近期接獲投資人詢問，為何投資槓桿型 ETF，投資績效偏離指數，是否追蹤效果不佳？對此，金管會提醒投資人，槓桿型／反向型 ETF 不同於一般投資於股票或債券等有價證券的傳統 ETF，是屬於短期操作的策略性商品，並不適合投資人長期持有。

金管會舉例，以上表所示的正向 2 倍 ETF 為例，當投資人持有正向 2 倍 ETF 二日後，標的指數為上下震盪，ETF 累積報酬率為負 1%，標的指數累積報酬率之 2 倍為負 0.5%，二者累積報酬率偏離達負 0.5%。

金管會提醒投資人，槓桿型／反向型 ETF 不同於一般投資於股票或債券等有價證券的傳統 ETF，是屬於短期操作的策略性商品，並不適合投資人長期持有。尤其是反向型 ETF，雖然是屬於可以規避市場下跌風險的投資工具，但投資人切勿以反向型 ETF 的單日淨值報酬表現與其所追蹤之標的指數報酬表現相反的特性，而誤認為適合長期持有此類商品。

此外，相較於一般投資於股票或債券等 ETF，期貨 ETF 追蹤標的範圍更為廣泛，目前國內期貨 ETF 追蹤交易標的之範圍包括：匯率、農產品、波動率（VIX）指數、貴金屬及能源相關之期貨契約。

金管會特別提醒投資人，投資前應充分瞭解個別期貨 ETF 的特性及風險，並應考量所追蹤標的期貨契約之波動度、跨境二地時差及期貨正價差等因素，都有可能對期貨 ETF 投資報

酬產生一定程度的影響。

　　金管會也舉例，譬如：追蹤美國市場波動率（VIX）指數之期貨 ETF，因 VIX 指數具高波動度特性，且其報酬表現與美國股市行情呈現反向走勢的關聯性，亦可視為具有反向型 ETF 的性質，又 VIX 指數期貨普遍存在著「正價差」（期貨價格高於指數現貨價格）的特性，長期轉倉成本將導致 VIX 期貨 ETF 資產減損，此類期貨 ETF 商品也僅適合短期策略性投資，並不適合追求長期投資報酬的投資人。

資料來源：節錄自鉅亨網 2018/07/26

解說

　　近年來，國內 ETF 市場蓬勃發展，市場上推出各類型的 ETF 以滿足多元投資需求。但有些 ETF 的標的物非現貨商品，而是以追蹤期貨標的為主，這些 ETF 必須有換倉的摩擦成本、以及追蹤誤差，因此長期下來，常常會讓淨值無形中被耗損，無法與標的物同步。所以金管會示警，只要 ETF 投資標的物是與期貨或外幣相關，都會有摩擦成本的問題，請投資人注意該類型 ETF 比較不適合長期持有。

　　本文以「元大台灣 50 反 1（00632R）」這檔反向型 ETF 進一步說明，從下表得知：在間隔 1 年（2018/10/03 ～ 2019/10/03）的情形下，既使臺灣加權股價指數幾乎無漲跌，但「元大台灣 50 反 1」ETF 卻跌了 7.685%。由此觀之：這檔反向型 ETF，每年的摩擦成本約為 7% ～ 8% 之間，所以此類型的 ETF，確實較不適合長期持有。

	臺灣加權股價指數		元大台灣 50 反 1	
日期	指數價位	漲跌幅	價格	漲跌幅
2018/10/03	10,863.94	+0.110%	12.10	-7.685%
2019/10/03	10,875.91		11.17	

（七）基金高配息不代表高報酬率

　　有些標榜高配息基金確實吸引投資人目光，但配息仍會從基金淨值扣除，所以高配息雖然增加了股息（債息）收益，但會使資本利得減少。市面上，有些基金為了維持高配息率，不僅將可原本可分配的利益發完，還進一步將你原來投入的本金加入，這樣投資人賺了利息，賠了價差，可能並沒有提高整體投資報酬，所以高配息的基金不代表高報酬。因此投資人應該選擇「穩健配息」的基金，不要買到「過度配息」的基金，別讓「高配息」基金的口號，啃了你的老本，總報酬率才是最重要的！

第二篇　投資分析與策略

理財 NEWS

配息來自本金不用擔心？看總報酬率就能破解

近年來，配息基金當道，部分投資人看到警語：「本基金之配息來源可能為本金」會縮手，擔心羊毛出在羊身上。專家指出，基金對本金定義複雜，與一般人想到的投資本金不同，不用過度擔心。如果想知道有沒有配到本金，最簡單的方式就是看「總報酬率」。

首先，要了解基金配息的來源，一般可分為兩部分：

1. 可分配淨利益：主要來源有基金投資所得的股息或債息，例如債券型基金，那可分配淨利益就是債息，股票型基金則是股息，若是平衡型基金，則股、債息皆有。

2. 基金公司認定之本金：又可分成資本利得、前期未分配收益、投資基金的初始金額共 3 項，跟一般人直覺想到本金是來自於投資本金是不一樣的。

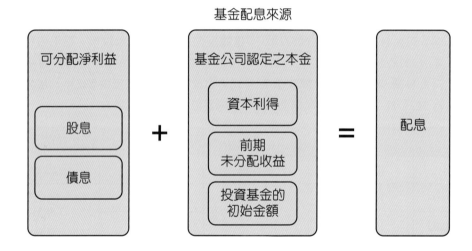

基金配息來源

部分投資人對於配息來自本金感到擔憂，但其實基金公司在配發利息上會優先使用可分配淨利，金額不足時，再使用資本利得及前期未分配收益，最後才會動用到投資基金的本金。

舉例來說：基金公司購買甲公司的公司債 1,000 萬，債券利息 6%，每年有 60 萬利息收入，換算每月可配發 5 萬利息給所有投資人，若是這 5 萬塊不夠配發給所有人時，才會從之前保留下來的資本利得及未分配收益去提撥。

「資本利得」及「前期未分配收益」被視為本金的一部分，所謂的資本利得指的是「已實現資本利得」減「已實現資本利損」。如果本次配息是由資本利得或未分配收益去提撥，就會被歸類在從「本金配息」，所以本金占此次配息的比例就會提高，但並不表示真的配到投資初始的本金。

　　釐清配息來源及本金定義，對佛系理財的投資人來說可能太複雜了，專家建議，如果想知道有沒有配到本金，最簡單的方式就看「總報酬率」。總報酬率怎麼算？將「資產現值」加上「累積配息」並減去「本金」之後，再除以「本金」，就可以簡單算出總報酬率。如果算出來總報酬是負的，意義上就是配到了本金，就像是拿你自己的錢，配息出來給你。對投資人而言，領息是為了創造現金流，當然也不希望本金虧損。因此選擇配息基金時，別被高配息率所誤導，也必須看總報酬，才能真正創造財富。

圖文資料來源：節錄自鉅亨網 2020/02/21

解說

　　國人喜歡買「月配息」的基金，常以為「高配息就是等於高報酬率」，其實不然，投資基金仍須以配息收益與資本利得的加總後的總投資報酬率為主，所以千萬別被高配息率所誤導了。

6-3　期貨投資分析

　　一般而言，投資期貨時，除了必須瞭解該商品的合約規則與市場趨勢外，還必須瞭解投資人買賣合約時，所產生的「成交量」與「未平倉合約量」對期貨價格的影響。因此進行期貨投資時，必須先瞭解這兩者對期貨價格的影響。

　　通常在證券市場流通的有價證券數量，其發行數量是固定的，每日的交易量及價格，就由市場買賣雙方的供需情形所決定。但期貨合約較為特殊的是，其可供市場交易的數量並未固定，而是視市場多頭與空頭的供需狀況，可無限的被「創造」出交易籌碼。在實務上，除了會利用期貨的「成交量」多寡，來研判行情動能趨勢外；其一般更重視另一指標，就是期貨「未平倉合約量」的變化。通常藉未平倉合約量的變化，來對期貨價格的未來走勢進行研判分析。以下本文首先，介紹未平倉合約量與成交量這兩者的差別、並進一步介紹未平倉合約量與期貨價格的關係：

一、未平倉合約量與成交量

(一) 期貨未平倉合約量

　　所謂的「未平倉合約量」（Open Interest ；OI）是指期貨市場上尚未沖銷掉的多頭或空頭的單邊加總數量，意即目前仍存在於期貨市場上的期貨合約數量＝「未平倉合約數量」＝「未沖銷掉的多頭部位數量」＝「未沖銷掉的空頭部位數量」。

　　一般而言，當一口期貨合約成交的雙方均為新增部位，則多頭及空頭部位均會增加一口，此時未平倉合約量即增加一口。若其中有一方為新增部位，一方為平倉交易，則

只是多頭或空頭部位的移轉，並未產生新的合約，所以未平倉合約量不增不減。若雙方均為平倉交易，則多頭及空頭部位均減少一口，此時未平倉合約量即減少一口。

一般而言，因為期貨契約，大部分會在交割日前平倉，因此未平倉合約量的多寡，意謂著市場「潛在動能」的高低。因此未平倉合約量較近似股票市場中，融資融券交易量的觀念；也比較類似網路銷售平臺，在計算現在還掛在網上，還沒下線的瀏覽者數量。

(二) 期貨成交量

「期貨成交量」是指期貨交易當天成交總數，其與未平倉合約量的計算並不一樣，其計算方式乃計算交易日，當天有多少買方與賣方完成配對口數。其數量的多寡，代表投資人願意參與市場的意願，因此亦代表市場中「現在動能」的狀況。這比較類似網路銷售平臺，在計算今天有多少位，已上線又下線的訪客數量。

有關「未平倉合約量」與「成交量」的計算方式，本文舉例題 6-1 說明之。

 例題 6-1　未平倉合約量與成交量

假設期貨市場有甲、乙、丙、丁四人從事交易，以下為 4 天的交易情形。

1. 第一天，甲買入 3 口期貨（多頭部位數量），乙賣出 3 口期貨（空頭部位數量）。

2. 第二天，丙買入 2 口期貨，甲將原先買入的期貨，其中 2 口平倉賣出。

3. 第三天，丁賣出 1 口期貨，丙再買入 1 口期貨。

4. 第四天，丁平倉買入 1 口期貨，丙平倉賣出 1 口期貨。

解

1. 第一天，產生多頭部位 3 口，及空頭部位 3 口，未平倉合約量為 3 口，而非 6 口，今日成交量為 3 口。

2. 第二天，此時未沖銷掉的多頭部位為甲 1 口，丙 2 口；空頭部位數量為乙 3 口，未平倉合約數量仍為 3 口，今日成交量為 2 口。

3. 第三天，兩者均為新增部位，此時未沖銷掉的多頭部位為 4 口，甲 1 口，丙 3 口；空頭部位為乙 3 口，丁 1 口，未平倉合約量為 4 口，今日成交量為 1 口。

4. 第四天，兩者均為平倉交易，未沖銷掉的多頭部位為 3 口，甲 1 口，丙 2 口；空頭部位為乙 3 口，未平倉合約量為 3 口，今日成交量為 1 口。

彙整以上交易如下表：

	甲	乙	丙	丁	未沖銷多頭部位	未沖銷空頭部位	未平倉合約數	成交量
第 1 天	＋3	－3	－	－	＋3	－3	3	3
第 2 天	＋3－2＝＋1	－3	＋2	－	＋3	－3	3	2
第 3 天	＋1	－3	＋2＋1＝＋3	－1	＋4	－4	4	1
第 4 天	＋1	－3	＋3－1＝＋2	－1＋1＝0	＋3	－3	3	1

"＋"表多頭部位及買入；"－"表空頭部位及賣出。

二、未平倉合約量與期貨價格的關係

　　一般在實務上，因為未平倉量多寡代表市場潛在動能，因此要判斷某期貨商品未來期貨價格的變化，可利用該期貨商品的未平倉合約量與現在期貨價格的變化去觀察。通常若未平倉合約數量增加，代表新加入的多頭及空頭部位多，期貨市場人氣熱絡，若未平倉合約數量減少，代表持有多頭及空頭部位平倉出場者多，期貨市場人氣有減退的情形。一般判斷期貨價格與未平倉合約數的變化情形，大致有以下有 4 種情形：

1. 當期貨價格上漲，未平倉量也增加，代表著未來漲勢仍將持續。
2. 當期貨價格上漲，未平倉量卻減少，代表市場上多方已開始獲利了結平倉出場，而空方已開始認賠回補出場。此時價格上漲的幅度遲緩，且一股向下反轉的力量，正在逐漸醞釀增溫中。
3. 當期貨價格下跌，未平倉量也增加，代表著未來跌勢仍將持續。
4. 當期貨價格下跌，未平倉量卻減少，代表市場上空方已開始獲利了結平倉出場，而多方已開始認賠回補出場。此時價格下跌的幅度遲緩，且一股向上反轉的力量，正在逐漸醞釀增溫中。

表 6-1　未平倉合約量與期貨價格的關係

現在期貨價格	未平倉合約量	未來期貨價格
上漲	增加	新的買方積極買進，漲勢極強，未來價格持續看漲
上漲	減少	現有多頭進行平倉，價格可能即將逆轉而下
下跌	增加	新的空頭進入市場，跌勢極強，未來價格持續看跌
下跌	減少	現有空頭進行平倉，價格可能即將反轉上揚

理財 NEWS

帶你利用期貨未平倉量來交易期貨，掌握 2 個重點讓你取得資訊先機

　　許多人在交易期貨的策略都是參考價格的技術線型還有一些指標，但是這些指標往往都會成為落後的資訊，有時候會發現利用指標交易的勝率，還比擲骰子還要低。為什麼會有這樣的情況出現？

　　答案可能就藏在期貨的未平倉量之中，因為未平倉量代表市場上的交易人對於後市的預期，他們因為對於接下來的行情有些預判，所以才會把多單或空單留在市場之中，所以判讀未平倉量帶來的訊息就顯得格外地重要。

- **重點一、法人、大額交易人的未平倉量**

　　期貨的未平倉量的確可以研判市場上的多空氣氛，當一方的未平倉量失衡的時候，行情可能就會產生一面倒的情勢。而未平倉量之中，又以三大法人及大額交易人的未平倉量最為重要，因為這些交易人的交易量最大、資本最多，當他們留倉的部位越多，也就代表著他們對於特定市場走向有一定的預期。

1. 三大法人的未平倉量主要分成自營商、外資以及投信，其中以自營商跟外資佔台指期三大法人的未平倉量為重，所以我們在看三大法人未平倉量時，我們會先以外資跟自營商的未平倉量為基準。

2. 接著，再看到市場上的大額交易人未平倉資訊，這些大額交易人可能是有一定資金的大戶或是中實戶，他們累積的資金會非常可觀，也會對行情造成一定的影響。

- **重點二、根據未平倉量建立交易策略**

　　當我們找到了這些未平倉量後，接下來要如何透過期貨的未平倉量來建立交易策略呢？

　　首先，我們要先看留倉的金額是正數還是負數，當整體留倉的口數、金額是正的時候，表示三大法人或大額交易人對於後續的行情偏空看待，反之，如果留倉的是負數，則對行情是偏空看待。我們還可以透過看每日未平倉量的變化量，來跟行情做一個對照，如果某天行情大漲，這些大額資金的多方未平倉量大幅增加的話，那就可以視為行情有較高延續大漲的機率，因為這些籌碼都留在多方。反觀，如果行情走跌，未平倉的變化量也開始出現負值，那就代表這些大戶漸漸地在佈局空單，想要在空方行情賺上一筆。

　　以上都是藉由未平倉量所建立的期貨交易策略，當然還需要搭配其他的交易參數（例如：價差、價格）等做綜合的判斷。帶你利用期貨未平倉量來交易期貨，掌握 2 個重點讓你取得資訊先機。

- **結語：綜合參考多方資訊來穩定自己的獲利機會**

　　如果想要在期貨市場上獲利，單靠某種特定的指標是絕對沒辦法達成目的，一定要多方擷取不同的資訊，未平倉量是法人跟多數交易人交易後的足跡，所以跟著這個未平倉量去尋找，多少可以嗅到後續的走向。雖然這是一個好的籌碼分析方法，但還是得搭配價差或是現貨價格去做參考，這個技巧也不一定百分之百會奏效，所以在研判走勢上，還是得要做好資金控管，避免籌碼分析失靈時，帶來的績效回檔風險。

資料來源：節錄自知識獲利大聯盟 2022/09/06

解說

　　操作期貨時，未平倉量是一個重要的參考指標。因為未平倉量代表市場上的交易人對於後市的預期，尤其必須觀察法人與大額交易人的未平倉量，因為他們比較能代表未來市場欲走向多或空的關鍵。

6-4 選擇權投資分析

　　一般而言，投資選擇權時，除了必須瞭解該商品的合約規則與市場趨勢外，還必須瞭解投資人交易買權與賣權合約的力道不一，所產生的「賣權 / 買權成交量比值」與「賣權 / 買權未平倉比值」對選擇權價格的影響。所以進行選擇權投資，必須先瞭解這兩者對選擇權價格的影響。

　　通常投資人在從事選擇權交易時，買賣權成交量比值、以及買賣權的未平倉合約比值的高低，可藉以研判投資人對市場未來走勢的看法。通常選擇權市場中，買方僅須付權利金的部分，所以交易成本較便宜，因此散戶比較會傾向當買方；但賣方先付出較大額的保證金，所以交易成本較高昂，因此通常都是財力雄厚的法人在進行操作。因此在分析選擇權交易資訊，比較偏向以「法人（大額交易人）」的角度來進行觀察。

　　有關這兩種交易資訊，對未來行情走勢所傳達的情形，請詳見表 6-2 之整理。以下將介紹兩種選擇權交易中，常見的交易資訊所傳達的意義。

一、賣權 / 買權成交量比值

　　在選擇權交易資訊中，賣權 / 買權成交量比值（Put/Call Volume Ratio）是用來觀察未來漲跌趨勢的重要指標之一。若該比值大於（小於）1 時，乃賣權的成交口數大於（小於）買權的成交口數。其該指標的計算公式如下：

$$賣權 / 買權成交量比值 = \frac{賣權成交總量}{買權成交總量}$$

若該比值持續升高，表示投資人交易賣權的意願相較買權高。以法人傾向當賣方的觀點來看，法人將之前「賣出賣權」的部位，持續的增加平倉數量；表示法人之前認為：在賣權所設定的履約價格附近的支撐，將會被跌破，所以後市行情較傾向「易跌難漲」。

反之，若該比值持續降低，表示投資人交易買權的意願相較賣權高。以法人傾向當賣方的觀點來看，法人將之前「賣出買權」的部位，持續的增加平倉數量；表示法人之前認為：在賣權所設定的履約價格附近的壓力，將會被突破，所以後市行情較傾向「易漲難跌」。

二、賣權 / 買權未平倉比值

在選擇權交易資訊中，賣權 / 買權未平倉比值（Put/Call Open Interest Ratio）是用來觀察未來漲跌趨勢的重要指標之一。若該比值大於（小於）1 時，乃賣權的未平倉口數大於（小於）買權的未平倉口數。其該指標的計算公式如下：

$$賣權 / 買權未平倉比值 = \frac{賣權未平倉總量}{買權未平倉總量}$$

若該比值持續升高，表示投資人對賣權的留倉意願相較買權高。以法人傾向當賣方的觀點來看，法人持有「賣出賣權」的部位，未平倉數量持續的增加，表示法人認為：在賣權所設定的履約價格的附近有支撐，不容易被跌破，所以後市行情較傾向「易漲難跌」。

反之，若該比值持續降低，表示投資人對買權的留倉意願相較賣權高；以法人傾向當賣方的觀點來看，法人持有「賣出買權」的部位，未平倉數量持續的增加；表示法人認為：在買權所設定的履約價格的附近有壓力，不容易被突破，所以後市行情較傾向「易跌難漲」。

表 6-2　賣權 / 買權成交量比值、未平倉比值與未來行情走勢關係表

賣權 / 買權成交量比值	賣權 / 買權未平倉比值	行情走勢
持續升高	持續升高	較不明朗
持續升高	持續降低	傾向跌勢
持續降低	持續升高	傾向漲勢
持續降低	持續降低	較不明朗

理財
NEWS

台指選擇權未平倉怎麼看？先了解這 **3** 個特點，才能提高選擇權交易獲利！

在股票的買賣裡，可以看到券商的籌碼、法人的交易資訊等等，提供交易者判讀行情的依據，而選擇權也有相關的籌碼資訊可以研究。那就是「台指選擇權未平倉」，藉由觀察未平倉的資訊，交易者可以推估未來指數大概的點位區間，以及行情的方向，作為選擇權交易的指標。

我們也可以藉由台指選擇權的最大未平倉量來判斷大盤的支撐壓力區，這對於做股票、期貨等交易的人員來說，都是非常實用的交易資訊。接下來會帶你了解台指選擇權未平倉的特點，並告訴你有哪些觀察的重點，讓你在交易台指選擇權時，能夠更加上手。

- **台指選擇權未平倉特點一：什麼是台指選擇權未平倉**

台指選擇權未平倉顧名思義就是未平倉的台指選擇權部位，當交易者當天建了新倉（新買入或賣出部位），就會留下未平倉的部位。而每天期貨交易所盤後都會公告台指選擇權未平倉的資訊，讓交易人可以掌握各個買、賣權履約價的交易情形，作為後續交易的依據，而台指選擇權未平倉也以法人的未平倉量為主要參考的資訊。

- **台指選擇權未平倉特點二：觀察重點**

1. 觀察最大未平倉量：

觀察選擇權交易的未平倉量是了解選擇權支撐與壓力區的重要關鍵，交易者可以從選擇權的支撐壓力表看到買、賣權現在最大未平倉量在哪邊，可以視為多空最後的攻防線，並發展對應的交易策略。

2. 從未平倉量變化觀察交易狀況：

除了觀察最大的未平倉量落點外，也可以從每日的未平倉量來看各個履約價選擇權的交易情況，變化多的履約價未平倉就代表那個履約價有比較多人在關注，可能會有較高的流動性與價格波動。

- **台指選擇權未平倉特點三：觀察限制**

1. 不了解建倉成本：

雖然有提供未平倉量可以給大家參考，但是大家建倉的成本都不盡相同，如果特定的履約價建倉成本很低，那可能平倉的可能性較小，投資人也會失去觀察的參考性。

2. 履約價的價格都不同：

我們很難比較出哪個履約價的未平倉量比較有參考性，因為不同履約價的價格不同，我們很難比較出其中的差異。舉例來說 17,700 的買權 20 點有 2 萬口的未平倉量，17,600 的買權 5 口有 1 萬口的未平倉量，因為選擇權的價格變動很快，價外的槓桿也比較高，所以我們很難明確認定哪個比較有參考價值。

- 結語：從台指選擇權未平倉看見交易機會

　　台指選擇權未平倉的資訊是協助研判後續行情的重要資訊，掌握台指選擇權未平倉的數據後，我們就能夠較準確推估接下來的盤勢及點位。不一定要交易選擇權才看台指選擇權未平倉資訊，台指期貨的交易者也可以藉由台指選擇權未平倉的資料來規劃接下來的交易行情，並設定好停損及停利的位置。

資料來源：節錄自知識獲利大聯盟 2022/04/30

解說

　　選擇權與期貨交易都很注重未平倉合約量的變化。通常我們可以藉由觀察未平倉的資訊，可以推估未來指數的大概點位區間，以及多或空的行情方向。因此未平倉合約量的變化，可作為選擇權交易的重要參考指標。

6-5　權證投資分析

　　一般而言，投資人在進行權證投資時，除了須對權證本身的發行條件有所瞭解外，尚須瞭解權證價格所隱含的相關資訊，這樣才能合理的評估出權證的價值，以下將介紹幾項評估工具：

一、溢價率

　　通常權證的溢價率（Premium）的意義有以下三點：其一為權證的持有者，立即將權證換成股票且賣掉所產生的損失；另一為投資人買進權證時願意付出的時間價值；第三為欲補償投資人的支出，現股在到期時須上漲的百分率。其計算式如下式：

$$溢價率 = \frac{權證價格 + 履約價格 - 現股價格}{現股價格}$$

　　通常溢價率愈高，投資人執行換股權利的可能性愈低，損失的可能性也愈大；反之，溢價率愈低，投資人執行換股權利的可能性就愈高，獲利的機會也愈大。故某權證具有高溢價率，其實是對投資人不利，因為若現在將權證轉換成股票並賣掉所產生的損失較高；但若以另一觀點，則表示該權證在未來具有相當上漲的潛力，所以投資人也願意付出相對高的時間價值來等待。

　　若某認購權證具有低溢價率，對投資人較具有投資價值，但這個標準的衡量需配合「標的股票的檔格」及「距到期日的時間長短」兩因素的考慮，才能在不同條件下，比較兩相同標的物認購權證的投資價值。若以「標的股票的檔格」來說，當認購權證處於「價內」時，即（現股價格＞履約價格），其溢價率會比較低；其次，就「距到期日的

時間長短」來說，愈接近到期日的權證其溢價比率會較低。所以，在投資低溢價率的權證時，也需檢視其是否因為「價內」的緣故或較其它認購權證接近到期日的因素，以免判斷失真。

二、對沖率

對沖率（Delta；△）的意義在衡量現股價格每變動一單位，權證的價格變動值，亦可衡量權證到期時，成為價內的機率。其計算式如下式：

$$\triangle = 對沖率（\textbf{Delta}）= \frac{認股權證價格變動}{股價的變動} = \frac{\triangle W}{\triangle S}（適用輕微變動）$$

當某權證 Delta 值為 0.8 時，表示今天現股漲 1 元，權證可以漲 0.8 元。所以當 Delta 值愈高的權證，其與現股的連動性就愈高，權證比較可以發揮槓桿效果。例如：某檔 50 元股票今天漲 3 元，若其 Delta 值為 0.8，價格 10 元的權證，可以漲 2.4 元（3×0.8），此時權證將有 24% 的漲幅。通常愈價外的權證，Delta 值愈低，愈價內的權證，Delta 值愈高。

三、槓桿比率

所謂的槓桿比率（Gearing）是指投資權證資金成本的槓桿倍數。其計算式如下：

$$槓桿比率 = \frac{標的物股價}{認股權證價格} \times 行使比例$$

例如：某標的物市價 50 元，而其認股權證 10 元，且行使比例為 1：1，則其槓桿比率 5 倍（$\frac{50}{10} \times 1$）。以槓桿效應而言，購買權證與現股信用交易的融資（券）具有相同之處，都具以小搏大的槓桿效果，但信用交易的融資的槓桿倍數是固定的，而權證的槓桿比率是變動的。一般來說，權證的槓桿比率則隨時而異，以認購權證來說槓桿比率會隨現股股價上漲而變小（因現股上漲時，權證漲幅通常大於現股漲幅），隨現股股價下跌而變大。

四、實際槓桿比率

實際槓桿比率（Effective Leverage）是衡量現股股價每變動一個百分點，權證價格實際變動的百分率。其計算式如下：

$$實際槓桿比率 = 槓桿比率 \times \textbf{Delta}$$

例如：某認購權證其槓桿比率為 6 倍，Delta 值為 70%，則實際槓桿比率為 4.2 倍（6×70%），亦即標的股價變動 1%，認購權證會變動 4.2%。權證的槓桿比率計算應與現股融資相同。但實際上，由於權證的價格變動與現股價波動不完全相同，而是由 0 與

1 之間的對沖比率（Delta）將二者連結起來，以形成實際槓桿比率來衡量權證的槓桿效果較貼切。

五、時間價值敏感度

權證價格對時間的敏感度（Theta；θ）是指當時間消是一單位時，對權證價格的影響變動幅度。一般而言，權證具時間價值，權證的 Theta 值，就是在衡量投資人買進一檔權證後，一天要付出的時間價值，也就是每天權證價格會減損的金額。通常 Theta 值為負值，且會隨時間增加，若權證的 Theta 值愈高，表示權證對時間消逝所產生的損失愈大。因此選擇一檔權證，須挑 Theta 為負值且越小愈好，表示權證價格對時間消逝的敏感度愈低。

六、隱含波動率

隱含波動率（Implied Volatility）是根據權證現在的波動價格，反推隱含標的股票的股價波動性。隱含波動率則是由權證市場價格換算出的數據，反映市場對權證供需狀況，可代表目前市場對未來股價變動的看法與預期。通常隱含波動率愈大，其權證價格愈高。此外，權證的隱含波動率與歷史波動率之間的差距可以當作權證價格是否被高估的依據，一般實務上觀察通常隱含波動率大於歷史波動率。

例如：如果有二支相同標的物的權證 A 與 B，若 A 權證的隱含波動率與歷史波動率的兩者差距大於 B 權證，則表 A 權證的價格有被高估之嫌。投資人可利用隱含波動率來評估權證的合理價格，以免買到高估的權證而遭套牢。

此外，由於國內權證交易的流動性普遍不佳，所以券商必須擔負起「造市」的義務。通常須對權證的買賣價進行報價，因此券商可藉由控制隱含波動率的高低，間接的影響權證報價。通常隱含波動率愈穩定的權證，表示券商造市的穩定能力愈好，此權證愈值得投資。若隱含波動率變動過大的權證，投資人可能有時會買到被高估時的價格，又會賣到被低估時的價格，所以不利於投資人。因此穩定的隱含波動率，可使買賣價都控制在合理範圍內。所以權證隱含波動率的穩定性，亦是投資權證的重要參考指標。

七、委賣買價差比

所謂的「委賣買價差比」是指投資人買賣權證時委買與委賣價的差距，其公式計算如下：

$$委賣買價差比 = \frac{委賣買 - 委買差}{委賣買}$$

　　國內有些權證的交易並不是那麼活絡，使得投資人買賣的價格，價差報價過寬，這無形會增加投資人的交易成本。通常買賣價差比值越小越好，表示投資人多付出的交易成本較低。例如：有一 A 權證的委賣價為 5 元，委買價為 4.9 元，則委賣買價差比為 2%[(5－4.9)/5]；另一 B 權證的委賣價為 2 元，委買價為 1.9 元，則委賣買價差比為 5%[(2－1.9)/2]；則兩相比較 B 權證比 A 權證付出較多的交易成本。因此應選擇委賣買價差比愈低的權證，其交易成本愈低。

八、結論

　　綜合以上對認購權證價值的分析，要選擇一支好的權證，除了要考慮發行機構的信用、造市能力以及權證市場流動性外，尚須考慮以下幾點。

1. 選擇距到期日越長的權證：因為履約的機會較大。

2. 選擇溢價比率較低的權證：表示購買成本較低，但需考慮權證是否處於「價內」及權證是否距到期日很近之因素。

3. 選擇 Delta 值較高的認購權證：Delta 愈高，表權證到期時成為價內的機率愈高，對投資者愈有利。

4. 選擇實際槓桿比率較高的權證：實際槓桿比率愈高，表示權證價格對現股價格的變動敏感度愈高，投資人愈能享受權證以小搏大的槓桿效果。

5. 選擇權證價格對時間敏度（Theta；θ）小的權證，表示權證價格對時間消逝的敏感度愈低。

6. 選擇較低且穩定的隱含波動率：在兩種具有相同標的的權證比較下，應選擇較低的隱含波動率，表示權證價格相對較便宜。且須選擇權證的隱含波動率，還必須長期間的維持穩定，這樣買賣才比較合理。

7. 應選擇委賣買價差比愈低的權證，其交易成本愈低。

理財
NEWS

權證風險隨報酬擴大靠一招獲利不縮水

買不起股票沒關係，只要了解權證，就能用更少的資金，同步參與股市行情，不過，投資權證的風險與報酬都會同時擴大，買權證怎麼買才不吃虧是重要課題，元大證券表示，要優先挑選「隱波不降」的權證，才能保障將來賣回權證時，投資權益不受損，獲利不縮水。

券商是以「造市委買波動率」計算造市委買價格，這是權證合理價格的重心所在，但是一般造市券商並不會公開「造市委買波動率」，如果投資人想知道，只能透過市場上已知的權證價格去「反推」可能的波動率，因為是「反推」所以稱為「隱含」波動率，以追蹤造市波動率是否有被調降的情形。在其他條件不變下，只要造市券商調低造市波動率，算出的權證價格就會變低，投資人在賣回時的價格就會吃虧。

舉例來說，某檔權證的履約價 300 元，半年後到期，行使比例 0.1，造市委買波動率是 30%，當標的股票價格同樣為 300 元時，其權證造市委買價格為 2.62 元。若投資人買進該權證後，造市委買波動率立刻被調降至 29%，結果就會造成標的股票價格明明同樣維持在 300 元，但權證造市委買價格立刻就跌到 2.54 元，等同投資人現賠掉 0.08 元（損失約 3%），這就是調降造市委買波動率所造成的損失。

權證是股票的分身，價格隨著標的股價上下波動，有一定的公式可以計算權證的合理價格。理論上，只要造市券商能忠實依造市規定反應報價，投資人買賣權證時，就不須擔心有造市價格變動明顯不合理而吃虧的情形。但是權證商品結構相較一般股票複雜，交易規則也不太一樣，建議投資人先瞭解權證「造市規定」及「合理價格」再進場。建議投資人須選擇報價透明，買賣才安心，選擇「隱波不降」的權證，才能保障賣回時價格不會減損，獲利不會縮水。

資料來源：節錄自鉅亨網 2020/06/22

解說

權證的價格，可藉由隱含波動率的調整而有所變動。因國內權證交易大都是由券商負責造市，有些券商會在投資人買入權證後，調降隱含波動率，讓投資人平白損失。所以投資權證必須選擇「隱波不降」的權證，才能保障賣回時價格不會減損，獲利不會縮水。

題號前有★號之題目附詳解

【基礎題】

( ) 1. 在財務比率指標中，下列何者愈低愈好？
(A) 負債比率　(B) 股東權益報酬率　(C) 現金股利殖利率　(D) 營業淨利率

★( ) 2. 若 A 公司每股盈餘為 2 元，現在每股市價為 40 元，請問該公司的本益比為何？
(A) 0.05　(B) 0.2　(C) 20　(D) 15

★( ) 3. 若 B 公司每股淨值為 30，現在每股市價為 120 元，請問該公司的市價淨值比為何？
(A) 5　(B) 0.25　(C) 1　(D) 4

★( ) 4. 若 C 公司的股價為 30 元，今年預計發放 1.5 元現金股利，請問該公司的現金股利殖利率為何？
(A) 8%　(B) 5%　(C) 10%　(D) 12%

( ) 5. 請問發行現金增資股，通常對股價的影響為何？
(A) 正向　(B) 反向　(C) 無關　(D) 不一定

( ) 6. 通常公司實施庫藏股對股價的影響為何？
(A) 正向　(B) 反向　(C) 無關　(D) 不一定

( ) 7. 下列對 KD 值，敘述何者正確？
(A) K 為短線　(B) D 為長線　(C) KD 介於 0 ～ 100　(D) 以上皆是

( ) 8. 請問 RSI 指標中，下列何值屬於超買區？
(A) 90　(B) 20　(C) 50　(D) 10

( ) 9. 下列何者為衡量基金系統風險的指標？
(A) 全距　(B) 標準差　(C) β 係數　(D) α 指標

★( ) 10. 若某一基金酬率為 15%，總風險值為 10%，系統風險值 0.9，此時無風險報酬為 6%，請問報酬風險比為何？
(A) 1.28　(B) 1.33　(C) 1.36　(D) 1.5

★( ) 11. 承上題，夏普指數為何？
(A) 2.1　(B) 0.4　(C) 0.9　(D) 1.5

★( ) 12. 承上題，崔納指數為何？

(A) 0.1　(B) 0.11　(C) 0.12　(D) 0.15

( ) 13. 請問知名基金評等公司－晨星的星等評級結果，將基金績效分成幾級？

(A) 5　(B) 3　(C) 10　(D) 8

( ) 14. 請問期貨價格上漲，交易量及未平倉量均增加，通常表示市場走勢將為何？

(A) 轉強　(B) 轉弱　(C) 盤整　(D) 無法研判

( ) 15. 請問賣權/買權成交量比值持續降低，賣權/買權未平倉比值持續升高，通常表示市場走勢將為何

(A) 轉弱　(B) 轉強　(C) 盤整　(D) 無法研判

★( ) 16. 請問標的股價市價為 80 元，權證履約價格 50 元，權證市價為 5 元，則該權證之槓桿比率為何？

(A) 16　(B) 10　(C) 1.6　(D) 1.5

★( ) 17. 承上題，若此權證的 Delta 值為 0.5，則該權證之實際槓桿比率為何？

(A) 8　(B) 5　(C) 32　(D) 20

( ) 18. 通常權證價格對時間敏度愈小的權證，表示權證價格對時間消逝的敏感度為何？

(A) 愈高　(B) 愈低　(C) 不變　(D) 不一定

( ) 19. 通常隱含波動率愈大時，則權證的價格則為何？

(A) 愈高　(B) 愈低　(C) 不變　(D) 不一定

( ) 20. 通常委賣買價差比愈高的權證，其交易成本為何？

(A) 愈高　(B) 愈低　(C) 不變　(D) 不一定

【理財規劃人員證照題】

★( ) 21. 某股 80 元時 P/E = 20，則當股價上漲至 100 元時（假設獲利不變）則 P/E =？

(A) 20　(B) 25　(C) 30　(D) 40　　　　　【第 30 屆】

( ) 22. 技術分析所依賴的方法為何？

(A) 資本市場的情況　　(B) 產業發展

(C) 股票歷史交易資料　(D) 總體經濟表現　　　【第 28 屆】

( ) 23. 根據波浪理論，當市場呈上升趨勢時會有幾個波段？

(A) 三個　(B) 四個　(C) 五個　(D) 六個　　　【第 26 屆】

( ) 24. 艾略特波浪理論中，下跌最重要的賣出時機通常出現在下列何者？

(A) 第一波　(B) 第三波　(C) 第 A 波　(D) 第 B 波　【第 28 屆】

（　）25. 如以移動平均線做為投資股票轉換參考依據，則下列敘述何者錯誤？

(A) 移動平均線止跌回升時，考慮買入持有

(B) 移動平均線止升回跌時，考慮賣出

(C) 若無移動平均線上揚之股票，則將資金轉到貨幣基金

(D) 此種策略將會讓投資者買到最低點，賣到最高點　　　　【第 28 屆】

（　）26. 依移動平均線（Moving Average）理論，於短期移動平均線由下方往上突破長期移動平均線時，在技術分析上，意指下列何者？

(A) 死亡交叉　　(B) 黃金交叉　　(C) 賣出訊號　　(D) 向上反彈　　【第 28 屆】

（　）27. 下列何者通常為股票投資技術分析的「賣出時機」？

(A) 相對強弱指標低於 20（RSI）

(B) 股價由平均線上方下降，但未跌破平均線，且平均線趨勢向上

(C) 短期 MA 由上而下與長期 MA 交叉

(D) 當 D 值小於 20，且 K 線由下而上與 D 線交叉　　　　【第 29 屆】

（　）28. 下列何種技術指標為股票交易之賣出訊號？

(A) 6 日 RSI 指標低於 20

(B) 9 日威廉指標低於 20

(C) 乖離率在 -12% 至 -15% 之間

(D) 形成黃金交叉　　　　　　　　　　　　　　　　　　【第 28 屆】

（　）29. 乖離率（Bias）為股價偏離平均值的程度，若為正乖離率 20%，股價為 54 元，求其股價平均價為多少元？

(A) 40 元　　(B) 45 元　　(C) 50 元　　(D) 60 元　　　　【第 29 屆】

（　）30.「當市場指數大漲時，A 股只有小漲」，則 A 股是屬於哪種股票？

(A) 個別風險高者　　(B) $\beta > 1$　　(C) $\beta < 1$　　(D) $\beta = 0$　　【第 30 屆】

（　）31. 當整體股市人氣資金匯集時，應加重下列何種個股，較能突顯短期操作績效？

(A) $\beta > 1$　　(B) $\beta = 1$　　(C) $\beta < 1$　　(D) $\beta = 0$　　【第 32 屆】

（　）32. 有關夏普（Sharpe）指數之敘述，下列何者錯誤？

(A) 夏普指數係指每單位總風險下所產生若干的風險貼水

(B) 夏普指數係用以評估投資組合之績效

(C) 夏普指數適合尚未完全分散仍存在有非系統風險投資組合之績效評估

(D) 當某基金之夏普指數高於其他基金之夏普指數時，則該基金風險程度必低於其他基金　　　　　　　　　　　　　　　　　　　　　【第 34 屆】

（　）33. 下列何者屬於技術分析模式的範疇之一？
(A) 由上往下模式　(B) 現金股利固定成長模型
(C) K 線分析法　　(D) 資本資產訂價模式（CAPM）　　　　　　【第 37 屆】

（　）34. 將股票一段固定期數（如每 20 日）的收盤價加以計算簡單算術平均數，然後將隨時間經過所形成的點圖連接而成，稱為下列何者？
(A) 移動平均離合線（MACD）　(B) 乖離率（BIAS）
(C) K 線　　　　　　　　　　　(D) 移動平均線（MA）　　　　【第 38 屆】

（　）35. 夏普指數越大，下列敘述何者正確？
(A) 每單位風險下其報酬率較高
(B) 每單位風險下其報酬率較低
(C) 每單位期間其報酬率較高
(D) 每單位期間其報酬率較低　　　　　　　　　　　　　　　　【第 38 屆】

（　）36. 下列何組價格所畫出的 K 線為十字線（四個數字分別代表開盤價、最高價、最低價、收盤價）？
(A) 54、57、53.5、55.5　(B) 41、42、38、39
(C) 31、33.5、31、31.5　(D) 23、23.5、21.5、23　　　　　　【第 39 屆】

（　）37. 就技術分析而言，下列何項指標代表買進訊號？
(A) 隨機指標（KD 值）在 20 以下，且 K 值大於 D 值時
(B) 相對強弱指標（RSI）值高於 80 時
(C) 乖離率（Bias）達 12% 至 15% 時
(D) 威廉指標值低於 20 時　　　　　　　　　　　　　　　　　【第 41 屆】

（　）38. 下列何項非屬財務比率分析？
(A) 相對強弱指數（RSI）　(B) 獲利比率　(C) 成長比率　(D) 活動比率
　　　　　　　　　　　　　　　　　　　　　　　　　　　　　【第 42 屆】

Chapter **07**

商品投資策略

本章架構

　　本章內容為商品投資策略，主要介紹股票、基金、期貨、選擇權、權證投資策略、以及各商品間的套利策略等。其內容詳見下表。

節次	節名	主要內容
7-1	股票投資策略	介紹股票的信用、現股當沖以及定期定額交易策略。
7-2	基金投資策略	介紹基金的單筆、定期以及母子投資策略。
7-3	期貨投資策略	介紹期貨的投機、價差與套利交易策略。
7-4	選擇權投資策略	介紹選擇權的價差與混合交易策略。
7-5	權證交易策略	介紹權證的總金額對總金額、總股數對總股數、以及對沖率避險交易策略。
7-6	商品間套利策略	介紹利用現貨與衍生性商品的幾種套利策略。

本章導讀

　　通常每種金融商品各自有其特性與交易規則，投資人可依據本身的投資目的，擬定各種投資策略。通常投資策略；可以由單一商品所建構合成，也可多種商品混合交錯而成，因此商品的投資策略，可簡可繁。以下本章首先，針對一般投資人較常使用的投資商品，如：股票、基金、期貨、選擇權與權證等，進行各項投資策略的介紹；其次，再進一步介紹這些商品間的混合套利策略。

7-1 股票投資策略

　　一般而言，股票長久以來，一直是投資人最喜愛的投資工具，其投資方式最常見的就是現股交易。除了現股交易外，投資人也會使用具槓桿效果的信用交易策略。此外，近期政府為了刺激國內股市的成交量，開放了現股當日當沖、以及定期定額買股這兩種交易方式。以下本節將介紹這三種股票的交易策略。

一、信用交易

　　通常投資人買賣股票都是以現股交易為主，但進行現股交易時，買一張股票須出全部的價款，且手中沒有股票亦不能先賣出股票。因此在具投機意味的股票市場裡，缺了槓桿的效果，於是市場發展出一種具槓桿的信用交易制度，以滿足投機的需求。因信用交易具槓桿的效果，所以市場針對信用交易的規範，具有嚴格的規定與限制，以下本單元將針對信用交易的方式、融資融券金額的計算，分別進行介紹：

(一) 信用交易的方式

　　所謂的信用交易也就是「融資」、「融券」以及同時融資與融券的「資券相抵」這三種方式：

1. 融資

融資是當投資人買入一檔股票，僅需付部分價款，以部份自備款當擔保，其餘的價款可以向證券商融通；簡單的說「融資就是借錢來買股票」。當投資人融資買進股票時，將來可以選擇反向的「融資賣出」平沖掉原有部位、或者現金償還融資及利息後，並融資買進「取回現股」。

2. 融券

融券又稱「放空」，是投資人手中沒有股票，但只要繳交一定成數的保證金之後，可以向證券商借股票先行賣出，將來在約定的期限內，再買回股票歸還給證券商；簡單的說「融券就是借股票來先賣出」。當投資人融券賣出股票時，將來可以選擇反向的「融券買入」平沖掉原有部位、或者投資者向原授信機構繳納證券，並取回融券賣出的價款、保證金與融券利息之「現償還券」。

3. 當日沖銷

當日沖銷是指投資人可以在同一天融資買入且又融券賣出相同股票，將兩者資券相抵後再進行餘額交割。投資人可以針對當天某些股票進行「買低賣高」或「賣高買低」的價差交易，投資人僅須進行買賣之間價差的金額交割即可。

(二) 融資融券金額

　　投資人欲進行融資融券時，融資須自備部分款當擔保，融券需要繳交一定成數的保證金，才能進行信用交易。截至 2017 年 12 月，國內上市與上櫃股票的融資成數分別為 60% 與 50%，融券保證金成數均為 90%。若融資成數愈高，表示投資人可以借錢買股票的資金愈多，槓桿效果就愈好；融券保證金成數愈高，表示投資人要放空股票時，須繳交更多的錢，相對的成本就較高。

　　假設現在 T 股票一股為 100 元，若市場融資成數為 60%，融券保證金成數為 90%，此時投資人欲「融資買進」或「融券賣出」1 張 T 股票，則下表為投資人的一開始融資與融券時的資金互動情形。

融資買進	※ 投資人可以融資到的金額為 60,000 元 (100×1,000×60%) ※ 投資人所需繳交的融資自備款為 40,000 元 [100×1,000×(1 － 60%)]
融券賣出	※ 投資人須繳交 90,000 元的融券保證金 (100×1,000×90%)

　　若投資人從事信用交易，除了須繳交一定成數的融資自備款與融券保證金外，因為此部分牽扯到資金與證券的借貸，所以就會衍生出融資融券的利息、與借券手續費等費用的支出問題。因此，進行信用交易所產生的損益，必須經過詳細的計算。

　　此外，投資人進行信用交易時，股票價格每天漲漲跌跌，會影響信用交易擔保品的價值變化，通常證交所會訂定一個可以確保擔保品的現值，足夠償還證券商的指標，稱為「擔保維持率」。依據現行法令，臺灣股票市場的擔保維持率下限訂為 120%，若信用戶的擔保維持率低於下限時，投資人應於券商通知後的 2 個交易日，補足擔保品不足之差額，否則將處分其擔保品（俗稱斷頭）。

二、現股當日沖銷

　　政府為了提高股市的成交量，且進一步提供投資人更多元的投資與避險管道，於 2014 年 1 月起開放投資人得以進行「現股當日沖銷」。所謂的「現股當日沖銷」是指投資人可在同一帳戶，當日可以進行同一現股「先買進再賣出」或「先賣出再買進」的沖銷交易，且不強制收取保證金，此有別於信用交易的「資買券賣」的當日沖銷。

三、定期定額買股交易

　　證交所為了提振臺股的交易量，首創實施投資人可以仿照投資基金的模式，利用「定期定額」的方式，購買股票或 ETF。投資人可與證券商約定欲投資的標的、投款金額與期間，券商將利用現行的「臺股交易平臺」或「財富管理信託平臺」，幫投資人進行定期定額投資股票與 ETF。近期，金管會擬推行「定期定額」買股交易，可擴及海外股票（美股）。

股票當沖是什麼？手續費多少？投資條件、門檻一次解惑

- **當沖是什麼？哪些投資工具適用當沖？**

  當沖為當日沖銷（Day Trading）的簡稱，指的是在「當天」完成買進與賣出股票的交易，賺取其中的價差；不會將股票留到下一個交易日，是一種短線的股票操作手法。一般來說，股票交易成功之後，T＋2（成交日過2天）日要付交割款；當沖不需任何本金，當日一買一賣之間，自動抵銷款項。比如說，你今日花了10萬元買一檔股票，同一日又以10萬5,000元賣出這檔股票，扣除手續費和證交稅，當天就可以賺進4,000多元。

  當沖適用的投資工具包含股票（不包括零股）、期貨以及ETF，債券和基金因買賣時間較長，無法當沖。本文主要討論股票的當沖。

- **現股當沖 vs. 資券當沖：手續費多少？需要什麼資格？**

  當沖分為兩大類，一為現股當沖，用普通的證券戶就能做到，只要簽署風險預告書及當日沖銷契約書，即可在當天以現金買進、賣出股票，門檻較低，是多數當沖新手採用的方式。二為資券當沖，是利用融資及融券進行買賣，也就是向券商借錢、借股票來投資，好處是資金調度靈活性高，但必須擁有信用交易戶才能進行，且交易稅較現股當沖高、也須另外給券商借券費。

	現股當沖	資券當沖
交易方式	作多（看好標的）：現股買＋現股賣／ 作空（看壞標的）：沖賣賣＋現股買	作多（看好標的）：融資買＋融券賣／ 作空（看壞標的）：融券賣＋融資買
手續費	0.1425%	0.1425%
交易稅	0.15%	0.3%
借券費	無	一般券商借券利率約0.02%～1%
投資資格	1. 開戶滿3個月。 2. 一年內的成交紀錄10筆以上。 3. 簽署風險預告書、當日沖銷券差契約書。	1. 開戶滿3個月。 2. 一年內的成交紀錄10筆以上。 3. 近一年買賣成交金額達新臺幣25萬元（含）以上。 4. 有開立股票信用戶。

- **當沖新制上路後，哪些情況下無法進行當沖交易？**

  必須注意的是，當沖比例太高的股票可能會被禁止當沖交易，自2021年8月27日起，當沖警示新制上路，被列為注意股票的條件包含兩項：最近6個營業日當日沖銷成交量，占最近6個營業日總成交量比率超過60%、當日沖銷成交量占該日總成交量比率超過60%。

如連 3 個營業日，或是連 5 個營業日被列為注意股，經採處置措施的有價證券，期間當沖比重又達 6 成，將進一步被列為處置股，處置期間從 10 個營業日延長為 12 個營業日，不得進行當沖。

- **當沖的優點和缺點？什麼情況適合當沖交易？**

　　當沖交易的股票不會「留倉」，亦即不會放到下一個交易日，投資者不用負擔買進個股的本金；換句話說，就算帳戶餘額不足，同樣能夠下單買賣股票，只須在當日交易結束後，支付交易手續費。假設操作過程中，買錯股票標的或輸入錯的數量，也可以透過當沖的方式賣掉，減少損失。

　　另一方面，股票間隔一個交易日，期間發生臨時事件，像是新品發布、獲得新客戶等，隔日開盤通常會有較大的漲幅，反映市場對股票的看法，導致投資人無法及時停損或停利。因此，選擇當天完成買賣的當沖手法，就能有效避開風險。

　　然而，當沖需要花時間盯盤，以及對產業、市場有一定程度的了解，較不適合一般上班族或新手投資人。股票市場的走勢每天都不同，當沖的操作手法較難穩定獲利；投資人必須評估自己的能力所及，謹慎考慮投資方式。

資料來源：節錄自經理人 2023/07/25

解說

　　對於資金較有限且又要積極參與股票投資者，股票當沖交易是個好選擇。但交易者必須對市場有一定程度的了解，且必須花較多的時間盯盤，並在嚴守交易紀律下，不要讓風險超出自己能夠承擔的範圍。

7-2　基金投資策略

　　投資共同基金，首先，須依個人的報酬與風險偏好，選擇適合自己且操作績效良好的基金進行投資；其次，再依現在的市場狀況與個人的資金狀況，擬定投資策略。一般而言，共同基金的投資策略可分為「單筆投資」與「定期投資」這二種方法；但近期國內銀行又推出結合上述兩種方法的「母子投資策略」。以下本單元將分別介紹這三種投資策略。

一、單筆投資法

單筆投資基金如同投資股票一樣，必須選好時機進場，不像定期投資法可以任意時點進場皆可，但如果選對時機進場，通常獲利會優於定期投資法，所以兩者各有其優點。以下將介紹單筆投資法的進場時機選擇與優點。

(一) 進場時機

通常進行單筆投資時，投資人需熟悉金融市場的脈動，在買賣基金時應先對市場的基本面、技術面、資金面，政策面、政治面及心理面等因素，進行瞭解。且對資訊須具備分析研判的能力，再加上參考投資專家的建議，適時的選擇進出場時機，這樣的投資勝算才會大。

在實務上，常常建議投資人在進行單筆投資基金時，可依據景氣循環的變化，去選擇適合現在可投資的基金。通常我們會利用國家發展委員會每月公佈的「領先指標」來研判景氣循環的變化，當領先指標連續 3 個月上揚（下跌），表示景氣有復甦（衰退）的跡象。

通常景氣循環週期包括四個階段，分別是「谷底」、「擴張」（復甦）、「高峰」和「收縮」（衰退）。這四個時期分別適合投資的基金如下介紹。並用圖 7-1 來說明景氣循環與當時適合投資基金的類型。

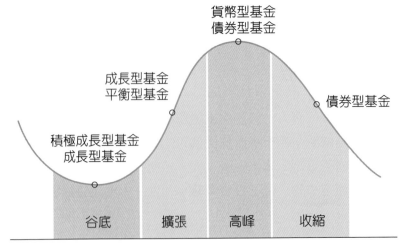

圖 7-1 景氣循環與當時適合投資基金的類型

1. 谷底

當景氣剛落谷底時，因為將來景氣復甦時，公司的業績最容易出現大幅成長。所以此時可選擇「積極成長型」或「成長型」的股票基金來進行投資，可以獲取較高的報酬。

2. 擴張

當景氣步入擴張（復甦）階段，許多公司還處於成長階段，但成長幅度不若之前剛由谷底翻身時那麼勇猛。所以此時可選擇「成長型」股票基金或股債搭配的「平衡型」基金來進行投資，可以獲取較穩定成長的報酬。

3. 高峰

當景氣邁向高峰期時，公司的股價也大部分會處於高檔，所以此時較不適合進場投資股票型基金。且此時市場利率也相對高檔，所以可以選擇「貨幣型」基金與「債券型」基金來進行投資，以獲取固定安全的收益。

4. 收縮

當景氣落入收縮（衰退）階段，大部份的公司業績會衰退，所以不是適合進場投資股票型基金。通常此時政府會調降市場利率，以刺激景氣回溫，所以適合投資「債券型」基金，可獲取因利率下滑而得利的資本利得報酬。

(二) 投資優點

通常單筆投資基金可以依據市場行情波段操作，且應選擇此時比較具題材性，或是中長期績效具高度穩定性的基金來進行投資。該投資方式的優點如下：

1. 資金具機動性：通常採取單筆投資，可以依據市場變化隨時機動調整，資金較具機動性。

2. 投資報酬較高：若投資人能精準掌握買賣時點，獲利將相當可觀，不過如果看錯方向，損失也同樣很明顯。

二、定期投資法

一般而言，基金定期投資法又可分為「定期定額」與「定期不定額」兩種方式。

(一) 定期定額

定時定額投資乃是投資人每隔一段時間，通常是 1 個月（可自由選擇月初、月中與月底），以固定金額（通常國內基金須 3,000 元以上，國外基金須 5,000 元以上）投資於某一開放型基金，以分批買進，以降低時間風險，定時定額投資法亦被稱為「平均成本法」。此法適合中長期投資人進行財務規劃，且適合投資波動幅度較大的基金；且既使現在基金短期內損失，仍然須繼續扣款，不應停止扣款，這樣才能在市場低點時，買入更多低成本的基金，待將來市場好轉，可以獲取更高的收益。

有關定時定額法的優點如下幾點：

1. **分散風險**：採定時定額投資法，因買進時點分散而大幅降低投資風險。

2. **儲蓄兼投資**：把小錢累積成一筆大錢，由於投資時間愈長，複利效果愈顯著，投資績效有明顯（見表 7-1）。

3. **理財便利**：由定時定額是採每月固定從您的銀行帳戶扣款，所以申購很方便，且不用費心鑽研股市費時勞力。

4. **隨時解約無罰則**：定期定額投資基金可以隨時暫停扣款或終止扣款，不像定存中途解約會有利息損失，資金運用較有彈性。

表 7-1　每月投入 3,000 元於與基金績效 3%、6% 與 12% 的年報酬率比較表

年	投入金額累計	基金績效 3%	基金績效 6%	基金績效 12%
1	36,000	36,499	37,006	38,047
2	72,000	74,108	76,295	80,920
5	180,000	193,940	209,310	245,009
10	360,000	419,224	491,638	690,116
15	540,000	680,918	872,456	1,498,740
20	720,000	984,905	1,386,122	2,967,766
25	900,000	1,338,023	2,078,981	5,636,539
30	1,080,000	1,748,210	3,013,545	10,484,892
40	1,440,000	2,778,178	5,974,472	35,294,317

(二) 定期不定額

近年來，承做定期定額，除了宣導短期內損失，仍然須繼續扣款，不應停止扣款外，市場上興起另一種投資法乃定期不定額。定期不定額投資法乃是當股票指數上漲時，投資金額減少；當股票指數下跌時，投資金額增加。希望透過「**逢低加碼；逢高減碼**」之機制，讓所購入的基金降低平均成本，進而提高投資效率。

目前定期不定額的投資方式，通常投信公司會根據某一種參考基準（如：「大盤指數」或「基金淨值」）的高低，設計出不同的扣款金額。以下為表 7-2 國內的中國信託商業銀行，所推出的定期不定額的扣款案例。該扣款案例是依據基金「淨值」高低所設計出來的。

表 7-2　定期不定額依據基金淨值高低所設計出來的扣款案例

加碼			減碼		
投資標的淨值跌幅	扣款金額調整比例	調整後扣款金額	投資標的淨值漲幅	扣款金額調整比例	調整後扣款金額
跌幅 <5%	不變	扣款金額×100%	漲幅 <5%	不變	扣款金額×100%
5% ≦跌幅 <10%	10%	扣款金額×110%	5% ≦漲幅 <10%	-10%	扣款金額×90%
10% ≦跌幅 <15%	20%	扣款金額×120%	10% ≦漲幅 <15%	-20%	扣款金額×80%
15% ≦跌幅 <20%	30%	扣款金額×130%	15% ≦漲幅 <20%	-30%	扣款金額×70%
20% ≦跌幅 <25%	40%	扣款金額×140%	20% ≦漲幅 <25%	-40%	扣款金額×60%
跌幅≧ 25%	50%	扣款金額×150%	漲幅≧ 25%	-50%	扣款金額×50%

資料來源：中國信託商業銀行

　　此外，利用「定期定額」與「定期不定額」來進行基金投資，其兩者的績效表現如何？一直是投資人感到有興趣的議題。以下表 7-3 為國內的中國信託商業銀行針對同樣的基金，進行採取「定期定額」與「定期不定額」（利用淨值高低進行加減碼）的績效比較。

　　由表 7-3 得知：若市場由「多頭市場步入空頭市場」時，採取定期定額的績效為 -10.59%，但採取定期不定額的績效為 -9.04%；若市場由「空頭市場邁向多頭市場」時，採取定期定額的績效為 17.83%，但採取定期不定額的績效為 19.45%。由此兩情形觀之，基金採定期不定額的績效表現都會優於採定期定額的績效表現。所以，實務上許多基金公司都會建議投資人，採取較機動的定期不定額的基金投資法，可以獲取更高的投資報酬。

表 7-3　定期定額與定期不定額績效比較

| 月份 | 多頭市場→空頭市場 | | | | | 空頭市場→多頭市場 | | | | |
| | | 定期定額 | | 定期不定額 | | | 定期定額 | | 定期不定額 | |
	基金淨值	投資金額	購買單位數	投資金額	購買單位數	基金淨值	投資金額	購買單位數	投資金額	購買單位數
1	10.0	10,000	1,000.0	10,000	1,000.0	10.0	10,000	1,000.0	10,000	1,000.00
2	10.5	10,000	952.4	9,000	857.1	9.5	10,000	1,052.6	11,000	1,157.89
3	11.0	10,000	909.1	8,000	727.3	9.0	10,000	1,111.1	12,000	1,333.33
4	11.5	10,000	869.6	7,000	608.7	8.5	10,000	1,176.5	13,000	1,529.41
5	12.0	10,000	833.3	6,000	500.0	8.0	10,000	1,250.0	14,000	1,750.00
6	12.5	10,000	800.0	5,000	400.0	8.0	10,000	1,250.0	14,000	1,750.00
7	12.5	10,000	800.0	5,000	400.0	7.5	10,000	1,333.3	15,000	2,000.00
8	12.0	10,000	833.3	6,000	500.0	7.0	10,000	1,428.6	15,000	2,142.86
9	11.5	10,000	869.6	7,000	608.7	8.5	10,000	1,176.5	13,000	1,529.41
10	11.0	10,000	909.1	8,000	727.3	8.0	10,000	1,250.0	14,000	1,750.00
11	10.5	10,000	952.4	9,000	857.1	9.0	10,000	1,111.1	12,000	1,333.33
12	10.0	10,000	1,000.0	10,000	1,000.0	10.0	10,000	1,000.0	10,000	1,000.00
總投資	-	120,000	10,728.8	90,000	8,186.2	-	120,000	14,139.7	153,000	18,276.23
平均成本	11.21	-	11.18	-	10.99	8.64	-	8.49	-	8.37
報酬率		-10.59%		-9.04%		-		17.83%		19.45%

資料來源：中國信託商業銀行整理

三、母子投資法

所謂的基金母子投資法乃結合「單筆」與「定期定額」的投資方式。通常投資人先將一筆資金投資於較穩定類型的「母基金」，然後每月再從母基金所分配到的利息或本金，提撥依固定金額去投資風險係數較高的「子基金」。這樣的投資方式可兼顧穩健與積極。且通常業者會提供自動停利的機制，一旦子基金達獲利目標即可全數贖回、或者再轉入母基金，所以資金操作較靈活。

理財 NEWS

基金定期定額投資的 5 個盲點

　　定期定額是一種適合小白的理財方式，無需繁雜的財務報表，也不用看那五花八門技術指標，你只需要有一顆堅持長期投資的恆心就可以獲得不菲的收益，所以基金定期定額越來越被人所接受，被稱為「懶人投資」。然而，萬物都是不完美的，定期定額也存在一定的誤解。

1.　有些基金不適合定期定額

　　並不是所有基金都適合定期定額的，比較適合定期定額的基金有股票型基金、混合型基金和指數型基金，這類基金跟著市場走，不穩定、波動較大，屬於中高風險的基金。

　　像貨幣基金和債券基金就不適合定期定額，因為這類基金本身風險就不是很高，我們選擇一個貨幣基金或債券基金看它近一年的收益走勢，可以發現這類基金的收益走勢是比較穩定的，起伏波動不是很大。所以即使定期定額也沒有達到平攤風險的效果，收益也不會太高。

　　像股票和指數這類趨勢波動較大，定期定額買入時有高點，也有低點，這樣才能起到平攤風險的效果。如果整體走勢是向上的，那麼持續時間越長，收益也就越高。

2.　定期定額期限越長越好？

　　這也是普遍存在的誤解。定期定額是一種長期投資策略，一般來説只有長期投資才能完全發揮定期定額的作用，但是定期定額也不像某些投資者認為的，越長越好。如果只是一味的定期定額而不贖回，反而會影響收益。

　　舉個例子，假設從上證指數成立後開始定期定額，每月定期定額 1,000 元，定期定額 10 年，累計報酬率 261.35%，定期定額 20 年，累計報酬率 260.41%。可以發現定期定額 20 年的收益沒有定期定額 10 年的高。這是為什麼呢？

　　因為從資金利用效率的角度看，隨著資金定期定額期數的增加，平攤成本的效應開始減弱，下一次再投入的金額能夠分攤的成本就會越來越低。而且 A 股市場一般 3 ～ 5 年有一個牛熊週期，如果此時市場已經到達中長期的高點，可以考慮贖回基金或部分贖回。

3.　一下跌了就停止定期定額？

　　這是新手小白最容易進入的一個誤解。定期定額的基金都出現了虧損，因為擔心自己會繼續虧損下去，就停止了定期定額。還有直接贖回的，想著等行情好了再定期定額。

第二篇　投資分析與策略

但如果是市場行情引起的下跌，就應該越跌越買，比如：今年國慶長假回來的那幾天。因為只有在低位拿到更多的低成本基金份額，平滑成本，在未來上漲的市場才能獲得更高的收益。而如果你跌了就停止定期定額，等行情好了再開始，那就失去了在低點買入的機會，又回到了「追漲殺跌」的路上了。

4. 定期定額不需要停利？

當然不是！定期定額不僅需要停利，還要擅於停利。停利並非停止定期定額，而是將長期定期定額累積下來的本金和收益的部分或全部取出，然後繼續開始下一輪定期定額。

因為到了定期定額中後期，定期定額的本金量已經很多了，市場一旦下跌，資產就會立即大幅度縮水，所以為了避免這種情況的發生，我們一定要設置好停利點，鎖定收益，讓收益「落袋為安」。

5. 定期定額適合所有人群？

當然不是，基金定期定額並非「四海之內皆適用」的，如果你有高超的技術，嫻熟的市場分析能力，有充足的資金，那麼就沒有做定期定額的必要了，定期定額適合下面這類人群：

(1) 每月扣除各項支出後，仍有閒散資金。

(2) 需要強制儲蓄的月光族。

(3) 受得住長期投資的煎熬，不會因為一次波動就亂了陣腳。

(4) 理性看待投資，丟掉一夜暴富的幻想。

(5) 工作繁忙沒有時間理財的上班族。

最後，再次提醒大家，基金定期定額雖然被稱為「懶人投資」，但並不意味著定期定額沒有講究，凡事豫則立，不豫則廢！定期定額雖然看似簡單，但誤解也很多，並非萬金油，所以願意用心推敲和思考的人往往更能趨利避害。

資料來源：節錄自 Stockfeel 2021/05/28

解說

利用定期定額投資基金是一項理財的好策略，但在進行時，仍有幾項原則須注意，分別為：並不是所有人與基金都適合承作，投資期限也要抓得剛剛好，且在獲利時可以停利，損失時不要停扣等幾項。

7-3　期貨投資策略

　　通常投資人在期貨市場從事期貨操作，其目的不外乎尋求投機或避險交易，其實這兩種交易的策略都一樣，都是期初買（賣）期貨，期末在反向的賣（買）期貨，但投資人若是基於本身現貨的避險而交易，此乃「避險交易」，若不是就是「投機交易」。此外，投資者甚至可進一步在期初尋求同時買賣兩種相似期貨商品，待期末再將之前的合約分別反向沖銷掉，亦可套取一些利潤，此種交易就是「價差或稱套利交易」。所以期貨的操作策略一般可分為投機、避險與套利這三種交易方式。以下將分別介紹之。

一、投機交易

　　所謂單純買賣交易是指投資人原先並未持有部位，為賺取差價而進入期貨市場從事多頭或空頭的交易，待賺取利潤後再反向沖銷部位出場，即一般所稱的投機交易（Speculative Trade），從事此類的投資人稱為「投機者」。

　　投機者對未來市場動向加以預測，希望藉由價格的變動來獲取利潤。投機者通常很少擁有現貨部位，當預期現貨價格將上漲時，就買進期貨契約，待日後期貨價格上漲時再作沖銷賣出，以賺取利潤；反之，預期現貨價格將下跌時，就先行賣出期貨契約，然後希望在日後以較低的價格作沖銷買回，以求取獲利。投機者對於應該先買或先賣之決定，完成取決於他對市場預期，作多或作空的機會均等。不管是作多或作空，投機者通常都會沖銷他們持有的部位，很少將期貨合約持有至到期日或履行現貨商品的交割。一般期貨市場的投資者，以此種操作策略最為常見。通常投機操作分為以下兩種。

(一) 多頭投機操作

　　通常期貨交易人如預期未來期貨價格將上漲，則買進期貨合約，則稱為多頭投機操作；待一段期間後，再反向沖銷多頭部位，但若投機者對於價格的走勢判斷錯誤的話，損失亦不小。

　　例如：投資人看好臺股可能有元月行情，所以「買進」10 口，1 月份的臺股指數期貨合約，以進行多頭投機交易。

(二) 空頭投機操作

　　通常期貨交易人如預期未來期貨價格將下跌，則賣出期貨合約，則稱為空頭投機操作；待一段期間後，再反向沖銷空頭部位，但若投機者對於價格的走勢判斷錯誤的話，損失亦不小。

例如：投資人認為日圓的短期將呈現貶值，所以「賣出」5口，3月份的日圓期貨合約，以進行空頭投機交易。

二、避險交易

通常從事避險交易的投資人，一般都是在現貨市場已經持有或預期未來將會有多頭或空頭部位，為避免將來因為價格變動而蒙受損失，而於期貨市場從事反向部位的操作以避險，從事此類型交易的投資人，稱為「避險者」。

通常避險者是現貨部位的供給者或需求者，必須面對未來現貨價格波動的不確定風險，所以經由期貨交易，將此價格波動風險移轉給願意承擔風險者。期貨價格與現貨價格存在一定的關係，若兩者的價格變動一致，則可達到完全避險。若兩者的價格變動不一致，現貨部位就不可能達到完全避險，因此利用期貨市場進行避險的結果，可能和預期結果相差不遠，到底損益為何，那就要觀察期貨與現貨價格的變化。

一般而言，期貨避險策略可再細分為多頭避險與空頭避險兩種，以下分別說明之：

(一) 多頭避險

多頭避險是指避險者在未來會有現貨部位的需求，擔心將來現貨價格上漲，會使現貨的購買成本增加，對避險者造成不利，於是在期貨市場先買進期貨以尋求避險。若將來現貨價格果真上漲，雖然避險者因現貨的購買成本增加而遭受損失，但在期貨市場因期貨價格也同步上漲，使他所持有的多頭期貨部位產生利得，將可彌補現貨的購買成本增加所遭受損失。

例如：國內咖啡豆進口商，將來欲進口大批生豆，由於近期巴西天氣不佳，導致咖啡豆價格將上漲，於是咖啡豆進口商，先於期貨市場「買進」咖啡期貨，以尋求多頭避險。

(二) 空頭避險

空頭避險是指避險者在未來會有現貨部位的供給，擔心將來現貨價格下跌，會使現貨的出售利潤減少，對避險者造成不利，於是在期貨市場先賣出期貨以尋求避險。若將來現貨價格果真下跌，雖然避險者因現貨的出售利潤減少而遭受損失，但在期貨市場因期貨價格也同步下跌，使他所持有的空頭期貨部位產生利得，將可彌補現貨的出售利潤減少所遭受的損失。

例如：國內工具機出口商，將出口一批機器至中國，未來會收到一筆人民幣，但預期人民幣將趨向貶值，於是工具機出口商，先於期貨市場「賣出」人民幣期貨，以尋求空頭避險。

三、套利交易

所謂的套利交易（Arbitrage Trade）是指投機者在期貨市場，同時買進及賣出兩個（或以上）不同的期貨合約的交易行為，其目的在於套利（賺取價差），亦稱為。套利交易

的操作方式是買進相對價格較低的期貨，同時賣出相對價格較高的期貨，以獲取價差。由於到利交易是同時買賣兩個期貨合約，期貨市場的交易量會變大，將使合約的流通性提高，且價差交易買低賣高的行為，將使合約間價格被扭曲程度降低，此乃套利交易之功能。通常價差交易的型式，一般可分為以下三種：

(一) 市場內價差交易

市場內價差交易是指投資人在同一交易所，同時買賣不同月份但相同期貨商品的交易行為。此種交易是否有套利空間，須視遠月的期貨合約較近月期貨合約多出的持有成本高低而定。通常遠月期貨與近月期貨，兩者價格之間應存在一合理差額，若兩者價格之間出現不合理情形，就買進相對價格低的期貨，同時賣出相對價格較高的期貨，以獲取價差。

例如：假設國內的臺股指數期貨合約，兩個近月份的合約合理價差為 100 點，現在出現 200 點的價差，則投資人此時可同時買進被低估的期貨，並同時賣出被高估的期貨，以尋求市場內價差交易。

(二) 市場間價差交易

市場間價差交易是指投資者在不同一交易所，同時買賣相同月份與相同（或相類似）期貨合約的交易行為。投資者進行市場間的價差交易操作，是考慮相同商品運往不同交易所的運送成本不同、或由不同交易所中規定商品交割品質規格可能有所差異所造成的價差。

例如：新加坡交易所（SGX）與美國紐約商業交易所（NYMEX），都有原油期貨合約，而新加坡本身不產原油，所以當原油運往這兩交易所，所指定的地點交割時，其所耗費的運送成本不同，因此這兩交易所的原油期貨報價，一般會存在合理價差；若當出現不合理價差時，就可進行市場間價差交易。

(三) 商品間價差交易

商品間價差交易是指投資人在同一交易所，同時買賣相同月份但商品不同的交易行為。不同的商品若具有替代性或互補性，則兩者價格變動會有一定的關聯性，若兩者價格差額偏離合理價差時，就會存在套利機會。

例如：在芝加哥期貨交易所（CBOT）交易的農產品期貨中的燕麥與玉米，常用來當畜牧業的飼料，所以兩者互相具有替代性，因此兩者價格關係，具有高度的關聯性。當玉米價格相對燕麥價格偏低時，畜牧業對玉米需求增加，造成價格將上揚；且因燕麥價格偏高，造成需求減少，將得價格趨跌，此時可買進玉米期貨並賣出燕麥期貨，進行商品間價差交易。

7-4　選擇權投資策略

　　一般而言，選擇權的交易策略從簡單到複雜，交易策略包羅萬象，不僅可以，以簡單的基本型態出現，亦可隨意複製、合成出各式各樣的策略，以符合投資人的需求。本書第三章已針對最簡單的單純作多或作空交易進行說明，本節將針對選擇權較複雜的交易策略，如：價差交易、跨騎交易進行簡單的說明。

一、價差交易

　　通常選擇權的價差交易（Spread Trade），一般可依「履約價格」、「月份」的不同，組合出垂直、水平、對角等多種價差交易。以下我們將分別說明之。

(一) 垂直價差交易

　　垂直價差交易是指選擇權交易中，同時買賣相同月份，但不同履約價格的價差交易。因選擇權報價行情表中，履約價格在縱軸，故買賣不同履約價格的合約，屬於垂直的交易方式。

　　例如：買進（或賣出）9月黃金期貨買權（或賣權），履約價格 1,400；並同時賣出（或買進）9月黃金期貨買權（或賣權），履約價格 1,350。

(二) 水平價差交易

　　水平價差交易是指選擇權交易中，同時買賣相同履約價格，但不同月份的價差交易。因選擇權報價行情表，契約的月份在橫軸，故買賣不同月份的選擇權來賺取價差，屬於水平的交易方式。

　　例如：買進9月之黃金期貨買權，履約價格 1,400；且同時賣出6月之黃金期貨買權，履約價格 1,400。

(三) 對角價差交易

　　對角價差交易是指選擇權交易中，同時買賣不同履約價格及不同月份的兩種選擇權的價差交易行為。因選擇權行情表上，所買賣的兩個合約的位置是處於對角關係，故稱對角價差交易。

　　例如：買進9月之黃金期貨買權，履約價格 1,380；同時賣出6月之黃金期貨買權，履約價格 1,400。

二、跨騎交易

　　所謂的跨騎策略（Straddle）是指同時買進（或賣出）一個或數個買權與賣權，所組合而成的操作策略。以下介紹兩種簡易的跨騎策略。

(一) 下跨式策略

所謂的下跨式策略是指同時買進一個買權與一個賣權,其中買權與賣權的履約價格與到期日皆相同。其策略目的在於希望標的物「大漲、大跌」時,能獲利;若在區間盤整則損失權利金,最大損失為兩個部位的權利金之和,如圖 7-2 的 $\overline{OA}$ 損失空間。

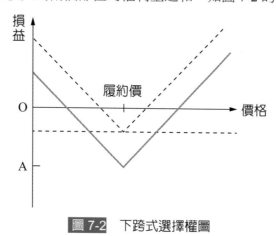

圖 7-2　下跨式選擇權圖

(二) 上跨式策略

所謂的上跨式策略是指同時賣出一個買權與一個賣權,其中買權與賣權的履約價格與到期日皆相同。其策略目的在於希望標的物「區間盤整」時,能獲利,最大獲利的兩個部位權利金之和,如圖 7-3 的 $\overline{OB}$ 獲利空間;若標的物大漲或大跌,則有損失。

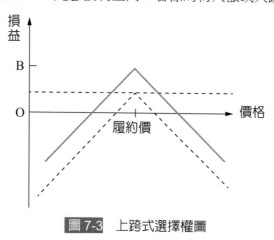

圖 7-3　上跨式選擇權圖

7-5 權證交易策略

　　國內目前所發行的認購權證的投資方式，可採直接買入、或利用現股與權證互相轉換、以及利用對沖率的調整，這幾種策略達到獲利方式，其交易策略的說明如下。

一、總金額對總金額

　　所謂的「總金額對總金額」策略，是指投資人將原來欲買進股票的金額，全數改買認購權證，此種是具有高風險及高報酬的策略，由於槓桿作用的關係，獲利將高達數倍，然而一旦走勢不如預期，亦會造成很大損失，風險性很高。

 **例題 7-1　總金額對總金額**

> 某投資者擁有 $100,000，他可以運用全部資金以每股 50 元買入 A 股票 2,000 股，或是以每股 10 元買入 A 股票的認購權證 10,000 股。在「總金額對總金額」的策略下，投資股票與認購權證的損益表如下說明：

解

	上漲時獲利	下跌時損失
股票	假設股票由 50 元上漲 55 元，則獲利 10,000 元 $(55-50) \times 2,000 = 10,000$	假設股票由 50 元下跌至 45 元，則損失 10,000 元 $(45-50) \times 2,000 = -10,000$
認股權證	假設權證由 10 元上漲 13 元，則獲利 30,000 元 $(13-10) \times 10,000 = 30,000$	假設權證由 10 元下跌至 7 元，則損失 30,000 元 $(7-10) \times 10,000 = -30,000$

　　由上表可知，在「總金額對總金額」的策略下，買入認股權證，投資者可能賺賠的金額會比直接買入股票要多。股價上升時，他所賺的會更多；但當股價下跌時，他所賠的也會更多。

二、總股數對總股數

　　所謂的「總股數對總股數」是指投資人將手中持有的現股部位獲利了結，然後買進等量單位的權證，繼續享有股價上漲的收益。若手中無現股的投資人，如擔心投資股票風險已過高，則可考慮買進與原先欲持有股數等量單位的權證，採取「總股數對總股數」策略損益較現股投資小，且風險也較低。

 例題 7-2　總股數對總股數

續上例題 7-1，投資人仍有 100,000 元，可是這次他策略的是要買與現股等量的 2,000 單位權證，所用金額為 $20,000，其餘的 $80,000 可以放入銀行定存以賺取利息。在「總股數對總股數」的策略下，投資股票與認股權證的損益表如下說明：

解

	上漲時獲利	下跌時損失
股票	假設股票由 50 元上漲至 55 元，則獲利 10,000 元 (55 − 50)×2,000 = 10,000	假設股票由 50 元下跌至 45 元，則損失 10,000 元 (45 − 50)×2,000 = -10,000
認股權證	假設權證由 10 元上漲至 13 元，則獲利 6,000 元 (13 − 10)×2,000 = 6,000	假設權證由 10 元下跌至 7 元，則損失 6,000 元 (7 − 10)×2,000 = -6,000

由上表可知，在「總股數對總股數」的策略下，投資者購買權證承受的風險比較低。當股價上漲的時候，卻不如買正股賺的那麼多；當股價下降時，卻不如買正股虧損的那麼多。

三、對沖率避險

　　對沖率是衡量權證價格與現股價格之間的變動關係，所以投資者可以利用對沖率來調整避險策略中權證買賣的數量，使得權證部位的損益與現股部位相近，此稱為「對沖率避險」（Delta Hedging）。

例題 7-3　對沖率避險

續上例題 7-1，假設某投資者可以用 $100,000 買入 A 股票 2,000 股，若 A 股的認購權證 Delta 值為 0.67，則必須買入 3,000 股認股權證 (2,000/0.67 ≈ 3,000)，此舉用了 $30,000，其餘的 $70,000 便存入銀行賺取利息。在「對沖率避險」的策略下，投資股票與認購權證的損益表如下：

解

	上漲時獲利	下跌時損失
股票	假設股票由 50 元上漲至 55 元，則獲利 10,000 元 (55 − 50)×2,000 = 10,000	假設股票由 50 元下跌至 45 元，則損失 10,000 元 (45 − 50)×2,000 = -10,000
認股權證	假設權證由 10 元上漲至 13 元，則獲利 9,000 元 (13 − 10)×3,000 = 9,000	假設權證由 10 元下跌至 7 元，則損失 9,000 元 (7 − 10)×3,000 = -9,000

此種策略，明顯地這個策略並沒有增加或減低其投資的風險，買賣認股權證的損益與買賣股票的損益差不多。

7-6　商品間套利策略

　　通常套利交易的操作模式，是利用市場中某二種商品的價格變動，具有高度的相關性，在正常的情形下兩者存在著合理價差，當市場短期間出現異常時，使兩者價差擴大，此時可以買進相對低估之商品，同時賣出相對高估之商品，待市場回歸正常時，賺取其間的差價。

　　通常市場會出現異常的原因，可能是市場不完全、市場機能失調與交易制度差異等所造成。通常市場出現異常的情形是短暫的，所以投資人在進行套利交易必須要掌握時效。理論上，套利交易是鎖住兩商品的價格波動風險，去進行無風險的套利；但實務上仍必須考量商品的流動性、違約與匯兌風險、交易制度的限制、以及交易成本等問題，所以必須克服上述問題，套利交易才有進行的價值。

　　通常進行套利交易，至少須同時交易兩種或兩種以上的金融商品；且可能在相同或不同的金融市場同時進行。以下將分別介紹利用「現貨」與「衍生性商品」，這兩種商品的套利策略。

一、利用現貨商品的套利

通常在現貨商品的套利方式，大致可利用股票與存託憑證（DR）、股票與可轉換公司債（CB）以及股票與指數股票型基金（ETF）之間的價差，進行套利。在此套利操作中，必須注意股票融券的諸多限制、DR 或 ECB 的匯兌風險、以及 ETF 的流動性風險等問題。以下將介紹這三種常見的套利方式：

(一) 利用普通股與 GDR

通常進行存託憑證（DR）的套利，是利用 DR 在海外的價格，低於國內普通股的價格，即可買進 DR，放空普通股進行套利。在進行 DR 與普通股套利時，須考量匯兌風險；以及若該股票已達融券上限時，將無法放空的風險，且須注意存託憑證會有轉換凍結期，也將無法順利轉換成股票的風險。以下舉例題 7-4，說明這兩種商品的套利交易情形。

 例題 7-4 利用普通股與 GDR 之間的套利

假設 B 公司至海外發行 GDR，該 GDR 行使比例為國外：國內＝ 1：10，即 1 單位 GDR 可換 10 股的普通股，若當時美元兌臺幣匯率為 32.5 元。

解

若現在一單位 GDR 價格為 10 美元，換成 B 公司股價為 32.5 元（10×32.5÷10 ＝ 32.5），但現在 B 公司股價為 35 元。所以此時投資人即可買進 GDR，並放空普通股，即有 2.5 元（35 － 32.5）的套利空間。

(二) 利用普通股與可轉換公司債

通常利用可轉換債套利，是因為可轉債具有轉換成普通股的特性。若轉換價格低於普通股市價，即可買進可轉換公司債，同時放空普通股，進行套利。但在進行套利時，仍須注意可轉債的流動性，或股票是否已達融券上限時，將無法放空之限制。此外，投資人若是操作海外可轉換公司債（ECB）與普通股的套利，則必須需考量外幣兌換的匯兌風險。以下舉例題 7-5，說明這兩種商品的套利交易情形。

例題 7-5　利用普通股與可轉換公司債的套利

假設 A 公司所發行的可轉債，其轉換價格為 20 元，現在可轉債市價為 130 元，普通股市價為 28 元。此時可買進可轉債，同時放空普通股，進行套利，套利獲利情形如下分析：

解

1. 每一張可轉換公司債發行均以 100 元掛牌，亦即面額 10 萬元。所以一張可轉換公司債，可轉換 5,000 股的普通股（100,000/20 ＝ 5,000 股）

2. 現在可轉債市價為 130 元，若將可轉債轉換成普通股，則轉換後市價為 26 元（130,000/5,000 ＝ 26）。

3. 現在普通股市價為 28 元，即可買進可轉換公司債，同時放空普通股，所以有 2 元（28 － 26）的套利空間。

理財 NEWS

鎖定價差 3 方式操作可轉債套利

- **可不用還債、付利息　中小型最喜歡籌資方式**

　　上市櫃公司發行可轉債，主要是可轉債的利率相較一般企業債券利率低，公司可減少利息費用支出，且多數可轉債的利率為 0，也就是公司借錢不用付利息。而若投資人將可轉債依照轉換比率換成股票，則公司可以不用償還該筆債務，雖然公司股本會增加，但是因投資人轉換時間不同而逐步增加，不會像現金增資時股本增加一步到位，因此不少中小型上市櫃公司喜歡透過發行可轉債來籌資。

　　公司發行可轉債，初期承銷商會先銷售給自己券商的大客戶，而後可轉債在股市交易時，投資人就可直接買賣可轉債，買賣規則與一般股票相同。可轉債 CB 的交易代號，就是該公司股票代號再加上數字，例如：「長榮四」代表長榮（2603）第 4 次發行的 CB，交易代號就是「26034」。

　　一般而言，CB 的發行面額為 10 萬元，相當於股價 100 元，股價高於購入價格時，投資人可將可轉債直接於證券市場賣出，如果股價低於購入價格，則可等到可轉債到期日，約是 3-5 年，依發行條件取得償還的本金及賣回補償利息。

- **可於證券市場賣出 也可等到期日**

　　若要轉換為股票，發行可轉債時就已訂定「可轉債價格」，當股價高於可轉換價格時，才有誘因轉換成股票賣出，通常發行可轉債後 3 個月～到期日前 10 日之間，除依法暫停過戶期間外，都可提出轉換申請。

- **先買可轉債、再賣出現股 賺取價差**

　　可轉債的股價與普通股的股價多有連動性。專家說，當股票市價高過可轉債轉換價格時，投資人也可透過可轉債進行套利。也就是先買進可轉債，另一方面在集中市場融券賣出可轉債可換成的現股數量，再拿可轉債轉換為普通股股票後，進行融券回補，賺取價差。例如，投資人用 11 萬元，買進一張市價 110 元的可轉債，其轉換價格為 40 元，而標的的股價為 50 元，則可轉換股數為面額 10 萬元除以 40 元為 2,500 股，可轉債的價值為 2,500 股乘上股價 50 元，為 12.5 萬元，大於買進可轉債的價格 11 萬元，就有套利空間。不過，進行套利除要準備 2 套資金外，也須考慮買賣的手續費、證交稅等。

　　另外，投資人也需注意，可轉債受到發行規模及公司債特性的影響，週轉率並不高，交易量不如股票市場來的活絡，因此購買可轉債有流動性風險。另外，根據規定，在某些條件下，發行公司得依轉換辦法行使收回權，以現金按約定之價格（通常為面額加上約定之利息）收回全部債券，因此也有發行者提前買回之風險。而若可轉債轉換股票過多下，公司股本將增加，也會左右未來每股獲利，因此一般投資人也必須留意可轉債動向。

資料來源：節錄自自由時報 2023/07/03

解說

　　可轉債是中小型公司所喜歡的籌資工具之一。由於可轉債的股價與普通股的股價多有連動性，所以當兩者之間出現價差時，投資人只要注意流動性風險應可進行套利操作。

(三) 利用 ETF 與普通股

　　通常進行指數股票型基金（ETF）的套利，是利用 ETF 具有實物或現金「申購與贖回」的機制。此機制是為了促使 ETF 的淨值與市價能趨於一致。在進行 ETF 與普通股套利時，須除了考量海外 ETF 的匯兌風險、以及若該股票已達融券上限時，將無法放空的風險，且須注意 ETF 的流動性以及買賣價差的風險。

　　通常當 ETF 市價高於淨值時，投資人可以買進一籃子股票，並同時賣出（放空）ETF，並將其所持有之一籃子股票向投信申請「實物申購」ETF，以因應同日賣出 ETF 之交割，藉此賺取價差套利。相反的，當 ETF 淨值高於市價時，投資人可以買進 ETF，並同時賣出（放空）一籃子股票，並以買進的 ETF 向投信申請「實物贖回」，以因應賣出一籃子股票的交割，藉此賺取價差套利。以下舉例題 7-6，說明這兩種商品的套利交易情形。

例題 7-6　利用 ETF 與普通股之間的套利

假設市場某檔現貨型 ETF 的市價為 50 元，淨值為 47 元，因 ETF 市價高於淨值時，所以可進行 ETF 與普通股之間的套利。套利情形如下分析：

解

1. 此時投資人可以買進代表該檔 ETF 的一籃子持股，其市值約 23,500,000 元（47×1,000×500）。

2. 同時賣出（放空）500 張 ETF，須花費 22,500,000 元（50×1,000×500×0.9），（假設國內融券成數為 9 成）。

3. 再將其所持有之一籃子股票，向投信申購 500 張 ETF，以因應同日賣出 500 張 ETF 之交割，藉可套利 1,500,000 元 [(50-47)×1,000×500]。

◎依據國內 ETF 的實物或現金申購贖回的機制，每次操作須 500 張。

理財 NEWS

30 億進場套利割韭菜　大戶 ETF 套利公式大公開

ETF基金（＿＿＿TW）

| 盤中報價 | 技術分析 | 淨值表格 | 基本資料 | 配息記錄 | 分割合併 | 持股狀況 | 報酬分析 | 報酬走勢 |
| 報酬比較 | 風險報酬 | 多空報酬 | 風險分析 | 相關分析 | 資金流向 | 五力分析 | 趨勢軌跡 | 投資策略 |

ETF基金(＿＿＿TW)

項目	價格	漲跌	漲跌幅(%)	最高價格(年)	最低價格(年)
市價(2020/12/10)	15.3000(台幣)	N/A	N/A	15.3000	15.3000
淨值(2020/12/10)	14.8400(台幣)	-0.2700	-1.79	15.1100	14.8400

　　近期，國內 ETF 買氣夯爆，有種國內投資人鼓動狂買當存股的奇觀，最近更有一檔奇蹟，掛牌當日大盤是下跌的，結果 ETF 反而投資人被追買到逆勢大漲，溢價超過 3%，結果就是當天有近 30 億臺幣資金進到初級市場套利割韭菜。

　　ETF 的交易市場，分為初級市場與次級市場，兩者是同時並存的，但交易規則卻大不相同。大家比較熟悉也常在交易的是次級市場，一次交易單位 1 張，並以市值交易，交易不會影響基金規模；而以大戶或法人為主的則為初級市場，一次交易須達 500 張單位、且以淨值交易，申購贖回之交易則會影響到基金規模。

大家發現了嗎？散戶交易市值，但大戶／法人可以買到淨值，所以當 ETF 過熱而發生溢價時，就會有套利的資金進入到初級市場買相對便宜的淨值，買到後再將部位至次級市場用較高的市值賣出，一來一往即可達到絕對的套利空間！

圖文資料來源：節錄自經濟日報 2021/01/06

> **解說**
>
> ETF 的套利策略，乃利用 ETF 的實物或現金申贖機制。當市場上，若有交易太過活絡的 ETF，常常會出現折溢價過高的情形，此時就出現可套利機會。但通常套利需要大筆資金，所以都是資金大戶或法人，才有足夠的銀彈可進行操作。

二、利用衍生性商品的套利

　　一般而言，利用衍生性商品，來進行套利的方式較為多元，通常可利用現貨、指數股票型基金（ETF）、期貨、選擇權與認購（售）權證等商品相互搭配，進行套利。通常在衍生性商品市場中進行套利，須要眼明手快，因為市場可套利的時間可能很短，所以許多套利機會，大都會尋求「程式交易」來協助。此外，在進行套利時還須注意現股融券是否被限制、以及追蹤誤差與匯兌風險等。以下本文介紹三種常見的套利方式：

（一）利用期貨與指數型股票基金（ETF）

　　在進行現貨與期貨之間的套利，乃利用期貨價格偏離理論價格，且價差足以超過交易成本、資金成本以及模擬誤差時，才會產生套利機會。通常套利的現貨部位，可利用一籃子現股、或指數股票型基金（ETF）來代替。以下本文將利用指數型股票基金（ETF）與期貨來進行說明。

　　通常利用指數型基金（ETF）來替代現貨部位，會比用一籃子股票來的方便許多，但利用 ETF 來替代現貨指數時，套利時必須對照期貨合約價值進行買賣，因此會發生零股部份，必須捨入至以張為單位，而產生誤差。以下舉例題 7-7，說明這兩種商品的套利交易情形。

 ### 例題 7-7 利用 ETF 與期貨的套利

假設現在臺灣加權指數期貨為 7,500，若大盤加權指數為 7,400，此時現貨與期貨有 100 點的正價差。投資人即可放空一口臺股指期貨價位為 7,500，同時買入與期貨合約等值的臺灣 50ETF 共 1,500,000 元（200×7,500）；若當時臺灣 50ETF 市價為 50 元，則可買入約 30,000 股（1,500,000÷50）。若股價指數期貨合約在到期時，當時股價指數期貨價格以 7,200 進行結算，且當日臺灣 50ETF 市價為 48.65 元，此時即可將買入期貨平倉，賣出臺灣 50ETF，即可獲利如下表所示：

解

	臺灣加權指數期貨	臺灣 50ETF 股價指數型基金
期初時	賣出期貨價位 7,500	買進 30,000 股 ETF 價位 50 元
到期時	買進期貨價位 7,200	賣出 30,000 股 ETF 價位 48.65 元
部位損益	(7,500－7,200)×200＝60,000	(48.65－50)×30,000＝-40,500
套利損益	60,000－40,500＝19,500	

(二) 利用權證與股票

利用權證與股票的套利方式，可利用現股與認購（售）權證、或個股選擇權進行。一般而言，權證又分為認購與認售兩種權證可進行操作，如下說明：

1. 當認購權證的權利金加上權證履約價格，低於權證標的物現股的價格，此時可以購買認購權證、同時放空權證標的物現股，進行套利。

2. 當認售權證的履約價格減去權證的權利金，高於權證標的物現股的價格，此時可以購買認售權證、同時買進權證標的物現股，進行套利。

此套利模式仍須注意，有些時候股票融券需被強制回補、或已達融券上限的限制、以及國內個股選擇權的流動性問題。以下舉例題 7-8，說明這兩種商品的套利交易情形。

 例題 7-8　利用認購權證與股票的套利

本例以「日盛 34」這檔認購權證為例：此檔權證的標的物為新光金，權證的履約價格為 27.8 元，行使比例為 1.0，此權證到期日，每單位價格為 3.10 元，新光金股價為 32.7 元。當時認購權證的價格加上權證履約價低於權證標的物（27.8＋3.1＝30.9<32.7）現股的價格，此時可以購買「日盛 34」一張價格 3.1 元，同時放空一張新光金現股 32.7 元。

若將來新光金股價上漲則可獲得 1.8 元的套利空間，若將來新光金股價下跌至比履約價格更低時，可獲取更多套利價差，其套利獲利說明如下：

解

1. 若權證到期時，新光金控上漲至 35 元，則投資人可要求權證履約，此時投資人可用成本 30.9 元（27.8＋3.1）的價格換取市價 35 元的新光金股票，獲得 4.1 元（35－

30.9）的價差；但在先前放空新光金現股 32.7 元股票，以 35 元回補需損失 2.3 元（32.7-35）。所以兩者損益加總，仍有 1.8 元（4.1 － 2.3）的套利空間。

2. 若權證到期時，新光金下跌至 25 元，低於履約價格，則投資人會放棄權證履約，此時投資人必須損失購買權證的 3.1 元成本；但在先前放空新光金現股 32.7 元股票，以 25 元回補可獲利 7.7 元（32.7 － 25）。所以兩者損益加總仍有 4.6 元（7.7 － 3.1）的套利空間。

（三）利用期貨與期貨

　　通常利用期貨與期貨的套利方式，乃利用二期貨商品出現價差時，可以買進相對低估之商品，同時賣出相對高估之商品，待市場回歸正常時，賺取其間的差價。通常在利用台指與摩台指期貨之間的套利，須注意匯率波動的風險。以下舉例題 7-9，說明這兩種商品的套利交易情形。

 例題 7-9　利用期貨與期貨的套利

本例以台指與摩台指期貨之間的套利來說明：假設某日的台指現貨為 5,736，6 月份台指期貨為 5,675，所以兩者產生 61 點的逆價差。且當日的摩根台指現貨為 258，6 月份摩根台指期貨為 258.8，所以兩者有 0.07 點的正價差。此時市場出現一正一負的價差，投資人可買進 2 口價值 4,540,000 元（5,675×200×4）的台指期貨，同時賣出 5 口價值 4,417,716（258.8×100×34.14×5）摩根台指期貨（當日的臺幣匯率為 34.14），以進行套利。套利說明如下：

解

1. 若期末時，台指期貨以 5399 點進行結算，此時台指期貨共損失 220,800 元 [(5,399 － 5,675)×200×4]。

2. 若期末時，摩根台指期貨以 246.3 點獲利平倉，此時摩根台指期貨共獲利 213,125 元 [(258.8 － 246.3)×100×34.10×5]（當日的臺幣匯率為 34.10）。

3. 所以，上述兩者共可套利 7,675 元（220,800 － 213,125）。

本 章 習 題

題號前有★號之題目附詳解

【基礎題】

★( ) 1. 現在甲股票一股為 100 元，若市場融資成數為 60%，投資人可以融資到的金額為何？

(A) 60,000　(B) 40,000　(C) 100,000　(D) 10,000

★( ) 2. 現在丙股票一股為 50 元，若市場融券保證金成數為 90%，投資人須繳交多少元的融券保證金？

(A) 5,000　(B) 50,000　(C) 45,000　(D) 10,000

( ) 3. 請問當日沖銷為何？

(A) 先融資再融券　(B) 先融券再融資　(C) 以上兩者皆可　(D) 以上皆非

( ) 4. 下列何者非定期定額投資基金的好處？

(A) 分散風險　(B) 穩定投資　(C) 理財便利　(D) 獲利較高

( ) 5. 下列何種基金較適合定期定額的操作？

(A) 債券型基金　(B) 貨幣型基金　(C) 平衡型基金　(D) 股票型基金

( ) 6. 下列有關期貨投機策略的敘述，何者有誤？

(A) 屬買低賣高之操作策略　(B) 承受期貨避險者之風險
(C) 根據預期賺取價差利潤　(D) 持有現貨部位

( ) 7. 請問期貨的避險交易是指何者？

(A) 期貨與現貨間一買一賣的操作　(B) 期貨與期貨間一買一賣的操作
(C) 現貨與期貨間同時賣出的操作　(D) 以上皆是

( ) 8. 請問期貨的套利交易是指何者？

(A) 期貨與現貨間一買一賣的操作　(B) 期貨與期貨間一買一賣的操作
(C) 現貨與期貨間同時賣出的操作　(D) 以上皆非

( ) 9. 請問選擇權的對角價差交易，主要是根據哪兩項的差別所組合而成？

(A) 履約價與月份　(B) 履約價與權利金
(C) 權利金與月份　(D) 權利金與成交量

( ) 10. 請問選擇權上跨式（Top Straddle）策略主要用於何時？

(A) 多頭市場　(B) 空頭市場　(C) 預期未來標的期貨價格將大幅波動
(D) 預期未來標的期貨價格將維持平穩

★(　) 11. 某券商發行以 x 股票為標的物之認購權證共 1,000 萬單位，其 Delta 值為 1.0，
該券商若欲達成對沖避險，則需交易多少股 x 股票？
(A) 買進 500 萬股　　(B) 放空 500 萬股
(C) 買進 1,000 萬股　(D) 放空 1,000 萬股

(　) 12. 請問通常進行商品間套利交易，須注意哪些風險？
(A) 流動性　(B) 匯兌　(C) 違約　(D) 以上皆是

【理財規劃人員證照題】

(　) 13. 股價或基金淨值下跌時加碼攤平策略的運用原則，下列敘述何者錯誤？
(A) 攤平的運用只限於分批買入的情況
(B) 不要用原股票質借出來的錢攤平
(C) 較適合資金量小且短期投資的散戶
(D) 先檢視當時的市場有否更佳選擇，才考慮將多餘資金向下攤平

【第 29 屆】

(　) 14. 採取定期定額的理財策略可能陷入下列何項迷思？
(A) 短期震盪幅度大，長期向上趨勢明顯適合採定期定額投資
(B) 定期定額投資因可向下攤平，所以在空頭市場也不會有所損失
(C) 定期定額投資仍應注意股價趨勢，適時做好資產配置
(D) 全球市場基金應具有分散風險的特性，故為定期定額較適合的投資標的

【第 30 屆】

(　) 15. 下列何組基金類型，具有套利的機會？
(A) 指數股票型基金（ETF）與避險基金
(B) 國內債券型基金與指數股票型基金（ETF）
(C) 保本型基金與封閉型基金
(D) 指數股票型基金（ETF）與封閉型基金　　　　【第 30 屆】

★(　) 16. 某投資人買進一口相同到期日之歐式買權與歐式賣權，其履約價格均為 40
元，若買權的權利金為 4 元，賣權的權利金為 3 元，則到期時股價在什麼範圍
內，投資人才有淨利？（不考慮交易手續費及稅負）
(A) 介於 37 元與 44 元之間
(B) 介於 33 元與 47 元之間
(C) 低於 37 元或高於 44 元
(D) 低於 33 元或高於 47 元　　　　【第 32 屆】

( ) 17. 有關定期定額投資基金，下列敘述何者正確？

(A) 基金淨值上揚時買入更多單位數

(B) 基金淨值下跌時自動停止扣款

(C) 定期定額贖回原投資

(D) 每月自銀行帳戶自動扣款　　　　　　　　　　　　【第 37 屆】

( ) 18. 以期貨建立一個相反於現貨的部位來規避商品價格變動的風險，係利用期貨之下列何種特性？

(A) 期貨與現貨價格間具有同方向變動的特性

(B) 期貨與現貨價格間具有反方向變動的特性

(C) 期貨的到期日價格一定低於現貨價格

(D) 期貨的到期日價格一定高於現貨價格　　　　　　　【第 38 屆】

( ) 19. 運用定期定額策略投資共同基金時，下列敘述何者錯誤？

(A) 越早規劃越好，越能享受長期投資增值的好處

(B) 適合長期性的理財目標

(C) 搭配保險產品時，應先考慮保險需求

(D) 漲時買的單位數多，跌時買的單位數少，長期下來發揮降低投資平均成本的效果　　　　　　　　　　　　　　　　　　　　　【第 41 屆】

( ) 20. 定期定額投資的好處之一，是不管市場持續上揚、下跌或波動時，平均每股成本皆低於下列何者？

(A) 平均價格　(B) 期初成本　(C) 期末成本　(D) 任一市價　【第 41 屆】

第三篇

理財規劃

　　一般而言，理財規劃的目標，乃在於能長期持續保有或降低減損自身財產的前提下，進而追求更高效益的資金配置活動。因此理財活動最重要的原則，就是能夠讓現有資產達到長期「保值」的基本要求。本篇的主要內容為理財規劃篇，其包含三大章，主要介紹理財活動中，常用到的保險、稅務與信託常識，希望藉由這三種理財規劃，讓資產能夠達到長期「保值」的效果。

CH **08** 保險規劃

CH **09** 稅務規劃

CH **10** 信託規劃

Chapter **08**

保險規劃

本 章 架 構

　　本章內容為保險規劃，主要介紹保險的簡介、人身與財產保險商品、以及保險的保障規劃等。其內容詳見下表。

節次	節名	主要內容
8-1	保險簡介	介紹保險的運作與商品種類。
8-2	人身保險	介紹人壽、健康、傷害、年金與投資型保險。
8-3	財產保險	介紹火災、海上、陸空、責任、保證與其它財產保險。
8-4	保險的保障規劃	介紹人生四種不同時期的保險規劃。

本 章 導 讀

　　一般而言，人們在日常生活中，從事各種活動，難免會遇到一些不可預期的事情，而造成個人財產或身體損傷的風險。因此現代文明人，大都會利用各種保險商品來尋求規避風險。因此有關保險的種種觀念，是現代人不可或缺的基本知識。以下本章將分別介紹保險的簡介、人身與財產保險、以及保險的保障規劃這四個部分。

8-1　保險簡介

　　俗語說：「天有不測風雲，人有旦夕禍福」。人世間所存在的人事物，多多少少會遇到不順利的偶發事件，可能會導致生活不安定、經濟損失、甚至生命危險。因此為了降低這些不確定性，所帶來的風險，市場上出現了專營規避這些風險的法人機構（保險公司），推出保險合約，以讓這些不可預期的風險，所造成的傷害降低。所以對於保險的運作與商品種類的認知，對於現代人而言是一項重要課題，以下將分別介紹之。

一、保險的運作 [1]

　　所謂的「保險」（Insurance）是指由一群人共同繳納一筆費用，當群體中某一個體發生不可預料、或不可抗力之事故導致損失時，就由那筆共同繳納的費用來補償之。所以保險其實就是一種「一人有難，眾人平攤」的社會風險轉嫁機制。通常保險機制的運作，必須有以下幾種成員或機構，來共同參與之。以下將介紹這些運作的成員：

（一）保險人

　　所謂的保險人是指經營保險事業之各種組織，在保險契約成立時，收取保險費用；當承保危險事故發生時，依其承保之責任，需負擔賠償之義務。通常保險人都是大型的保險公司，一般可分為「人壽保險公司」與「產物保險公司」兩種機構。

　　通常「人壽保險公司」主要提供人身保險，包括人壽保險、健康保險、傷害保險及年金保險等。「產物保險公司」主要提供財產保險，包括火災保險、海上保險、陸空保險、責任保險、工程保險等。

（二）要保人

　　所謂的要保人是指對保險標的具有保險利益，向保險人申請訂立保險契約，並負有交付保險費義務之人。且在保險合約中，具有更改受益人的權利。

第三篇　理財規劃

1　傳統上，保險的運作，都是由「保險公司」承擔風險。但是隨著數位科技與網路社群的發達，使得科技與社群的元素滲入至保險的運作模式，所以網路市場興起一種由電子科技公司所成立的「P2P 保險」經營模式。P2P 保險平臺的運作特點，大致有風險共同承擔、保費返回機制、以及運作透明自主等特點。其運作模式說明如下：

　通常 P2P 保險的運作模式，是以若干保戶所組成的團體為一個單位，首先，每位保戶先繳交一筆保費置團體內；然後，再將團體內的所有保費，分成兩個部分。一部分去為整個團體，購買傳統保險商品所支付的保費，另一部分則進入回報資金池。以下依成員是否有發生出險的情形，分成兩種狀況說明：

　(1) 當保費到期時，只要團體內保戶沒有人出險，各保戶就可以均分拿回資金池中的資金。所以出險率低的用戶，就可以獲得實質性的保費返回獎勵。

　(2) 當若保費期間有成員發生出險，若是小額理賠，先從回報資金池的資金支應；當理賠資金超出資金池所能承擔的部分，才由保險公司進行理賠。

(三) 被保險人

所謂的被保險人指於保險事故發生時,遭受損害,享有賠償請求權之人;通常要保人亦得為被保險人。通常被保險人,在保險合約運作後,就不可再更改。

(四) 受益人

所謂的受益人指被保險人或要保人約定享有賠償請求權之人,通常要保人或被保險人,均得為受益人。通常受益人都是由要保人或被保人指定之。

二、保險商品的種類

一般而言,市面上的保險商品,不外乎針對個人的身體與財產安全,進行保障。因此保險商品大致可分為「人身保險」與「財產保險」兩大類。以下簡單介紹之:

(一) 人身保險

人身保險(Personal Insurance)是指與人相關的一切風險,舉凡與個人的生命、健康有關的風險,如:死亡、殘廢、疾病、傷害、老年、失業等。通常市面上的人身保險商品,主要包括人壽保險、健康保險、傷害保險、年金保險與投資型保險等幾種類型。

(二) 財產保險

財產保險(Property Insurance)是指個人所擁有的財產所產生的直接或間接風險。直接風險是指風險事故,直接造成財產的損失,如:火災所造成的財產損失。間接風險是指風險事故,連帶的造成其它事件的影響,導致財產的損失,如:交通工具運輸誤點,所造成的經營損失。通常市面上的財產保險商品,主要包括火災保險、海上保險、陸空保險、責任保險、保證保險與其它財產保險等幾種類型。

理財
NEWS

保單贈與四情境恐涉贈與稅 不可不知

保單贈與可能觸及贈與稅紅線,富邦證券表示,年底欲以保單進行贈與規劃者,保單安排不可大意,若涉及贈與事實,應及早調整或進行必要的補報。富邦證券專家表示,以下四種行為,涉及遺產及贈與稅法規定贈與情事,不可不知。

1. **變更要保人為他人**:許多長輩在投保時以自己為要保人,保有保單控制權,要保人享有保險契約的多項權利,可隨時終止契約並取得解約金,或以保險契約向保險人借款,若指定或變更受益人,變更要保人,保單權利及財產一併移轉,價值計入移轉年度的贈與。

2. **非要保人的受益人**：領取生存金或滿期金要保人與受益人非屬同一人，保險公司給付受益人滿期保險給付時，給付金額屬於要保人對受益人的贈與，且 2006 年起投保的人壽及年金保險，要保人與受益人非屬同一人的滿期給付，要再計入受益人當年度的最低稅負計算，等於是兩頭算，大額的滿期金案件，千萬要避免這樣安排。

3. **他人代繳保費**：要保人負有繳納保費的義務，雖然保險公司受理保單關係人可以繳納保費，不表示代繳行為免納贈與稅，也不會因為保險金受益人是代繳人而可以主張非贈與。

4. **他人代償保單借款**：也是以贈與論，計入代償者年度的贈與額。

　　富邦證券專家表示，年金險進入給付後，被保險人是生存金的受益人，若被保險人非要保人，會被認為屬於贈與，除非要保人指定他人為受益人，在保單存續期間，受益人尚未領取生存金或滿期金，則未有受贈利益，尚無關贈與。

資料來源：節錄自中央社 2017/11/21

解說

　　近年來，國人常利用保單將來到期時，所領的保險金來規避遺贈稅。證券專家表示，若出現「變更要保人為他人」、「非要保人的受益人」、「由他人代繳保費」、「由他人代償保單借款」等四種行為，恐涉及遺贈稅法所規定的贈與事宜，所以國人需注意這些細節。

8-2 人身保險

　　一般而言，人身保險是以人體的健康、身體完整及壽命長短做為保險所要保障的客體，將生病、死亡、受傷害作為要防範的風險。通常市面上的人身保險商品，分為人壽保險、健康保險、傷害保險、年金保險與投資型保險等幾種類型。以下將分別介紹之：

一、人壽保險

　　人壽保險（Life Insurance）簡稱壽險，是以人的生死作為保險對象的保險。當事故發生時，由保險公司負責給付所約定的保險金。早期人壽保險是以死亡為保險事故，而發展出來的「死亡保險」；後來則發展出以生存、或生死均為保險事故的「生存保險」以及「生死合險」。所以人壽保險，在經濟功能上，已由原本為死亡做準備，進而發展到具備儲蓄與養老的功能。所以人壽保險，大致可分成死亡保險、生存保險與生死保險這三種類型。

第三篇　理財規劃

(一) 死亡保險

死亡保險是以保險期限內，以被保險人死亡（包括全殘）為保險條件，由保險人給付保險金的保險。通常死亡保險，又依據保險期間可分為「定期壽險」與「終身壽險」兩種。

1. 定期壽險

定期壽險是指被保險人於保險契約期間內死亡，保險人將依約給付死亡保險金。但若保險期約期滿，被保險人仍生存，則不給付保險金。此種保險的保險期間較終身壽險短，所以保險費也較便宜。

2. 終身壽險

終身壽險的保險期間是終身，所以人難免一死，必定可以領取死亡保險金，所以保險費也較高。通常繳交保費方式，又可分為「躉繳」、「終身繳」、「限期繳」三種方式。

(1) 躉繳型終身壽險：是指一次繳清全部應繳的保險費。

(2) 終身繳費終身壽險：是指保險費隨著保險期間的經過，只要被保險人在世就依照約定繼續繳納保險費者。

(3) 限期繳費終身壽險：是指保險費只限於一定年限，如：10 年、20 年或繳費到60 歲為止者，以後不必再繳保費。目前市面上終身壽險，大都以此種繳費方式居多。

(二) 生存保險

生存保險是以約定的保險期限滿時，被保險人仍然生存為保險條件，由保險公司給付保險金的保險。由於生存保險可提供保戶於契約期滿後一筆資金，類似「零存整付」的儲蓄功能，所以又稱為「儲蓄保險」。但生存保險，若被保險人，如在保險契約有效期間內死亡，保險人則無須理賠。

(三) 生死保險

生死保險是生存險與死亡險的結合，其功能可同時保障生存與死亡的風險。當被保險人於保險契約期間內死亡，保險人將依約給付死亡保險金；但若於保險契約期間仍健在，則可領取生存保險金。因此生死保險，除了提供死亡保險的「保障」功能外，亦可提供給生存保險金，兼具「儲蓄」功能。因此此種保險的保費較死亡險高，一般可用於被保險人的老年養老金使用，故又稱為「養老險」。

現在的保險業者為配合社會大眾逐漸重視保障的需求，在養老險的商品設計上變化甚多，以下 5 種是市場常見的養老保險類型。

1. **多倍給付型養老保險**

   所謂的多倍給付型養老保險，是指在保單設計時，在養老險上附加倍數保額。例如：若附加一個被保險人於保險期間內死亡，便可以得到二倍保額的死亡保險金；但保險期滿仍生存時，可領得原保額的滿期（生存）保險金。

2. **增值型養老保險**

   目前各壽險公司所設計之增值型養老保險，是以養老保險為基礎，每年依複利或單利方式增加投保金額。將來無論被保險人在保險期間內死亡或存活，皆以增值後的保險金給付滿，所以有對抗通貨膨脹的功能。

3. **養老終身型保險**

   養老終身型是以養老險與終身險混合設計而成的保險商品。當被保險人於保險期間內死亡，則保險公司給付養老與終身兩個死亡保險金；若被保險人於期滿仍存活，則先給付養老險的保險金，待被保險人死亡後，再給付終身險的死亡保險金。

4. **還本型終身保險**

   還本終身型是變化養老終身型保險而成的保險商品，即保單每經過 5 年或 10 年，先給付被保險人一定百分比的保險金額，直至終身止，在被保險人死亡時，再給付死亡保險金。

5. **附生存給付養老保險**

   附生存給付養老保險是以養老險為主，亦即每年或一定期間給付生存保險金，一般用於兒女教育經費，所以又稱為「教育年金保險」。

二、健康保險

健康保險（Health Insurance）主要保障被保險人因疾病或分娩，導致殘廢或死亡時，保險公司就其醫療費用及工作收入損失，提供約定的補償保險金。通常市面上的健康保險，又可分住院醫療保險、癌症保險、重大疾病保險、長期看護保險、失能保險等五種。

(一) 住院醫療保險

住院醫療保險是指保險人對被保險人因意外事故或疾病，需住院治療而支出的各項費用，負起保險給付責任的健康保險。

(二) 癌症保險

癌症保險是指保障被保險人經診斷為癌症，所必須支付治療而支出的各項費用，負起保險給付責任的健康保險。

(三) 重大疾病保險

重大疾病保險是指保障被保險人經診斷為重大疾病，所必須支付治療而支出的各項費用，負起保險給付責任的健康保險。

(四) 長期看護保險

長期看護保險是指保障被保險人需要長期看護，所必須支出的各項費用，負起保險給付責任的健康保險。

(五) 失能保險

失能保險是指保障被保險人因遭受傷害或疾病而喪失能力，負起保險給付責任的健康保險。

理財 NEWS

為何醫療險買了卻不賠？可能犯了 5 地雷

臺灣人愛買醫療險，壽險業者說，單就醫療險投保率，應已超過商業壽險平均投保率 240.35%，亦即每人至少會買超過 2.4 張醫療險。但醫療險理賠爭議多，壽險業者建議 5 招，就有機會避開「保而不賠」窘境。

1. 投保時，誠實填寫健康告知書

少數民眾在投保醫療險填寫「健康告知書」時，對既往病症、例如：高血壓或曾有過的就診紀錄，有所隱瞞，以為一路勾「否」就對了。殊不知，壽險業者只要調病歷，就可完整追溯查證。

‧注意！違反誠信壽險公司可解除契約

但投保醫療險時，未做健康誠實告知，壽險公司為何不賠？第一金人壽總經理解釋，保險契約是種「定型化契約」，投保時的「書面詢問事項」、例如：「健康告知書」，是基於誠信原則下進行，當壽險公司發現保戶是帶病投保，有隱匿過往病史或說明不實，壽險公司都可能會以「違反告知義務為由」，解除保險契約。

2. 了解理賠範圍，並注意除外責任

半數以上民眾只知道自己「有醫療險保單」，但對保障內容或理賠項目，卻不求甚解。例如：民眾「生病就醫」後，想申請醫療理賠，但自己投保的卻是「意外醫療險」，後者只賠「因意外」造成的就醫費用，無法理賠「疾病」所產生的醫療費用。還有人買了「手術險」，以為只要去醫院，接受任何「處置」都會賠。

・注意！「手術」涵蓋範圍其實很廣

　　保戶進行的手術，若不是保單契約所涵蓋的手術項目也不會賠，例如：投保「重大疾病險」，但保戶動的是「骨刺手術（手術內容與重大疾病無關）」，也不會理賠。要避免上述情況，專家建議，民眾投保時，應花時間了解保單的基本結構和承保範圍、保障內容，尤其注意其中列出的「除外責任」有哪些，像是「外科整型（醫美）、裝置義齒、健康檢查、人工受孕、流產」等，這些應都屬醫療險除外責任，即「不承保、不理賠」範圍。

3. 非健保身分就醫，恐無法獲得全額給付

　　最多人會買「住院日額和實支實付」醫療險，希望藉此補貼健保「不給付」的部分負擔醫療項目，但專家提醒，在面對特定診療情況時，壽險公司不一定會「全額給付」，例如：「非健保身份就診」。像是「海外就醫」和「前往未符合『醫院』定義的醫療院所治療」，保戶就有可能被壽險公司視為以「非健保身分就診」。

・注意！海外就醫、專科診所恐不給付

　　例如：若投保實支實付醫療險，在海外因病或意外住院治療，因為民眾是以「非健保身分」就醫，會以實際支付費用不低於 65% 的特定比率給付，無法「全額給付」保險金。但保戶回國後，可向健保局申請核退，再依照收據，向壽險公司申請限額內的住院醫療理賠給付。另外，坊間還有不少「專科診所」，提供門診手術或短期留院觀察醫療項目，這類醫療院所，與住院醫療險所定義的「醫院」不同，即便術後留院觀察，最多也只能算是「門診治療」，無法獲得住院日額醫療險給付。

4. 非必要性住院可能不賠

　　民眾可能會認為花了那麼多錢買保險，一旦住院，會想方設法多領些理賠金，較常見的情況是，醫生診斷患者復原狀況良好，不須繼續住院，但患者卻主動要求「自費住院」，藉機取理賠金與自費之間的「差額」。

・注意！想多領理賠金可能反虧

　　舉例：張先生因「鎖骨骨折」開刀，住院 8 天，3 天是「健保身分」住院、5 天是「自費住院」。通常壽險公司理賠時可能會認為，鎖骨骨折的術後復原住院「最多 3 到 4 天」，張先生雖另自費住院 5 天，但在自費住院病歷記錄上，未有「傷口潰爛」或「醫生診斷需配合住院治療」等證明，壽險業在評估「住院之必要性」後，很可能只理賠以健保身分住院共 3 天保險金，但自費住院 5 天的住院醫療費，可能完全不理賠。

5. 掌握保單繳費情形

　　想獲得保險理賠，前提是保單要「有效」，保單若已失效，連保障都沒了，自然不可能獲賠。專家表示，若是「年繳、半年繳」保單，保戶一逾期繳費，壽險公司會有催告通知，催告通知到達隔天開始，有「30 天寬限期」，在「寬限期間內」發生保險事故，保險公司會理賠，但過了寬限期仍未繳費，保單便「停效」。

圖文資料來源：節錄自聯合報 2017/12/19

第三篇　理財規劃

三、傷害保險

　　傷害保險（Injury Insurance）是保障被保險人因意外傷害，導致殘廢或死亡，保險公司將依約定補償被保險人的醫療費用及收入損失、或死亡保險金。通常傷害保險可分為普通傷害保險、旅行傷害保險及職業傷害保險等三種。

(一) 普通傷害保險

　　普通傷害保險又稱「個人傷害保險」，指被保險人在保險期間，因遭遇意外傷害，導致身體遭受傷害而出現殘廢或死亡，保險公司依約給付保險金的保險。

　　此外，近年來壽險公司配合政府照顧弱勢族群政策，推出「微型保險」，乃提供經濟弱勢的族群，因應特定風險基本保障的保險商品。通常保費較一般的傷害保

險低廉，此保單可提供經濟弱勢族群，最基本的殘廢或死亡的保障，避免遭受突發事故對家庭經濟造成嚴重衝擊。

(二) 旅行傷害保險

　　旅行傷害保險又稱「旅遊平安保險」，指被保險人在旅行期間，因遭遇意外傷害，導致身體遭受傷害而出現殘廢或死亡，保險公司依約給付保險金的保險。

(三) 職業傷害保險

　　職業傷害保險，指被保險人在保險期間，因遭遇意外傷害導致無法工作，保險公司依約給付保險金的保險。

四、年金保險

　　年金保險（Annuities Insurance）是指被保險人在其生存期間或特定期間內，期初先一次或分次繳交保險費，之後保險公司依契約，在一段期間後一次給付或分期給付一定金額保險金的保險。但通常大都以「定期定額」的方式，給付保險金至被保險人死亡為止。所以年金保險與前述的壽險中的生存保險很相似。差別在於生存保險比較屬於「零存整付」的方式；年金保險比較屬於「整存零付」的性質。

　　通常購買年金保險，大都是為保障被保險人自身日後，須具有足夠的生活開銷經費，並以彌補社會保險或退休金不足的部分。通常年金保險，又可分為傳統型、利率變動型與變額型年金保險等三種。

(一) 傳統型年金保險

　　傳統型年金保險，又依年金給付時期可分為「即期年金」與「遞延年金」兩種保險。

1. 即期年金保險

即期年金保險是指購買此保險後，就一次躉繳所有保費，並立即開始領取年金保險金。此類是用於有一筆大額資金的購買者，可將一筆大額資金轉換成年金來使用。

2. 遞延年金保險

遞延年金保險是指購買此保險後，經過若干年後或被保險人達到一定年齡後，才可使開始領取年金保險金。此類保險費的繳納方式，又可分為一次繳納的「躉繳遞延年金保險」、以及分次繳納保費的「分期遞延年金保險」。

(二) 利率變動型年金保險

　　利率變動型年金保險是指購買此保險後，保戶所繳的保費依宣告利率加計利息計算，並一直累積至年金開始支付止；然後再按照當時年金帳戶裡，所有累積的資金換算成年金，一次或分次發放給保戶。此種年金保險的優點是具有最低保證利率的保障，且在利變機制下，年金可望以階梯式成長，可對抗通貨膨脹的風險。

(三) 變額型年金保險

　　變額型年金保險是指購買此保險後，保戶所繳的部分保費會拿去投資基金，因此將來保戶所領到的年金金額將與投資績效有關。

第三篇　理財規劃

理財
NEWS

儲蓄險就像定存一樣？錯！
不懂這三件事會讓你存不到錢

習慣，或在低利時代覺得存錢速度太慢，那風險相對低、報酬穩定的儲蓄險，可能是一個選擇。不過，決定買儲蓄險之前，建議先停下腳步，了解以下 3 件事情，才不會沒存到錢，甚至還賠了本金。

1. 期滿前就提早解約，拿不回所有本金

市面上常見的儲蓄險，有 6 年期、10 年期或 20 年期等，保戶如果不是選擇躉繳（即一次繳清），那每年、每半年、每季或每月都必須要繳費，等於具有「強迫儲蓄」的優點，幫助沒有存錢定力的人，把錢真的留下來。

可是要留意，儲蓄險並不是定存，可以隨時領回，失去的只是利息。當突然繳不出保費，或急需用錢而提早解約，之前投入的本金並不能全數拿回，甚至有些商品可能到繳費期滿，也只會剛好接近繳納的本金。以郵局的 6 年期還本終身保險為例，如果在前 5 年之間解約，只能拿回 84% 至 89% 之間的本金。

因此，放進儲蓄險的資金，一定要是繳費期間內沒有特別用途，或確保自己未來繳費期間，都可以固定留下一筆錢。另外，繳費年期也應該慎選，否則年期過長，不確定性也會跟著提高，增加存不到錢的風險。

2. 儲蓄險的報酬率，並不是 DM 上的預定利率

第二件要了解的事情，是許多人一定非常在意的問題：儲蓄險利率真的比定存好嗎？回答這個問題之前，首先要了解常常在保險 DM 上看到的利率，其實是「預定利率」。預定利率並非保戶未來實際拿到的報酬率，而是保險公司扣除保險成本、行政費用之後，預計獲得的報酬率。

因此，想知道儲蓄險實際的報酬率，應要使用 IRR（內部報酬率）計算。保戶除了可自行使用 Excel 試算，網路其實也有很多方便的計算機，只要輸入儲蓄險年期、年繳保費、領回時間以及期滿領回金額（或每年還本金額），就能得出 IRR，這時候可再跟活存、定存比較，判斷要選擇哪項工具。

3. 儲蓄險可以幫忙存錢，但不能幫忙轉嫁風險

保險的重要功用之一是轉嫁風險，但如果投保的是儲蓄險，應注意儲蓄險著重於存錢，而不是保障。以 30 歲男性為例，保額 100 萬元的一般終身壽險，年繳保費為 3 萬 1,300 元。但相同保費若是投保儲蓄險，只能擁有不到 20 萬元的保額。

所以投保儲蓄險之前，應先檢視自己的保障是否足夠，不夠的話這筆預算建議優先補足，否則真正發生意外、疾病時，儲蓄險難以形成保護網，無法提供足夠的保障。

圖文資料來源：節錄自經濟日報 2019/08/06

解說

在這低利時代，國人愛買儲蓄險來替代定存。基本上，儲蓄險只要符合儲蓄功能，並具有資產增值的保單，其常常結合年金險、終生壽險與養老險等險種。投資人欲購買前，專家仍提醒須注意以下三點，以免沒存到錢，甚至還賠了本金。第一：若期滿前就提早解約，拿不回所有本金、第二：儲蓄險的報酬率，並不是 DM 上的預定利率、第三：儲蓄險可以幫忙存錢，但不能幫忙轉嫁風險。

五、投資型保險

投資型保險（Investment Insurance）乃保險公司推出兼具「保險」與「投資」的保險商品。投保人通常期初繳交或定期、不定期繳交一筆保險費後，保費除了一部分用來支應保險成本與保單相關費用外，其餘的保費則會依照保戶事先約定的投資方式與投資比重進行投資，投資人必須自行承擔所選擇的標的資產所帶來的損益。

過去投資型保險的投資標的是由保戶自選，盈虧也是保戶自負，但不是每位保戶都懂得如何投資，於是產生「類全委保單」。所謂「類全委保單」就是「全權委託功能帳戶保單」，此乃保戶將資金交給保險公司後，再由保險公司委託投信或投顧代為專業的投資操作，由於不是保戶直接把資金交給投信來操作，並非保戶自己委託，因此才被掛上「類」全委的名稱，其亦屬投資型保險的一種。通常投資型保單又可分為變額型、變額萬能型、變額年金型等三種類型。

(一) 變額壽險

變額壽險是指投保人繳費固定的保險費，但保險金額不固定，所以可供投資的資金也會隨時變動，保戶可以自行選擇投資標的，直接享有投資報酬並自行承擔風險。

第三篇　理財規劃

（二）變額萬能壽險

變額萬能壽險與變額壽險的差異，在於保戶可隨自身的狀況，繳費不固定的保險費。所以變額萬能壽險同時擁有繳費彈性、保額調整、以及由保戶自行選擇投資標的之特性。

（三）變額年金保險

變額年金保險與變額萬能壽險同時擁有繳費彈性、保額調整、以及由保戶自行選擇投資標的之特性。且將來保險金的給付，可採年金給付方式可由保戶自行選擇一次或分年提領。

理財 NEWS

想賺錢，投資型保單可靠嗎？4 大重點，
選出能幫你賺錢的「類全委」保單！

目前，開放全委代操的保單，就是被稱為「類全委」的投資型保單，其中主要保險平臺為「變額年金」、「變額壽險」及「變額萬能壽險」三種。變額年金由於沒有壽險保障，保費費用率大約在 2 ～ 3% 左右，所有保戶投入資金幾乎都可直接投資。至於變額壽險與變額萬能壽險，則會依照「基本保費」與「超額保費」的不同，各扣取「前 5 年共 150%（前收型保單）」，或是「3 ～ 5%（後收型）」的保費費用率。

- **投資「類全委保單」的注意事項**

專家認為，想要透過類全委保單而累積財富的理財大眾，可以注意以下的四大重點：

1. **績效表現不能看短，而要長期穩定。**理論上，投資人在挑選基金時，除了短期的績效表現外，至少要看一年、三年及五年（一般基金最好是看三、五年的報酬率）的績效表現，且要與同類型基金報酬率進行比較。投資類全委帳戶，自然也不例外。

2. **帳戶規模大，且持續增加。**現階段，大多數類全委保單都屬於「後收型（也就是保戶在投資後的 3 ～ 5 年贖回，要扣很高的解約或贖回費用）」，再加上類全委帳戶並沒有像一般基金那樣的退場機制，所以，投資人不會面臨投資一般基金，所面臨的「規模過小而下市」的風險。但是，類全委保單跟基金一樣，規模過小，也會與「績效表現不佳」結果有關。事實上，規模與績效表現極有可能「互為因果（但並非絕對）」。如果類全委帳戶逐月、逐年降低，不但找不到好的基金經理人人操盤，未來績效肯定也不會太好看；一旦帳戶報酬率不佳，自然又會影響帳戶規模的大小。

3. **一定要慎重思考匯兌風險對投資收益的影響。**也許投資人會覺得，這完全是某些人意識型態上的「偏見」。但專家仍想不厭其煩地建議：如果未來生活是在臺灣，所有花、用及提、存，都是使用新臺幣。那麼，大部分的投資最好都集中在臺灣。因為至少投資人所看到的報酬率，都是實實在在的獲利，不用再扣掉可能的匯損。理由很簡單，只要有一道換匯的手續，就一定不可避免出現匯兌損益。當然，臺幣有升、有貶，投資人有可

能賺到比原本投資更多的匯兌收益，但也有可能好不容易賺的，又得因為扣掉匯兌損失，而「吐回去不少」。

4. **千萬不要只看績效表現及配息率，更要特別注意類全委帳戶的配息，到底有多少比例是來自本金？** 如果過去有一段長時間，配息都是來自於本金，那麼，不但代表基金經理人操作績效不佳，更有可能造成「投資人配息全部來自本金」的風險。當然，由於每一檔類全委帳戶的「撥回率」不同，想要投資類全委帳戶的投資人最該注意的，就是帳戶目前的淨值數字，並且參考「撥回前」與「撥回後」的淨值走勢圖。假設現在淨值跟當初的 10 元沒差，或根本低於 10 元，且「撥回後」的淨值走勢圖「一路平坦」或向下，而非「一路向上」，那就代表投資人拿到的「撥回（配息）」，很大比例都是來自本金。長久以往，都將對整體投資收益不利。

資料來源：節錄自早安健康 2022/07/28

解說

類全委保單提供保戶一個可以自行選擇投資標的商品。專家指出須要注意四大重點：
1. 投資績效表現要長期穩定。
2. 投資的帳戶規模大，且持續增加。
3. 要慎重思考匯兌風險對投資收益的影響。
4. 千萬不要只看績效表現及配息率，更要特別注意類全委帳戶的配息，到底有多少比例是來自本金。

8-3　財產保險

　　一般而言，財產保險又稱為「產物保險」。根據我國保險法的分類，將財產保險依不同的保障標的，又可分為火災保險、海上保險、陸空保險、責任保險、保證保險、其它財產保險等六類。以下將分別介紹之：

一、火災保險

　　火災保險（Fire Insurance）簡稱火險，主要保障因火災，導致保險標的物之毀損或滅失的保險。一般火險，又可分為住宅火災保險與商業火災保險。以下分別介紹之：

(一) 住宅火災保險

住宅火災保險可分為一般住宅火災保險和附加險兩種。當購買住宅火災保險時,應按投保標的住宅使用性質、以及可能潛在的危險,可依約附加其他保險。通常附加險包括:地震險、颱風及洪水險等多種附加險可供選擇。

(二) 商業火災保險

通常火災是公司營運中最常見的風險,不僅會造成財產之損失,更會造成預期收入的減少,所以公司針對財物所投保之火險為商業火災保險,承保的危險事故包含火災、爆炸引起之火災及閃電雷擊。通常商業火災保險可以附加其他險種,例如:地震險、颱風洪水險、爆炸險、水漬險、竊盜險等幾十種附加險可投保。

二、海上保險

海上保險(Marine Insurance)簡稱水險,主要保障因海上一切事變及災害所產生之毀損、滅失及賠償費用的保險。通常海上保險,又依保險標的物之不同可分為貨物運輸保險、船體保險、漁船保險、以及責任險等。

其中,貨物運輸保險又按運輸方式不同,可分為海上貨物運輸、航空貨物運輸、內陸運輸及郵寄包裹等保險業務。所以只要是貨物自甲地運往乙地,經由各種不同運輸工具(如輪船、飛機、火車及卡車),皆可由貨主投保貨物運輸保險,以保障貨主免於貨物運輸途中,遭受意外事故所致之損失。

三、陸空保險

陸空保險(Land and Air Insurance),主要保障因陸上、內河及航空一切事變及災害所致之毀損、滅失及賠償費用的保險。通常陸空保險,依運送領域作為區分標準,可分為內陸運輸保險與航空保險。

(一) 內陸運輸保險

內陸運輸保險就是保險公司,對於包括貨物的水陸運輸過程中所受之損失,負有補償責任的保險。

(二) 航空保險

航空保險亦即承保有關航空中各種危險事故的保險。通常航空保險大概可分為三類:航空機體保險、航空運輸保險、及航空責任保險。

四、責任保險

責任保險（Liability Insurance）又稱「第三者責任保險」，主要保障被保險人對第三人負賠償責任之保險。責任保險目的在填補因危險事故發生時，被保險人（如：車禍中的肇事者）在法律上對第三者（如：受害人）之損害賠償責任。換言之，也就是被保險人為免除自己對第三者之損害責任，所訂之保險契約。

五、保證保險

保證保險（Guarantee Insurance）主要保障受僱人的不誠實行為、或其債務人的不履行債務行為，導致被保險人產生損失的保險。通常保證保險，又可分為信用保證保險與確實保證保險。

(一) 信用保證保險

信用保證保險是指當被保險人（被保證人）發生不誠實的事實，如：竊盜、詐取、違背職守等行為時，保險公司（保證人）必須在對方遭受損失時，負起補償的責任。

(二) 確實保證保險

確實保證保險就是保險公司，保證被保證人一定會履行義務，如：契約方面的保證等。

六、其它財產保險

其他的財產保險為不屬於上列五類的保險範圍，而以財物或無形利益為保險標的之各種保險。例如：汽車保險、竊盜保險、戰爭保險、旅遊險、農業保險、畜牧保險、防疫保險等。

第三篇　理財規劃

理財 NEWS

颱風攪局！班機延誤或取消，旅遊不便險賠 6 千元？
小心 4 個魔鬼細節讓你拿不到錢

颱風來了，遇上天災攪局導致飛機 Delay、航班取消，旅遊不便險買好買滿就能領到理賠金嗎？很多人買旅平險和不便險，就是希望出門在外遇到突發狀況時能有所保障，像最近颱風一來再來，班機因為天候狀況而停飛、延誤的機率可能更高，這時候旅遊不便險就能提供一些補償。以國泰產險為例，班機每延後四小時可申請 3,000 ～ 5,000 元的理賠金，富邦產險最高還有望請領 6,000 元。

只不過旅遊不便險真有這麼好嗎？現實中有些人明明班機延誤，想要申請旅遊不便險賠償卻無法順利領到錢，例如遭遇颱風後決定改動行程、前往其他國家玩，或是取消原本預定的行程，就有可能無法順利請領到保險理賠。本文整理各專家説法，來看看哪些情況會導致請領不到旅遊不便險的理賠金！

1. 出國遇颱風「取消行程」則不賠

當天災或航班延誤等因素，導致旅遊行程受到影響，旅遊不便險會為了讓保戶繼續原旅程，賠償額外產生的交通與食宿費用，但《現代保險》雜誌提醒，如果保戶沒有完成原訂行程，像是原本預定去日本玩，卻因為颱風班機取消，而直接放棄這趟行程或改去其他國家玩，所產生的額外費用就不在保險公司的理賠範圍內。另外國泰產險也提到，很多保戶習慣用承保項目的「名稱」來判斷承保範圍，像是「班機改搭保險」，很多人會誤以為隨便換一班飛機都能理賠，但事實上必須符合「原預定搭乘之班機被取消或延遲，致被保險人需重新購買票券以繼續原定行程」的條件才能理賠。

2. 可能有「預定前往地點」的限制

海外旅程中因為天災影響到旅程，但是目的地並沒有天災，也可能無法理賠！近日就有不少網友發現，有些保險公司會在合約條文中增加「預定前往之地點」的限制，如果因為天災被迫更改旅程，可是在目的地沒有天災，將無法獲得理賠，等於讓合約保障範圍大縮水。這項條款雖然不是所有保險公司都一樣，但還是建議民眾在購買旅平險時一定要再三留意。

3. 航班沒有延誤超過 4 小時（應注意合約條款）

一名男網友在《Dcard》上分享，原本預計 2023 年 3 月 29 日晚上搭乘「直達的商務艙」前往澳洲墨爾本，卻在 28 日晚間突然收到班機取消的通知，無奈之下他被改成要先飛到雪梨再轉機的經濟艙，最後比預定時間晚了 4 個多小時才抵達，本以為可以向保險公司索賠，但保險公司卻告知他因「出發時間沒有被延誤 4 個小時以上」所以不會賠償。

4. 班機延誤還要看是否有在保單期效

如果回程的飛機延誤，不小心在國外待到旅平險過期，要注意遇到不能理賠的狀況。磊山保經高雄營運處資深副總經理指出，因為旅平險示範條款有規定，要是搭乘的交通工具延誤，害保單在回臺前就到期的話，旅平險其實是會自動延長效期到旅客「結束乘客身分」為止的！但要注意保單延長的時間不超過 24 小時，建議民眾投保時可以多買一天，以免遇到突發狀況來不及應付。

資料來源：節錄自早安健康 2023/08/31

解說

暑假是國人出國旅遊的旺季，但此時也正是颱風的季節。所以出遊時，遇上颱風來攪局，可能導致飛機 Delay、航班取消等問題。旅客可以投保旅遊平安險和不便險，以防止遇到突發狀況，但專家提醒四個保單的重點，以免旅客請領不到保險的理賠金。

8-4　保險的保障規劃

　　人的一生，從出生、幼年、求學、踏入職場、結婚、子女養成、養老退休、離開人世，歷經了各種階段。每一段歷程，都有其所要追求的目標與理想，並擔負著程度不同的責任與任務。因此在人生不同階段中，都必須有其保險的規劃，以防止意外、失業、疾病、死亡等所帶來的風險。以下本節將介紹人生在四種不同的時期裡，所應該規劃的保險類型。

一、學生時期（0～24歲）

　　一般而言，人從出生後，即開始受到家庭、學校各階段的教育，以完成人格與品格的養成。在學齡前與當學生時期，基本上大部分的被保險人，都沒有經濟能力，大都仰賴家人撫養、以支應生活與教育經費；既使有打工兼差，也僅能達到自己自足的情況，所以此階段若有保險費的支出，大都由被保人的父母親或長輩來支應。

　　由於此階段，包含學齡前的幼兒期，該時期的兒童疾病抵抗力較弱，且若有先天性或遺傳性疾病，也大都在幼齡前，會被診斷出來，因此此階段疾病住院醫療的保障是保險規劃的重點之一。再來，步入兒童與青少年時期，活動力較強，亦較容易發生意外；尤其在剛滿成人，可以騎機車時，發生意外的風險更高。因此，此階段的被保人的保險規劃，應首重意外與醫療保障，所以應規劃「意外險」與「醫療險」的保障。

二、青年時期（25～45歲）

　　通常受完教育，步入社會開始踏入職場，就必須自己掙錢養活自己或分擔原生家庭的經濟負擔；待工作一段時間，職場稍具穩定後，可能也將邁入婚姻，即將開始有小孩的教養支出與購屋的房貸壓力。所以此階段的人生，在工作薪水可能尚未步入高峰，且又必須負擔家庭的重大開銷，因此若有保險費的支出，不宜佔個人（或家庭）收入太大的比例，以免超過能力負荷。

通常此階段的保險費支出，除了要支付自身的保費外，還必須擔負家庭成員的保費，所以責任重大，就須防止意外或突發的癌症，所帶來的風險。因此，此階段的被保人的保險規劃，應注重意外、癌症與醫療保障，所以應規劃「意外險」、「防癌險」與「醫療險」的保障。

三、壯年時期（46～65歲）

人生步入中壯年，經濟收入逐漸來到高峰，孩子也逐漸長大邁出社會，房屋貸款也已還清，整個家庭經濟負擔逐漸減輕，並可逐步的累積些財富，以為將來的退休做準備。

此階段的保險，必須著重在意外或突發的癌症、心肌梗塞等，所帶來的風險、且可利用保單進行投資理財規劃、並預先規劃退休後，發生疾病時需要長期照顧看護的保障。因此，此階段的被保人的保險規劃，除了應選擇「意外險」、「防癌險」與「醫療險」外，還可加入「長期照護險」；且可利用「儲蓄型保險」與「投資型保險」，進行投資理財，以累積財富。

四、退休時期（65歲以後）

當人生步入退休階段，工作收入銳減，生活經費須仰賴過去的儲蓄或投資、以及退休年金來支應。此階段幾乎已較無重大的保障型保費支出，但若有龐大遺產的富人，可考慮利用保險來規避遺產稅。

　　此階段的保險，因被保險人已超過 65 歲的退休年齡，許多保障型的保險（如：醫療險、防癌險），所需的保費都較高昂，所以較不合宜投保。此時除了「意外險」、「實支實付的醫療險」外，尚可利用「還本型的壽險」，來規避遺產稅額的支出。

理財
NEWS

小資族投保 把握五重點

　　由於小資族預算有限，在保障規劃上可先求有再求好，先將基礎打好，未來再依人生階段變化與薪資收入增加彈性調整。要選擇一張可滿足人生各階段保障需求並兼顧退休準備的保險商品，可注意以下五大重點：

- **提供多種繳費年期**

　　每個人在退休準備時的條件、情況都不盡相同，有些人初入社會，單身花費少，有較多的資金可以投入退休準備；有些人已結婚成家，退休準備也要兼顧家庭生活品質，定期給付的利變型終身壽險有的提供 6 年期、10 年期及 20 年期三種繳費年期，繳費年期 20 年期還提供高保額費率折減，小資族可視需求選擇繳費年期。

- **增加保險金額選擇權**

　　結婚生子、職業升遷是民眾會考慮重新規劃保障的時機，若保單設計有增加保險金額選擇權，就可在保單條款約定下，隨人生階段彈性調高保障。

第三篇　理財規劃

- **有機會享有增值回饋分享金**

  利變型保單可享有宣告利率為基礎計算增值回饋分享金,第一到六保單年度增值回饋分享金可選擇以繳清保險方式增加保險金額或抵繳應繳保險費,第七年保單年度起再增加現金給付及儲存生息兩種方式供保戶選擇。

- **提供豁免保費**

  小資族可特別注意保單是否有豁免保險費規劃,若因疾病或意外致成殘廢時,保障仍可持續不中斷,不致因收入中斷而影響退休規劃。

- **分期定期保險金給付**

  通常壽險公司發行的「利率變動型終身壽險」,被保險人若於契約有效期間內不幸身故或致成全殘廢時,要保人如選擇身故保險金、或全殘廢保險金採分期定期方式給付。

  資料來源:節錄自經濟日報 2017/05/21

解說

　　由於年輕人剛踏出社會,薪水與生活經費預算有限,若要規劃保險,可先求有再求好,先將基礎打好,未來再依人生階段變化與薪資收入增加彈性調整。專家提醒,若現要規劃一張可滿足人生各階段保障需求,並兼顧退休準備的保險商品,必須注意文中所提的五大重點。

理財 NEWS

一堂「5 億高中生」的遺產繼承課: 為什麼有錢人用「保險」做財富傳承?

　　臺中繼承龐大資產的「5 億高中生」離奇墜樓死亡一事,掀起家產繼承遺產問題,案情至今尚未釐清。社會紛紛議論,財富傳承究竟該如何事先安排,才不會因複雜的親屬關係和繼承問題搞得下一代爭產呢?

- **讓財富傳承更完整?保單規劃不可少**

  若能在有生之年,提前做好資產規劃跟分配,能大幅避免子孫們為了錢鬧得家庭失和。針對傳承,安永家族辦公室執業會計師說,家族財富不僅面臨著外部環境因素(如宏觀經濟、產業景氣、政策法規等)帶來的風險,也可能有不可忽視的內部風險(如債務風險、婚姻風險等)。建議規劃時,需要做好各種風險的整體診斷評估。他分享,透過「保險」進行家族傳承,共有 4 大優勢:合法節稅、預留稅源、資產分配與資產保全。因此,在做財富傳承時,不妨可將保險納入,讓規劃更全面。

- **優點 1:合法節稅**

  專家指出,適當配置人壽保險,可合法減輕稅負削弱財產傳承的額度。若要保人與被保人為同一人,依照遺產及贈與稅法規定,保險金給付指定受益人的金額可不計入遺產總額課

稅。此外，根據所得基本稅額條例，受領死亡給付的受益人（每一申報戶）在新臺幣 3,330 萬元以下，可免計入基本所得額。也就是說，若受益人不止一位，同時分屬不同申報戶，則可「分別」享有 3,330 萬元基本所得免稅額。

- 優點 2：預留稅源

　　遺產的分割與處分是在「繳納遺產稅後」才可開始進行的階段。然而，許多高淨值人士的遺產多為股票、不動產，子孫未必有足夠的現金，能夠支應繳納遺產稅。雖然現行法規有實物抵繳可採用，課徵標的物可抵繳多少稅款、是否有抵繳上限、抵繳申請流程與應備文件等，但是都遠不如用手邊現有之現金即時繳納來的便利。因此建議，在生前提前購買保險，便可以透過保險公司給付各受益人身故保險金，作為繳納遺產稅的現金流，避免遺產稅金不足的困境。

- 優點 3：保有資產分配權

　　相較於直接贈與現金給子女，購買受益人為子女的保單，上一代（保單中的要保人）能保有資產的控制權，可隨時依個人意願變更受益人、調整受益人順位或分配比例。再加上 2015 年金管會分期給付規定實施後，投保給付身故、全殘或滿期保險金等壽險時，要保人可自行選擇一次給付或分期給付，舊有保單也可自原先約定的一次性給付，透過批註方式改為分期給付。因此，透過壽險保單的約定，可以間接管理子女使用受益金的方式，降低子女一次領完保險金之後，發生因為欠缺理財規劃而揮霍一空的狀況，或遭有心人士詐騙利用的可能性。

　　專家指出，另外，由於保險公司給付理賠金是基於保險契約條件成就，約定被繼承人死亡時給付其指定受益人的身故保險金，並非被繼承人的遺產，因此其他繼承人不得依民法特留分規定主張要求分配該理賠金。如此一來，除了有助於達成被繼承人，想遺留某部分財產給特定人的心願，也減少未來子女間的遺產繼承糾紛。

- 優點 4：保有資產彈性

　　若平時有妥善規劃將部分資產投入保險商品，當家庭因故陷入財務危機時，所受領的生存保險金可保障基本生活，也可中途解約取回保單價值準備金做為急用。專家解釋，在多數情況下，若保險受益人不是債務人，則債權人無法強制執行該保險給付，達到債務隔離的效果。但實務上，個案情形仍應視法院判決而定。

　　保險在因應婚姻失和風險時，也具有資產分割預防功能。在婚姻存續期間，受領親人的身故保險金或生存保險給付，因屬「贈與、繼承取得」，故無需列入剩餘財產差額分配請求權計算範圍內。若能善用保險工具和專業人員的協助，就能達到財務規劃、債務隔離及資產分割預防等資產保全功能。

資料來源：節錄自橘世代 2023/05/29

解說

　　保險不僅可以讓人們身前獲得保障，也可以當作身後財產合法移轉的商品之一。它擁有 4 大優勢：合法節稅、預留稅源、資產分配與資產保全。因此，專家指出保戶在進行財富傳承時，不妨可將保險納入，讓遺產繼承規劃更全面。

本章習題

【基礎題】

( ) 1. 通常由一群人共同繳納一筆費用，當群體中某一個體發生事故導致損失時，就由那筆共同繳納的費用來補償之，稱為何種制度？
(A) 信託　(B) 保險　(C) 共同基金　(D) 民間互助會

( ) 2. 通常保險制度中，須負賠償責任者稱為何？
(A) 保險人　(B) 被保險人　(C) 要保人　(D) 受益人

( ) 3. 下列何者非屬於人身保險？
(A) 傷害保險　(B) 健康保險　(C) 年金保險　(D) 責任保險

( ) 4. 下列何者非屬於財產保險？
(A) 海上保險　(B) 保證保險　(C) 年金保險　(D) 責任保險

( ) 5. 下列何者不屬於人壽保險的商品？
(A) 死亡保險　(B) 生存保險　(C) 意外保險　(D) 生死保險

( ) 6. 下列何者不屬於健康保險商品？
(A) 癌症保險　(B) 失能保險　(C) 重大疾病保險　(D) 旅行傷害保險

( ) 7. 下列何者不屬於傷害保險商品？
(A) 癌症保險　(B) 普通傷害保險　(C) 職業傷害保險　(D) 旅行傷害保險

( ) 8. 通常年金保險比較屬於何種性質？
(A) 零存整付　(B) 整存零付　(C) 整存整付　(D) 零存零付

( ) 9. 通常投資型保險不具下列哪種性質？
(A) 投資　(B) 保障　(C) 儲蓄　(D) 風險

( ) 10. 通常保障受僱人的不誠實行為，導致被保險人產生損失的保險為何？
(A) 保證保險　(B) 責任保險　(C) 儲蓄保險　(D) 投資保險

【理財規劃人員證照題】

( ) 11. 下列何項理財工具是風險管理方法中，彌補損失的最佳方法？
(A) 債券　(B) 股票　(C) 共同基金　(D) 保險　　　【第 26 屆】

( ) 12. 下列何種保險不屬於人身保險？
(A) 火災保險　(B) 人壽保險　(C) 健康保險　(D) 年金保險　　　【第 30 屆】

( ) 13. 下列何種商品保戶繳費期間及繳費額度可任意變動？

(A) 定期壽險 (B) 變額萬能壽險

(C) 遞延年金保險 (D) 癌症保險 【第 30 屆】

( ) 14. 人壽保險依承保之保險事故的不同而分為下列幾種？

(A) 定期保險與終身保險

(B) 傷害保險與年金保險

(C) 生存保險、死亡保險及意外保險

(D) 生存保險、死亡保險及生死合險 【第 30 屆】

( ) 15. 對於定期壽險與終身壽險之敘述，下列何者錯誤？

(A) 定期壽險之保險期間較終身壽險短

(B) 皆以死亡為保險事故

(C) 定期壽險保險費較高

(D) 終身壽險採一定期間繳費最為適宜 【第 29 屆】

( ) 16. 下列何種保險最能提供最高的死亡保障（假設其他條件如被保險人、保險費等都一樣）？

(A) 生存保險 (B) 定期壽險 (C) 終身壽險 (D) 生死合險 【第 26 屆】

( ) 17. 為維持晚年養老及身故時家庭的經濟保障，應選擇下列何種保險商品為宜？

(A) 養老保險 (B) 年金保險 (C) 傷害保險 (D) 失能保險 【第 26 屆】

( ) 18. 財產保險因係屬損害填補型的保險，於理財上之運用乃以填補實際損失為主要目的，它與下列哪一險種相類似？

(A) 終身壽險 (B) 年金保險

(C) 住院醫療費用保險 (D) 投資型保險 【第 27 屆】

( ) 19. 有關年金保險，下列敘述何者錯誤？

(A) 年金保險人於被保險人生存期間或特定期間內，依照契約負一次或分期給付一定金額之責

(B) 年金保險之被保險人於生存時必為保險受益人

(C) 購買年金保險之目的乃保障遺族之經濟生活

(D) 年金保險於給付期間時不得解約或保單借款 【第 29 屆】

( ) 20. 下列何種型態之年金保險可以提供對抗幣值下跌風險及最低保證利率之長期性保障？

(A) 即期年金保險 (B) 遞延年金保險

(C) 變額型年金保險 (D) 利率變動型年金保險 【第 26 屆】

( ) 21. 有關投資型保險的特點，下列敘述何者錯誤？

(A) 應以專設帳戶記載投資資產為前提

(B) 既有保障作用又有投資功能

(C) 保單資訊高度透明化

(D) 由被保險人和保險公司共同承擔投資風險 　　　　【第 28 屆】

( ) 22. 下列何者不是財產保險？

(A) 運輸保險　(B) 責任保險　(C) 健康保險　(D) 保證保險 　　【第 26 屆】

( ) 23. 為防止房子被火燒掉後，借款人無力償還剩餘貸款，銀行通常會要求借款人如何？

(A) 提供其他等值不動產抵押品　(B) 提供等值的銀行存款證明

(C) 購買意外險　　　　　　　　(D) 購買火險 　　　　　　　【第 30 屆】

( ) 24. 下列何種事故非屬保險上所謂除外責任？

(A) 要保人故意致被保險人於死

(B) 被保人投保壽險兩年後之故意自殘致死

(C) 健康保險中因墮胎所致的疾病

(D) 投保壽險被保險人酒後駕車酒測超過法令標準者 　　　　【第 28 屆】

( ) 25. 下列何種商品為財產保險承保範圍？

(A) 失能保險　(B) 傷害失能保險

(C) 責任保險　(D) 住院醫療保險 　　　　　　　　　　　　　【第 28 屆】

( ) 26. 為維持退休後經濟生活所需，並希望定期均有固定收入，應選擇下列何種保險商品為宜？

(A) 定期保險　(B) 傷害保險　(C) 年金保險　(D) 長期看護保險 【第 34 屆】

( ) 27. 父母如想為兒女教育費用之所需作規劃，可投保下列何種保險？

(A) 還本型終身保險　　　(B) 增額分紅型養老保險

(C) 附生存給付型養老保險　(D) 多倍型養老保險 　　　　　　【第 34 屆】

( ) 28. 下列何種保單能使被保險人規避保單利率變動的風險？

(A) 變額壽險　(B) 固定預定利率　(C) 不分紅保單　(D) 變額年金【第 34 屆】

( ) 29. 有關我國旅行平安保險之敘述，下列何者錯誤？

(A) 旅客若有需要，經保險公司同意可延長保險期間

(B) 醫療給付以實支實付為限

(C) 旅行期間搭乘飛機致心臟病發作死亡，可以獲得死亡保險金

(D) 殘廢給付項目與保險金給付標準，與一般傷害保險相同 　　【第 36 屆】

（　） 30. 在即將退休之際，下列何者為保單不宜調整之項目？

(A) 增加醫療險保單　　　　　(B) 增加長期看護險

(C) 滿期養老險轉退休年金　(D) 增加分期繳費遞延年金保險　　【第 36 屆】

（　） 31. 下列何者非屬責任險的範疇？

(A) 雇用人員作業疏失致他人受傷　(B) 客戶食用便當致集體中毒

(C) 房子失火波及鄰居　　　　　　(D) 閃電雷擊致汽車故障　　【第 37 屆】

（　） 32. 為避免因疾病或意外傷害以致長期臥床時的經濟負擔，應購買何種保險商品，以分散此一風險？

(A) 定期保險　(B) 養老保險　(C) 年金保險　(D) 長期看護保險　【第 37 屆】

（　） 33. 有關旅行平安保險，下列敘述何者錯誤？

(A) 不需要身體檢查

(B) 醫療方面以實支實付為限

(C) 販賣對象以實際從事旅遊的旅客為限

(D) 保險期間最長以 360 天為限　　　　　　　　　　　　　【第 37 屆】

（　） 34. 有關生存保險之敘述，下列何者錯誤？

(A) 以生存為保險事故

(B) 亦稱儲蓄保險

(C) 分為定期壽險與終身壽險兩種

(D) 可做為籌備子女教育基金或退休養老之工具　　　　　　【第 37 屆】

（　） 35. 責任保險係因被保險人依法對下列何者負有賠償責任時，給付保險金之保險？

(A) 第三人　(B) 被保險人　(C) 要保人　(D) 受益人　　【第 38 屆】

（　） 36. 旅行平安保險所提供的傷害醫療保險給付方式為何？

(A) 每日津貼　(B) 每次津貼

(C) 實支實付　(D) 保險金額的一定比率給付　　　　　　　【第 38 屆】

（　） 37. 年金單位價值會隨投資收益而變動者為下列何種年金保險？

(A) 變額型年金保險　(B) 利率變動型年金保險

(C) 即期年金保險　　(D) 遞延年金保險　　　　　　　　　【第 40 屆】

（　） 38. 下列何種型態之年金保險可以提供對抗幣值下跌風險及最低保證利率之長期性保障？

(A) 即期年金保險　　(B) 遞延年金保險

(C) 變額型年金保險　(D) 利率變動型年金保險　　　　　　【第 42 屆】

NOTE

Chapter 09

稅務規劃

本章內容為稅務規劃,主要介紹稅務簡介、所得稅、贈與稅、遺產稅與不動產稅等稅務規劃等。其內容詳見下表。

節次	節名	主要內容
9-1	稅務簡介	介紹稅務的種類、以及課徵對象與範圍。
9-2	所得稅務規劃	介紹所得稅務簡介與節稅規劃。
9-3	贈與稅務規劃	介紹贈與稅務簡介與節稅規劃。
9-4	遺產稅務規劃	介紹遺產稅務簡介與節稅規劃。
9-5	不動產稅務規劃	介紹不動產稅務簡介與節稅規劃。

本 章 導 讀

一般而言,一個國家社會的公共建設與經濟發展所需資金,都須仰賴全體國民的納稅行為,因此依法納稅是國民應盡的責任與義務。但畢竟人們平日辛辛苦苦所掙來的錢,繳稅時,又要從自己的荷包拿出血汗錢來繳納給政府,難免會有一陣心痛,因此學會如何合法的節稅,是我們的權利,也是一項重要課題。然而租稅事務,卻又是十分繁瑣複雜,要通盤瞭解與認知,確實要耗費許多心力。

因此本章將針對普羅大眾平時最常用要的稅務知識,進行簡單的介紹,以讓大家對稅務的種種,有初步的認識。以下本章將首先介紹稅務簡介,再依序介紹個人理財中常用到的所得稅、贈與稅、遺產稅與不動產稅等稅務規劃內容。

9-1   稅務簡介

　　一般而言，稅務（Tax）繁瑣複雜且常常在變更法令規定，所以一般的公司行號，大都會把稅務的事情，交給專業的稅務人士去處理。但我們一般小老百姓，通常還是要自行處理之，尤其在節稅的規劃，要如何降低個人的稅務負擔，並考量財產移轉等相關事宜，確實須要先花點心思去瞭解。因此要進行妥善的稅務規劃安排前，我們首先瞭解所有的稅務種類、以及其課徵對象與範圍等兩大內容。

一、稅務種類

　　一般而言，國內的稅賦種類繁多，若依財政收支區分，可分為「國稅」及「地方稅」；若依稅賦來源區分，可分為「所得稅」、「消費稅」、「財產稅」及「其它稅」。以下分別說明之：

(一) 依財政收支區分

　　通常國稅是由中央機關負責徵收，地方稅是由各地方稅稽徵機關負責徵收。以下表9-1 為這兩種稅的各細項種類與徵收單位。

表 9-1　國稅與地方稅的種類

國稅		地方稅	
項目	徵收單位	項目	徵收單位
◎關稅 ◎進口營業稅、貨物稅、菸酒稅	海關	◎地價稅 ◎房屋稅 ◎土地增值稅 ◎契稅 ◎使用牌照稅 ◎娛樂稅 ◎印花稅	各地方稅稽徵機關
◎綜合所得稅 ◎營利事業所得稅 ◎遺產稅 ◎贈與稅 ◎貨物稅 ◎特種貨物稅及勞務稅（奢侈稅） ◎證券交易稅 ◎期貨交易稅 ◎營業稅 ◎菸酒稅	財政部各區國稅局		

(二) 依稅賦來源區分

　　一般而言，一個國家的稅賦來源，大致來自於自然人或法人的勞務或營利所得稅、生活或營業消費稅、各種實質與金融商品的財產稅、以及其它方面的稅賦。因此稅賦來源的種類，可分為所得稅、消費稅、財產稅與其它稅賦。以下表 9-2 為各種稅賦來源的細項說明。

表 9-2　各種稅賦來源的種類

所得稅	消費稅	財產稅	其它稅
◎綜合所得稅 ◎營利事業所得稅 ◎土地增值稅	◎關稅 ◎貨物稅 ◎營業稅 ◎娛樂稅	◎遺產稅 ◎贈與稅 ◎證券交易稅 ◎期貨交易稅 ◎地價稅 ◎房屋稅 ◎使用牌照稅 ◎契稅	◎印花稅 ◎特種貨物及勞務稅 ◎其他國稅

二、課徵對象與範圍

　　通常不同的稅賦，其課徵的對象與範圍自然就不一樣。以下針對「國稅」與「地方稅」的課徵對象與範圍進行介紹，詳見表 9-3 與 9-4 的說明。

(一) 國稅

表 9-3　國稅的課徵對象與範圍

稅目	課徵對象與範圍
綜合所得稅	凡本國境內來源所得之個人，不論其為本國人或外國人，亦不論其是否居住於境內，均應就本國來源所得課徵綜合所得稅。
營利事業所得稅	凡在本國境內經營之營利事業，不論其組織型態，均應課徵營利事業所得稅。
遺產稅	1. 經常居住本國境內之國民，死亡時，就其境內境外全部遺產，課徵遺產稅。 2. 經常居住本國境外之國民，及非本國國民，死亡時在本國境內遺有財產者，就其在本國境內之財產，課徵遺產稅。

稅目	課徵對象與範圍
贈與稅	經常居住本國境內之國民，就其在本國境內或境外之財產為贈與者，及經常居住本國境外之國民，及非本國國民，就其在本國境內之財產為贈與者，均應課徵贈與稅。
貨物稅	不論其在國內產製或自國外進口貨物，均應課徵貨物稅。
證券交易稅	凡買賣有價證券，除債券（暫時停徵）外，均應課徵證券交易稅。
期貨交易稅	凡在本國境內期貨交易所從事期貨交易，均應課徵期貨交易稅。
營業稅	在本國境內銷售貨物或勞務及進口貨物，均應課徵營業稅。
菸酒稅	不論國內產製或國外進口，均應於出廠或進口時徵收菸酒稅。
特種貨物及勞務稅（奢侈稅）	在本國境內銷售、產製及進口特種貨物及銷售特種勞務，均應課徵特種貨物及勞務稅。

(二) 地方稅

表 9-4　地方稅的課徵對象與範圍

稅目	課徵對象與範圍
印花稅	凡銀錢收據、買賣動產契據、承攬契據、以及典賣、讓受及分割不動產契據。
使用牌照稅	凡使用於公共水陸道路之交通工具。
地價稅	除依規定課徵田賦者外之已規定地價土地。
田賦	對未規定地價或已規定地價，公共設施尚未完竣前，而仍作農業用地使用之農地（目前停徵）。
土地增值稅	已規定地價之土地，於土地所有權移轉或設定典權時，按其土地漲價總數額徵收。
房屋稅	附著於土地之各種房屋及有關增加該房屋使用價值之建築物。
契稅	不動產之買賣、承典、交換、贈與、分割或因占有而取得所有權者，均應申報繳納契稅，但在開徵土地增值稅區域之土地，免徵契稅。
娛樂稅	各類娛樂場所、娛樂設施或娛樂活動所收票價或收費額。

9-2　所得稅務規劃

　　一般而言，綜合所得稅是指國家針對個人於一段期間（通常為 1 年）內的淨所得，所課徵的稅賦。該稅賦所影響的層面是最廣的，幾乎每一個國民都會被納入，所以是國家最為基礎與普遍性的稅基。因此有關所得稅的種種觀念，對於現代人而言，是一項必須清楚瞭解的知識。以下本節將介紹所得稅務簡介、以及節稅規劃。

一、所得稅務簡介

　　由於我國的所得稅法是採取「屬地主義」，也就是凡在我國境內發生的所得，不管所得者國籍為何、或是否為本國居住民，都必須列為課稅對象。因此有關境內所得的課徵項目、免稅額與扣除額、課稅級距與稅率、以及節稅規劃等基本稅務知識，將於此單元依序介紹之：

(一) 課稅項目

　　通常綜合所得課稅的課稅項目，包括：營利、執行業務、薪資、利息、租賃、權利金、自力耕作漁牧林礦、財產交易、競技競賽及機會中獎之獎金或給與、退職所得、以及其他所得等項目。此外，將納稅義務人本人、配偶，和申報受扶養的親屬，全年所取得以上各類所得的合計，就是「綜合所得總額」。以下表 9-5 為綜合所得課稅項目說明。

表 9-5　綜合所得課稅項目說明

所得項目	項目內容
1. 營利所得	◎包括公司股東所獲分配的股利總額、合作社社員所獲分配的盈餘總額、合夥組織營利事業之合夥人或獨資資本主所得的盈餘總額、和個人一時貿易的盈餘等。 ◎公司股東所獲分配的股利總額、或合作社社員所獲分配的盈餘總額。 ◎合夥組織營利事業之合夥人或獨資資本主所得的盈餘總額。
2. 執行業務所得	包括律師、會計師、建築師、醫師、作家、演員等之業務收入或演技收入，減除各項成本及必要費用後的餘額為執行業務所得。
3. 薪資所得	包括公、教、軍、警、公私事業職工薪資及提供勞務者的所得。
4. 利息所得	包括公債、公司債、金融債券、各種短期票券、存款及私人間的借貸等利息之所得。
5. 租賃所得	包括財產出租的租金所得、財產出典典價，經運用的所得。
6. 權利金所得	包括專利權、商標權、著作權、秘密方法及各種特許權利，因供他人使用所取得之權利金。

所得項目	項目內容
7. 自力耕作漁牧林礦所得	凡自力耕作、漁、牧、林、礦之所得，以各該項全年收入減除成本及必要費用後的餘額為所得額。
8. 財產交易所得	包括財產及權利因交易而取得的所得。
9. 競技競賽及機會中獎之獎金或給與所得	包括參加各種競技、競賽及各種機會中獎的獎金或給與。
10. 退職所得	包括個人領取之退休金、資遣費、退職金、離職金、終身俸及非屬保險給付之養老等所得。
11. 其他所得	非屬上列取得之其他收益。如：撫卹金、職工福利金等。

（二）免稅額與扣除額

根據國內的稅法規定，綜合所得稅是以個人的「綜合所得淨額」進行課徵。通常綜合所得淨額乃將「綜合所得總額」扣除「免稅額」、「標準或列舉扣除額的兩擇一」、「特別扣除額」以及「基本生活費差額」之後的金額。然後再依據綜合所得淨額，所位於的課稅級距，採取「累進稅率」進行課稅。有關「綜合所得淨額」的計算公式，詳見 9-1 式：

綜合所得淨額＝綜合所得總額－免稅額－（標準／列舉）扣除額

－特別扣除額－基本生活費差額 (9-1)

以下此處將介紹所得稅法，所規定的綜合所得稅的「免稅額」、「（標準／列舉）扣除額」、「特別扣除額」、以及「基本生活費差額」的項目內容。

1. 免稅額

免稅額是指只要申報所得稅，就會針對納稅義務人的總所得進行扣除。通常免稅額有兩項，有關免稅額的內容，詳見表 9-6 之說明。

表 9-6　免稅額的項目內容

免稅額的項目（2024 年版）
◎每人可扣除 97,000 元。
◎年滿 70 歲的納稅義務人本人、配偶及受納稅義務人扶養的直系尊親屬，其免稅額每人為 145,500 元。

2. （標準／列舉）扣除額

通常納稅義務人，將總所得先扣除免稅額之後，再依據個人或被撫養人的生活型態差異，考量是利用標準扣除額或列舉扣除額，這兩種方式的其中一種。到底哪一種方式對納稅義務人最有利？一般而言，若是單身或沒有太多捐贈，利用「標準扣除額」方式較為簡單；若生活中有許多捐贈、保險醫療的支出，或許可考慮運用「列舉扣除額」方式較為有利。以下表 9-7 為標準或列舉扣除額的項目內容。

表 9-7 標準與列舉扣除額的項目內容

標準扣除額的項目（2024 年版）
◎納稅義務人個人扣除 131,000 元。 ◎有配偶者扣除 262,000 元。

列舉扣除額的項目（2024 年版）	
捐贈	◎對合於規定之教育、文化、公益、慈善機構或團體的捐贈，及依法成立、捐贈或加入符合規定的公益信託的財產。扣除額以綜合所得總額 20% 為限。 ◎對政府（除土地以外）之捐獻或有關國防、勞軍、古蹟維護之捐贈。核實認列無金額限制。 ◎對政黨、政治團體及擬參選人之捐贈合計。每一申報戶綜合所得總額 20% 為限，最高 200,000 元。 ◎透過財團法人私立學校興學基金會，對學校法人或私立學校法設立的財團法人私立學校的捐款。扣除額不得超過綜合所得總額 50%。
人身保險費	納稅義務人、配偶或申報受扶養直系親屬的人身保險的保險費。每人（以被保險人為計算依據）最高每年 24,000 元。
醫藥及生育費	納稅義務人、配偶或申報受扶養親屬的醫藥和生育費用。核實認列無金額限制。
災害損失	納稅義務人、配偶或申報受扶養親屬之財產遭受不可抗力之災害損失。核實認列無金額限制。
自用住宅購屋借款利息	每戶以 1 屋為限，且房屋為納稅義務人、配偶或受扶養親屬所有。支付之利息應先扣除儲蓄投資特別扣除額後，以其餘額申報扣除，且每戶以 300,000 元為限。
房屋租金支出	納稅義務人、配偶或申報受扶養直系親屬於中華民國境內租屋。每戶以 120,000 元為限。
公職人員選舉罷免法規定的競選經費	候選人自選舉公告日起至投票日後 30 日內，所支付與競選活動有關的競選經費。於規定最高金額內減除政治獻金、及依法規定政府補貼競選經費後之餘額。

3. 特別扣除額

通常納稅義務人，將總所得先扣除免稅額、以及標準扣除額或列舉扣除額兩者擇一之後，再針對納稅義務人、配偶或申報受扶養親屬，是否具有表 9-8 所列之項目，再進特別扣除額的減項。

第三篇 理財規劃

表 9-8　特別扣除額的項目內容

特別扣除額的項目（2024 年版）	
房屋租金支出扣除額	納稅義務人、配偶或申報受扶養親屬有薪資所得者。每戶每年扣除額以 180,000 元爲限。
薪資所得特別扣除額	納稅義務人、配偶或申報受扶養親屬有薪資所得者。每人每年扣除額以 218,000 元爲限。
財產交易損失扣除額	納稅義務人、配偶及申報受扶養親屬的財產交易損失。扣除額不得超過當年度申報之財產交易所得。
儲蓄投資特別扣除額	納稅義務人、配偶及申報受扶養親屬於金融機構之存款利息、儲蓄性質信託資金之收益。以扣除 270,000 元爲限。
身心障礙特別扣除額	納稅義務人、配偶或申報受扶養親屬爲領有身心障礙手冊或身心障礙證明或精神衛生法規定的嚴重病人。每人每年扣除 218,000 元。
長照特別扣除額	納稅義務人、配偶或申報受扶養親屬有薪資所得者。符合衛生福利部規定「須長期照顧之身心失能者」適用資格者，每人每年定額扣除 120,000 元。
教育學費特別扣除額	納稅義務人申報扶養就讀大專以上院校子女的教育學費，但已接受政府補助者，應以扣除該補助之餘額在規定限額內列報。每人最高扣除 25,000 元。
幼兒學前特別扣除額	納稅義務人申報扶養 5 歲以下之子女。每人每年扣除 150,000 元。（第 2 名子女每人每年扣除 225,000 元）。

4. 基本生活費差額

根據國內的新法「納稅者權利保護法」[1] 規定，政府不可對民眾「維持基本生活所需費用」課稅。因此財政部訂立「基本生活費」爲每人 20.2 萬 [2]，將有部分民眾可以適用基本生活費不課稅。所以只要申報戶的「基本生活費總額」[3] 與「基本生活費比較基數」之差額部分爲正值，就可以適用「基本生活費不課稅」；且差額可以在綜合所得總額中再行減除。以下 9-2 式與 9-3 式，分別爲「基本生活費差額」與「基本生活費比較基數」的內容項目。

基本生活費差額＝基本生活費總額（每人基本生活費 × 人數）－基本生活費比較基數（若差額小於 0 則以 0 計算） 　　　　　　　　　　　　　　　　　　　(9-2)

基本生活費比較基數＝免稅額＋標準或列舉扣除額＋幼兒學前扣除額＋教育學費扣除額＋儲蓄投資扣除額＋身心障礙特別扣除額 　　　　　　　　　　　　(9-3)

（三）課稅級距與稅率

根據我國的綜合所得稅是以個人的所得淨額進行課徵，爲了符合社會公平、正義原則，採取「累進稅率」。對於高（低）所得者，課以較重（輕）的稅，以符合國民納稅能力，並期望達到社會均富之目標。有關各課稅級距、累進稅率、該課稅級距累進額、以及課徵金額之說明，詳見表 9-9 之介紹。

1　2017 年起開始適用。
2　2024 年度報稅適用。
3　假設某申報戶內有 4 人，則該申報戶的基本生活費總額爲 80.8 萬元（20.2 萬 ×4）。

表 9-9　各課稅級距、累進稅率、課徵金額與累進額之說明（2024 年版）

課稅級距	累進稅率	所得淨額之課稅金額	該課稅級距累進額
59 萬元以下	5%	所得淨額之 5%	59 萬 ×5% ＝ 29,500 元
59 萬元～ 133 萬元	12%	29,500 元＋超過 59 萬元部分之 12%	29,500 元＋（133 － 59）萬元 ×12% ＝ 118,300 元
133 萬元～ 266 萬元	20%	118,300 元＋超過 133 萬元部分之 20%	118,300 元＋（266 － 133）萬元 ×20% ＝ 384,300 元
266 萬元～ 498 萬元	30%	384,300 元＋超過 266 萬元部分之 30%	384,300 元＋（498 － 266）萬元 ×30% ＝ 1,080,300 元
498 萬元以上	40%	1,080,300 元＋超過 496 萬元部分之 40%	

例題 9-1　所得稅額

假設某 A 申報戶一家 4 口雙薪家庭，成員除夫妻外，尚有 2 名就讀大學子女。若 2023 年家庭收入總收入為 200 萬元，並有儲蓄利息收入 2 萬元，若該申報戶於 2024 年報稅時，採標準扣除額方式，請問應繳多少稅額？

解

該申報戶的免稅額、標準扣除額、特別扣除額、基本生活費差額的項目與計算如下：

項目		金額
免稅額		38.8 萬（9.7 萬 ×4 人）
標準扣除額		26.2 萬（配偶合報扣除 26.2 萬（13.1 萬 ×2 人））
特別扣除額	薪資特別扣除額	43.6 萬（21.8 萬 ×2 人）（此扣除額不列入基本生活費比較基數）
	財產損失扣除額	無（此扣除額不列入基本生活費比較基數）
	儲蓄投資扣除額	2 萬
	教育學費扣除額	5 萬（2.5 萬 ×2 人）
	幼兒學前扣除額	無
	身心障礙扣除額	無
基本生活費比較基數		免稅額＋標準與特別扣除額 ＝ 38.8 ＋ 26.2 ＋（2 ＋ 5）＝ 72 萬
基本生活費總額		80.8 萬（20.2 萬 ×4 人）
基本生活費差額		8.8 萬（80.8 － 72），可從綜合所得總額中扣除 8.8 萬。

◎ 綜合所得淨額＝綜合所得總額（200 萬）－免稅額（38.8 萬）－標準扣除額（26.2 萬）－特別扣除額（50.6 萬（43.6 ＋ 2 ＋ 5））－基本生活費差額（8.8 萬）＝ 75.6 萬（適用 12%）。

◎ 所得淨額之課稅金額＝ 29,500 ＋（75.6 － 59）萬 ×12% ＝ 49,420 元。

二、節稅規劃

通常所得稅每年都需申報，如何合法且便利的節稅，一直是普羅大眾所關切的事宜，以下將介紹幾種節稅的技巧與規劃。

（一）合法增加免稅額的人頭數

通常稅單中的人頭，享有每人 9.7 萬元的免稅額[4]，如果本人、配偶或直系尊親屬年滿 70 歲以上，免稅額還會增加 50%。所以申報所得稅時，可想辦法增加扶養親屬或家屬的人頭數，是最直接的節稅方法。但記每一親屬或家屬只能在一個申報戶內被扶養，由誰扶養應先取得彼此間的共識。

（二）列舉與標準扣除額的運用

通常納稅義務人，總會思考到底要選擇「標準扣除額」還是「列舉扣除額」，哪一種對自己最有利？如果納稅義務人只有保險費可以扣除、或者列舉扣除額部分加總小於個人的標準扣除額的 13 萬[5]，那就適合選擇「標準扣除額」的方式。若納稅義務人有房租支出或自用住宅借款利息，再加上保險費及健保費，或者還有捐贈金額，這些零零總總加起來的金額，很容易就超過標準扣除額 13 萬元的免稅額，這時就必須選擇「列舉扣除額」的方式，才能節省更多的稅賦支出。

（三）高所得夫妻可採分開計稅

通常婚後夫妻須將所得加總後報稅，因為所得稅是採用累進稅率的關係，所以婚後兩人所得加總適用的稅率，幾乎都會比單身各自申報所得時所適用稅率高，造成家庭要繳的稅額比單身時還多的現象。所以若夫妻都是高所得人士，可選擇分開報稅，這樣可以降低邊際稅率，以達到節稅效果。

---

4 根據 2024 年的所得稅版本，每人每年享有 9.7 萬元的免稅額。
5 根據 2024 年的所得稅版本，每人每年利用標準扣除額享有 13 萬元的免稅額。

(四) 放棄或分散持股股利收益

通常股票每年所發放的股利[6]，會被計入隔年的綜合所得內，若持有大量的股票會因每年配發高額股利，提高被課稅的總額度，若被課稅人本身是高稅率者，則必須繳納更高的稅額。此時被課稅人應該可以在股票配發股利前，將股票賣出，待股票配息後再購入，之後再將股票賣出，所賺的資本利得是不用繳稅的，可節省稅負支出。

此外，若夫妻任一方擁有高額的股利收入時，可利用夫妻贈與免稅的優惠，將股利分配一部分給配偶，由於夫妻的股利所得，依照現行法令可以採分開計稅，所以可以降低股利被課稅的金額，此舉可提供有高股息收入的夫妻一個節稅管道。

理財小常識

股利所得稅與其所需繳的二代健保補充保費

自 2018 年起，具股利所得之納稅人，可自行選擇「分開計稅」或「合併計稅」二擇一。通常「低所得」選擇合併計稅，「高所得」者採分開計稅比較划算。

合併計稅	股利所得併入綜合所得課稅，並按股利所得 8.5% 計算可抵減稅額，且每一申報戶，以 8 萬元為上限。
分開計稅	股利所得按單一稅率 28% 分開計算應納稅額，再與綜合所得稅合併報繳。

國內股票投資人，其股利所得「單次」領取達 2 萬元（含）以上，需繳二代健保補充保費費率。自 2021 年起，該費率由 1.91% 調漲至 2.11%。

(五) 選擇可免稅與節稅的商品

一般人進行理財投資時，可以選擇免稅或稅率優惠的金融商品，以節省稅負。例如：投資海外基金或國內上市的 KY 股票（在國內上市的外國公司），其境外配息的部分[7]可以免稅、或者存在所有在金融機構的存款利息 27 萬元以內，可免稅、或者將資金放入郵局活儲 100 萬元以內，所產生的利息也可免稅。

---

6 股票發放股利分為「現金股利」與「股票股利」，在進行課稅時，現金股利就以直接發放的現金來計算所得；股票股利則以配股的股數，用「每股面額 10 元」來計算所得，如：配股 600 股，則股利所得為 600×10 = 6,000 元。

7 通常境外配息的部分，若國人投資海外商品，其利息收益與資本利得合計超過新臺幣 100 萬元，且個人或家庭的所得總額，亦超過新臺幣 750 萬元者，才須針對海外收益進行課稅。

第三篇　理財規劃

此外，投資公債、短期票券等相關商品的利息收入，因採 10% 的分離課稅，所以稅率具有優惠性，若所得稅率高於 10% 以上的納稅人就可選擇。另外，也可藉由投資保險商品，平時所繳保費申報列舉扣除，將來自保險公司所取得的保險給付，亦屬於免稅所得。

(六) 將自提勞退金從所得扣除

近年來，國內所推行的勞工退休金新制中，現在的勞工退休金改為可攜式帳戶之後，勞工每月從工資提出 6% 放入勞退金帳戶，這些自提勞退金的部分，可以從當年度個人綜合所得總額中全數扣除，這樣可以降低被課稅的總額，具有減稅的效果。

(七) 將薪資轉公司福利可免稅

一般的受薪上班族，除了本薪外，公司給予的伙食津貼與交通津貼等福利，可不用納入薪資所得課稅範圍。此外，在勞基法規定的加班時數內（男生 46 小時、女生 24 小時），所得的加班費，也可免課所得稅。

理財 NEWS

4 招節稅妙招！這項可扣除 30 萬常被忽略

5 月報稅季！想要省錢有感，特別彙整網友建議，提供小資族四大合法節稅妙招，包括勞退自提不列入個人薪資所得、善用列舉扣除額、善用特別扣除額、存股節稅等。

1. 勞退自提不列入個人薪資所得

依《勞工退休金條例》第 14 條規定，勞工、受委任工作者、實際從事勞動之雇主及自營作業者，得在每月工資、執行業務所得 6% 範圍內自願提繳退休金，其自願提繳之退休金不計入提繳年度薪資所得、執行業務收入課稅，享有稅賦優惠。

2. 善用列舉扣除額

常見的列舉扣除額有 6 大項目，包括捐贈、保險、租屋支出、災害損失、醫藥生育、自用住宅購屋利息等；「列舉扣除額」要檢附相關證明，且有些列舉扣除項目「沒有金額的限制」，可以完全核實減除，像是醫藥生育費及災害損失等，但標準扣除額不論所得高低，都只能按固定金額扣除。其中只有自用住宅購屋借款利息支出，可以在申報個人綜合所得稅時列舉扣除，扣除額上限為 30 萬元，還有一年 12 萬元的租金支出扣除額度等，是最常被忽略的扣除額項目。

3. 善用特別扣除額

特別扣除額包括薪資所得、財產交易損失、儲蓄投資、身心障礙、教育學費、幼兒學前特別扣除額等，其中若扶養 5 歲以下子女，為學齡前幼兒，每人可扣抵 12 萬、長照每人亦有 12 萬額度，「但這兩項具有排富條款，適用的稅率是 20%」，採定額減除。

4. 存股節稅

　　調整存股標的讓單筆股利不超過 2 萬元，單筆超過 2 萬要扣 2.11%二代健保補充保費，若有超過記得列舉補充保費扣稅。股利所得課稅方式分為「合併課稅」及「分離課稅」兩種，投資人可以依自己綜所稅的課稅級距試算最有利的方案。永豐金證券指出，2023 年綜合所得淨額低於 56 萬元適用 5%稅率，股票股利若採合併綜所稅按 5%計算，並適用 8.5%的抵減稅額，有 3.5%的差額小確幸。

資料來源：節錄自工商時報 2023/05/18

> **解說**
>
> 　　每年要繳所得稅時，要計算出最節省稅負支出，確實要點心思。通常家庭成員眾多，最好採用「列舉扣除額」方式。若是小資族也有四大合法節稅妙招，包括：勞退自提不列入個人薪資所得、善用列舉扣除額、善用特別扣除額以及存股節稅等方式。

9-3　贈與稅務規劃

　　通常有大額資產的長輩，為了避免無預警身故，而留下大批資產給後代時，要被課高額遺產稅，所以大都會在身前就會提早進行贈與規劃，每年分批贈與資產給晚輩，以節省遺產稅的支出。有關贈與稅務的相關常識，對於具有大額資產的國民而言，是一項重要的課題。以下本節將介紹贈與稅務簡介、以及節稅規劃。

一、贈與稅務簡介

　　本節將依序介紹有關贈與稅對象、納稅義務人、免稅額、以及課稅級距與稅率等基本的稅務知識。

(一) 課稅對象

　　由於我國的贈與稅法是採取「屬人兼屬地主義」，也就是本國居民，不管是接受境內或境外贈與時、或者非本國居民將接受境內贈與時，都必須列為課稅對象。根據我國稅法規定，以下三種類型的人，應該辦理贈與稅申報：

1. 經常居住在我國境內的我國國民，要將他在我國境內或境外的財產贈送給別人的時候。

2. 經常居住在我國境外的我國國民或者是外國人，如果要將他在我國境內的財產贈送給別人的時候。

3. 贈與行為發生的前 2 年內，雖然贈與人自願喪失我國國籍，但是如果將他在本國境內或境外的財產贈送給別人的時候。

第三篇　理財規劃

(二) 納稅義務人

通常贈與稅之納稅義務人為贈與人，但贈與人有下列情形之一者，以受贈人為納稅義務人：

1. 行蹤不明者。
2. 逾遺產及贈與稅法規定繳納期限尚未繳納，且在本國境內無財產可供執行者。
3. 死亡時贈與稅尚未核課。

(三) 免稅額

根據國內稅法的法令規定，贈與人每年有 244 萬元的贈與免稅額。如果夫妻在同一年各有贈與行為，則可各享 244 萬的免稅額，也就是同一年夫妻可以各贈與 244 萬給子女，總共有 488 萬的免稅額。

(四) 課稅級距與稅率

目前我國的贈與稅新制，由目前單一稅率 10%，改為累進稅率最高 20%。有關贈與稅的各級課稅級距與稅率，詳見表 9-10 之說明。

表 9-10　贈與稅的各級課稅級距與稅率（2024 年版）

淨額課稅級距	稅率	稅額計算
2,500 萬元以下	10%	淨額 ×10%
超過 2,500 萬元～ 5,000 萬元	15%	250 萬元＋淨額超過 2,500 萬元部分 ×15%
超過 5,000 萬元	20%	625 萬元＋淨額超過 5,000 萬元部分 ×20%

二、節稅規劃

以下提供幾項，可以節省贈與稅的規劃方法：

(一) 利用雙親分別贈與額度

通常長輩欲將資產贈與給晚輩，長輩每年僅有 244 萬的贈與額度。若此時假設父親可將資產先移一部分給母親，利用父母親同時每人都有 244 萬的贈與額度，這樣可以加快移轉資產的速度，以達節稅效果。此外，也可搭配信託方式，由信託公司來處理分年贈與事宜。

(二) 利用婚嫁額外贈與額度

結婚是人生重大歷程，此時長輩除了每年有 244 萬的免稅額度外，子女婚嫁年還可另外有 100 萬的婚嫁贈與額度。所以利用婚嫁額外贈與額度，可以達到節稅效果。

(三)利用股價處低檔時贈與

通常長輩贈與給晚輩，除了現金之外，長輩也可利用股票進行贈與[8]，且當股價處於低檔時，可以贈與的股數增多，待股價上漲後，子女再處分股票，所創造的財富可高於當初長輩所贈與的額度，同時也可以省下未來的遺產稅。

 例題 9-2   贈與稅額

某 B 夫婦於兒女結婚年，贈與土地及房屋，該土地公告現值及房屋評定標準價格合計為 1,500 萬元，除受贈人須繳納土地增值稅及契稅合計 120 萬元外，請問尚須繳納多少額度的贈與稅？

解

通常父母於兒女婚嫁年，各有 100 萬元婚嫁贈與額度、以及 244 萬元一般贈與額度，不用課徵贈與稅。

◎應課徵淨額＝ 1,500 萬－ 120 萬－（244 ＋ 100）萬 ×2 ＝ 692 萬元。

◎應課徵贈與稅＝ 692 萬 ×10% ＝ 69.2 萬元。

媽媽用贈與免稅額分年送房給兒子，竟被課 700 萬重稅！
專家用 2 招秒解，有機會連贈與稅都不用繳

每年時序進入 11 月，辦理財產贈與之旺季即將來臨。懂得財稅規劃的父母，會善用每年贈與免稅額 244 萬。同樣是贈與，但是贈與現金、股票還是不動產，未來的稅務效果大不同。一樣都是贈與 244 萬，到底差別在哪裡呢？

• **房產贈與兒女再出售時，房地合一稅會暴增**

陳姐夫妻只有一個兒子，所有的財產都要留給兒子，想運用每年贈與稅的免稅額，將 2010 年購買市價 3,000 萬的房產，分年贈與給兒子。分年贈與的「房屋評定現值及公告土地現值」為市價的 3 成，合計為 1,000 萬。沒想到兒子持有不到 5 年，以相同的市價 3,000 萬賣出父母贈與房產，卻要課 35% 的房地合一稅。又因受贈的房產再出售，成本認定為「受贈時房屋評定現值及公告土地現值」，於是要付 700 萬的房地合一稅。（售價 3,000 萬－成本 1,000 萬）* 房地合一稅率 35% ＝ 700 萬的房地合一稅。父母很內傷！兒子也很懊惱，表示不知道會被課這麼高的房地合一稅。

---

8 若利用股票贈與，仍以當年購買市值 244 萬的股票當為免稅額，超過的部分仍須被課稅。

房產贈與兒女再出售，房地合一稅暴增的原因有 3 點：

1. 出售所得稅舊制變新制

根據財政部的規定，如果房產是受贈而來，除了因夫妻間互贈取得外，該房屋、土地取得日之認定，應以完成所有權移轉登記日為取得日。因此 2016 年起父母贈與給子女的房屋、土地，未來再出售都需採「房地合一所得稅」新制申報。如父母取得房屋、土地為 2015 年 12 月 31 日，直接出售時土地獲利無需申報所得，僅房屋獲利須申報所得。贈與子女後再出售，出售所得稅舊制變新制，房屋和土地實際獲利皆須申報「房地合一所得稅」，需繳的稅金大幅提高。

2. 受贈不動產成本認定偏低

受贈房產在出售時，其成本認定以「受贈時房屋評定現值及公告土地現值」為準。因此，若受贈時房屋評定現值及公告土地現值偏低，則出售時的實際獲利就會偏高，進而導致房地合一稅增加。

3. 持有期間縮短

該房屋、土地取得日之認定，應以完成所有權移轉登記日為取得日，持有期間縮短。而房地合一稅稅率與持有期間相關，個人非自住房稅率：持有 2 年以內為 45％；超過 2 年未滿 5 年，稅率為 35％；持有超過 5 年以上未滿 10 年，稅率為 20％；即使持有滿 10 年以上，稅率也需 15％。

• 贈與現金或股票

父或母可每年運用 244 萬元的免稅額贈與現金或股票給子女，子女即可運用受贈之資金以自己名義投資、置產。贈與現金或股票的孳息及投資收益就歸子女所有，不算是父母的贈與，也不用繳贈與稅。透過分年贈與現金或股票，子女準備好經濟實力，未來也有能力向父母購買不動產。

• 真心的建議

傳承規劃必須全盤考量，而且要拉長時間，不只是考慮當下。特別是不動產的傳承，在 2016 年房地合一稅實施之後，必須隨法令及國稅局的態度，更新規劃。才不會省了贈與稅，再出售時房地合一稅卻暴增，因小失大。

資料來源：節錄自風傳媒 2023/12/05

解說

父母親利用房地產分年贈與給子女，以規避贈與稅。但仍然要注意子女將其房地產出售時，因持有期間過短，且出售時面臨所得稅的新制，反而要繳交高額的房地合一稅，所以捐贈者必須要注意這些事項。

9-4 遺產稅務規劃

所謂的遺產稅是指擁有遺產者，在因死亡而發生財產所有權移轉時，所需課徵的租稅。通常此稅發生在財產轉移之際，且以死亡者所遺留的財產為課稅範圍。通常遺產稅率的高低，會影響擁有大額資產的富人，其資產的配置與規劃方式。因此有關遺產稅務的相關知識，對於富人而言是一項重要課題。以下本節將介紹遺產稅簡介、以及稅務規劃。

一、遺產稅務簡介

本節將依序介紹有關遺產稅的課稅對象與範圍、納稅義務人、遺產淨額計算、課稅級距與稅率、以及節稅規劃等基本的稅務知識。

(一) 課稅對象與範圍

由於我國的遺產稅法是採取「屬人兼屬地主義」，也就是本國居民，不管是接受境內或境外遺產時、或者非本國居民將接受境內遺產時，都必須列為課稅對象，且課稅的遺產範圍，還包含擁有遺產者死亡前的二年內贈與。以下為本國遺產稅法，所明訂的課稅對象與範圍：

1. 經常居住本國境內之本國國民，死亡時就其本國境內外全部遺產，課徵遺產稅。
2. 經常居住本國境外之本國國民，及非本國國民，死亡時在本國境內遺有財產者，就其在本國境內之遺產，課徵遺產稅。
3. 所謂遺產，包括動產、不動產及其他一切有財產價值之權利，及被繼承人死亡前二年內贈與被繼承人之配偶、或其各順序之繼承人或各順序繼承人之配偶之財產，減除免稅額及各項扣除額後之課稅遺產淨額，依規定稅率計算課徵遺產稅。

(二) 納稅義務人

通常須繳納遺產稅的義務人，有以下三種：

1. 有遺囑執行人者，為遺囑執行人。
2. 無遺囑執行人者，為繼承人及受遺贈人。
3. 無遺囑執行人及繼承人者，為依法選定之遺產管理人。

(三) 遺產淨稅計算

通常計算遺產淨稅是將「全部遺產」先扣除不計入遺產總額的項目後，稱為「遺產總額」；之後再將遺產總額，扣除免稅額與扣除額後，所得為「遺產淨額」，然後再根據遺產淨額所在級距，進行課稅。有關「遺產淨稅」的計算式，詳見以下 9-4 式與 9-5 式之說明。

遺產總額＝全部遺產－不計入遺產總額之金額 　　　　　　　　　　　　(9-4)

遺產淨額＝遺產總額－免稅額－扣除額 　　　　　　　　　　　　　　(9-5)

至於在計算遺產淨稅，所必須扣除的項目，如：不計入遺產總額之金額、免稅額與扣除額的額度說明，請詳見表 9-11。

表 9-11　遺產稅淨額計算之扣除項目之說明（2024 年版）

項目	內容	金額
不計入遺產總額之金額	被繼承人日常生活必需之器具及用具金額	100 萬元以下部分
	被繼承人職業上之工具金額	56 萬元以下部分
免稅額		1,333 萬元
扣除額	配偶扣除額	553 萬元
	直系血親卑親屬扣除額（註 1）	每人 56 萬元
	父母扣除額	每人 138 萬元
	殘障特別扣除額	每人 693 萬元
	受被繼承人扶養之兄弟姊妹、祖父母扣除額（註 2）	每人 56 萬元
	喪葬費扣除額	138 萬元

註 1：直系血親卑親屬其有未滿 20 歲者，並得按其年齡距屆滿 20 歲之年數，每年加扣 56 萬元。

註 2：兄弟姊妹中有未滿 20 歲者，並得按其年齡距屆滿 20 歲之年數，每年加扣 56 萬元。

(四) 課稅級距與稅率

目前我國的遺產稅新制，由目前單一稅率 10%，改為累進稅率最高為 20%。有關遺產稅的各級課稅級距與稅率，詳見表 9-12 的說明。

表 9-12 遺產稅的各級課稅級距與稅率（2024 年版）

淨額課稅級距	稅率	稅額計算
5,000 萬元以下	10%	淨額 ×10%
超過 5,000 萬元～ 1 億元	15%	500 萬元+淨額超過 5,000 萬元部分 ×15%
超過 1 億元	20%	1,250 萬元+淨額超過 1 億元部分 ×20%

二、節稅規劃

　　一般遺產稅的規劃的目的乃希望能降低繳納金額、或者為準備繳納遺產稅的資金進行規劃；且進一步也希望能夠避免遺產被後代揮霍、且可利用遺產照顧特定人、並能維持自身事業永續經營之目標。通常可利用以下幾種方式，以進行遺產的規劃與節稅。

（一）利用贈與額度分年移轉資產

　　通常具大額資產的長輩，可在生前就逐年利用 244 萬元贈與免稅額，逐步移轉資產，以降低遺產被課稅的總額。此外，也可搭配信託方式，由信託公司來處理分年贈與事宜，亦可利用遺產照顧特定人、以及避免遺產被後代任意的揮霍。

（二）利用保險理賠金的免稅額度

　　通常具大額資產的長輩，可在生前購買保險，由於保險理賠金，有部分是不納入遺產稅的計算範圍，所以可以藉此降低被課納的總額，以達節稅效果。但利用保險商品[9]的理賠金避稅，根據法令規定可享 3,720 萬元的最低稅負免稅額使用[10]，若超過的部分仍要課最低稅率 20%，所以必須仔細計算其優惠額度是否划算。且利用保險理賠金進行規避遺產稅時，一般實務上，其保單執行期必須超過兩年才有效，不然理賠金仍會被當作遺產進行課稅。

（三）利用隔代繼承減少課稅次數

　　現代人愈來愈長壽，現在 80、90 歲的高齡父母親仍健在，此時與其贈與給 60、70 歲的子女，下一待還不如拋棄繼承權，將遺產繼承權，由孫子輩（隔代）來繼承，以免二次課徵遺產稅。但要採用此方法，須所有兒女都有共同拋棄繼承權的共識，以免有人為拋棄繼承權，反而承接所有的財產，引發糾紛。

---

9 若利用保險商品的理賠金避稅，該保單須經國內金管會核准的人壽保險保單，若未經核准的保單，仍不符合遺產及贈與稅法免稅之規定。
10 根據 2024 年的遺贈稅版本。

(四) 利用資金捐贈給自設基金會

通常利用捐贈，除了可以行善外，亦是節省遺產稅的管道之一。通常資金大戶可自行成立公益性質的基金會，然後將資金捐贈給基金會，再以基金會名義來登記不動產、汽車等，以供自己人使用。此舉可讓資金遺愛人間，又可達到節稅效果。但此基金會須被政府評定，具有實際績效的基金會，方可達到節稅效果。

(五) 善用配偶剩餘財產的請求權

若當一方剩餘財產較多的配偶先行離去時，生存的一方可善用配偶剩餘財產差額分配請求權，將一半金額的財產列為扣除額，以增加遺產稅的扣除額，將有助於降低被課稅總額，以適用更低的稅率。

 例題 9-3　遺產稅額

某 C 君身後留下遺產 7,500 萬元，除了免稅額 1,333 萬元，不計入遺產總額之金額 156 萬，尚有 766 萬扣除額，請問遺產稅應納稅額多少？

解▷

◎課稅遺產淨額＝ 7,500 萬－ 156 萬－ 1,333 萬－ 766 萬＝ 5,245 萬元。

◎遺產稅課稅金額＝ 500 萬＋（ 5,245 － 5,000 ）萬 ×15% ＝ 536.75 萬元。

理財 NEWS

百萬遺產稅不要來！保單無痛移轉有眉角

一位民眾某年將 1,000 萬元贈與配偶、另匯款 200 萬元贈與兒子，配偶相互贈與的財產不需要計入贈與總額，且贈與兒子的財產未超過每年免稅額 220 萬元，所以他在贈與當年度，不需要繳納贈與稅。

沒想到，該位民眾在隔年就死亡，贈與配偶的 1,000 萬元及贈與兒子的 200 萬元共計 1,200 萬元，是死亡前 2 年內所為的贈與行為，遭國稅局認定「視為遺產」，要納入遺產總額之內，假若不含其他扣除額，以基本稅率 10% 計算，估算遺產稅應納稅額為 120 萬元。

國稅局允許民眾合法節稅，主要有二種方式，一是配偶相互贈與財產可免稅，二是每年有贈與免稅額 220 萬元。但為了防止民眾規避遺產稅，又規定贈與人（被繼承人）死亡前 2 年內，贈與給 7 類特定親屬的資產，都要納入遺產總額計算。

至於 7 類特定親屬包含：1. 配偶、2. 直系血親卑親屬、3. 直系血親卑親屬的配偶、4. 父母、5. 兄弟姊妹、6. 兄弟姊妹的配偶、5. 祖父母。

這擔心突如其來的意外導致觸及紅線，讓遺產稅額變高，其實可以透過壽險規劃傳承。遺贈稅法規定，要保人及被保險人都是被繼承人，而且保險金有指定受益人的壽險保單，可以不用計入遺產總額。也就是說，父母可以在生前投保壽險，並把受益人填寫為自己的小孩及配偶，如此一來財產免計入遺產總額課稅，就可以無痛移轉給家人，給家人更完整的後半生保障。

不過，為了避免受益人比自己先走的情況發生，可以在受益人順序最後多填一個「法定繼承人」，這樣保險金就會被當作給付給指定受益人，而非當作遺產分給法定繼承人繼承，更能確實節省後人稅金負擔。

除此之外，民眾還要注意投保時有沒有違反國稅局的「實質課稅原則」地雷，要是有重病或帶病投保、躉繳保費、舉債投保、高齡投保、短期或密集投保、鉅額投保，保險給付低於（或等於）已繳保費等特徵，國稅局會認定民眾有意透過保險避稅，屆時將節稅不成反被罰。也因此，資產移轉一定要盡早做好安排，以免突然發生意外死亡，或是等到發現自己命不久矣時才來抱佛腳，這些都會讓自己的傳承規劃大打折扣。

資料來源：節錄自好險網 2021/04/28

解說

若有大筆遺產的富人，有意將自己的資產轉移給家人一定要盡早做準備，透過現金贈與雖然比較簡單直接，卻可能衍生贈與稅，甚至死後產生遺產稅的問題。此外，可藉由指定受益人的壽險保單，亦可規避遺產稅，但保單也必須執行期超過兩年以上才有效，不然保險金仍被納入遺產進行課稅。

理財 NEWS

身故保險金要課遺產稅？專家揭關鍵：計入所得或遺產

　　攤開《保險法》第 112 條規定，「保險金額約定於被保險人死亡時給付於其所指定之受益人者，其金額不得作為被保險人之遺產。」白話來說，保險金的身故理賠並不算遺產，因此也不納入遺產稅計算。然而，這並不代表只要是保險理賠金都不算遺產。

　　資誠家族及企業永續辦公室協同主持律師指出，保單的要保人與被保險人若為不同人，且該保單有指定受益人，確實依法並不算遺產。但是，在實務上，國稅局會根據「實質課稅原則」，依個案決定是否課徵遺產稅，財政部也有明確的「八大樣態」，分別是舉債投保、鉅額投保、重病投保、高齡投保、短期投保、蠆繳投保、密集投保、保費略高或相當於保險金額。這八大樣態，可能會讓身故理賠金被判定為「須課稅」。

　　律師表示，像是被繼承人以現金購買壽險蠆繳保單，當身故請領死亡給付時，可能會被國稅局認定為規避行為，因而採取實質課稅原則，將其保險金列為遺產進行課稅。另一種狀況則是保單的被保險人與要保人不同人時，若要保人死亡，被保險人還在世，則其保單解約價值就會成為遺產而課稅。

　　身故保險金要課所得稅、或是遺產稅？此外，保險理賠金申請給付時，還可能面臨遺產稅之外的其他稅賦。

　　磊山保經桃園營運處資深副總指出，在保險法及遺贈稅法中的規定，都明確指出「指定受益人」在被保險人死亡時給付的保險金額，可不計入遺產總額。但是，當保險公司給付保險金給受益人時，對受益人而言，就是一筆額外的所得，因此仍面臨所得稅的問題。這也代表保險金在稅賦上，要分為兩個問題來看，一是「所得稅」，二則是「遺產稅」。

　　專家表示，指定受益人的保險金雖然不計入遺產總額，但需要依法計入個人所得額，保單的受益人跟要保人不是同一人時、死亡給付在 3,330 萬以下（2024 年已修正為 3,720 萬），雖不計入基本所得額，但超過餘額仍要計入。

　　但如果這筆死亡給付被認定為遺產時，若計入遺產總額時，則不用計入個人基本所得額計算，兩者擇一課稅。另外，如健康險、醫療險中，如住院理賠、手術理賠金等「非死亡給付」的保險金，若在被保險人身故後才請領，由於醫療保險金的受益人為「被保險人」，並不能指定給其他人，這筆錢將由繼承人取得，因此這筆錢就會被視為遺產。

　　身故理賠金也可能算「贈與」，關鍵在「指定受益人」在保險理賠金的稅賦上，也有一種情形常被忽略。

　　專家說，在保單中常見的規劃是以父親為要保人、母親為被保險人，小孩則是指定受益人。但是，由於這張保單屬於要保人（父親）的資產，當被保險人（母親）身故，向保險公司請領身故理賠金時，這筆錢常會被國稅局認定為「贈與」，也就是說要課徵贈與稅，若超過 3,330 萬（2024 年已修正為 3,720 萬）還要考量最低稅負制。

　　因此，除非個人其他考量，建議要保人與受益人為同一人，當事故發生時，身故理賠金仍回歸要保人，就不會面臨贈與稅及最低稅負制的問題。

在進行保險規劃時，張志強也提醒，無論列了幾名指定受益人，最後一定要寫上「法定繼承人」。這個動作是指定法定繼承人成為受益人，使其領取的身故理賠可不列入遺產稅計算。否則，當被保險人、指定受益人同時身故，卻未寫明「法定繼承人」，等於沒有指定受益人，這筆保險金就成為被保險人的遺產。雖然還是會由民法順位的法定繼承人取得，但這種情況下，卻必須計入遺產總額計算、繳納遺產稅。

資料來源：節錄自遠見雜誌 2023/05/31

解說

　　一般人規避遺產稅常常運用保險，但是若沒有處理好，可能還是會被課稅。專家指出，若投保人出現舉債投保、鉅額投保、重病投保、高齡投保、短期投保、躉繳投保、密集投保、保費略高或相當於保險金額，等八種樣態，最後保險金仍會被課遺產稅。此外，投保時，須注意「受益人」、「被保人」與「要保人」三者關係，才能使保險金順利移轉，不被課遺產稅。

9-5　不動產稅務規劃

　　一般而言，「有土斯有財」是一般國人常有的觀念，只要買下不動產就是擁有財富的保證。所以國人大都會以購買房子或土地，來當作生活安全的保證、以及人生理財規劃的目標之一。因此有關不動產稅務的常識，對於一般普羅大眾而言，是人生重要的議題。以下本節將介紹不動產稅務簡介、以及稅務規劃。

一、不動產稅務簡介

　　一般國人持有不動產大致上以自用住宅與土地為主，有關買賣不動產會產生的稅務種類，大致上可分為以下兩種：

(一) 契稅

　　契稅是指不動產之買賣、承典、交換、贈與、分割或因占有而取得所有權者，所應繳納的稅負。通常進行不動產買賣或贈與時，契稅為 6%；買賣契稅的納稅義務人為買方，贈與時的納稅義務人為受贈人。

(二) 土地增值稅

土地增值稅是指已規定地價之土地,於土地所有權移轉時,應按其土地漲價總數金額徵收土地增值稅。通常土地增值稅的納稅義務人為賣方。一般土地增值稅又可分為「自用住宅用地」與「一般用地」兩種。

1. 自用住宅用地

一般而言,買賣自用住宅用地的土地增值稅率,又分為「一生一次」及「一生一屋」二種,其稅率均為 10%。

(1) 一生一次:是指土地所有權人移轉土地享受自用住宅用地稅率,一生限用 1 次。

(2) 一生一屋:是指土地所有權人移轉土地,已使用前述一生一次的優惠稅率,欲再出售自用住宅用地,且出售時土地所有權人與其配偶及未成年子女,無該自用住宅以外之房屋,才可適用此優惠稅率。

2. 一般用地

一般而言,買賣一般用地之土地增值稅率,大約是自用住宅用地稅率的數倍,一般大約須課 20% ～ 40% 的稅負。

二、節稅規劃

一般而言,為了節省土地增值稅的支付,大致上有以下幾種節稅技巧與規劃。

(一) 將一般用地改為自用住宅用地

一般用地稅率的計算方式,是以買進到賣出土地公告現值的漲價總數額,依漲價的金額採用累進稅率課徵。一般用地的稅率,比自用住宅用地的稅率,至少高出 1 ～ 2 倍以上。因此,如果居住地沒有營業與出租計劃,可將一般用地改為自用住宅用地,當出售土地時,按自用住宅用地稅率,課徵土地增值稅,是最直接節稅的方法。

(二) 夫妻相互利用一生一次的策略

每個人一生會有一次機會在出售房地產時,享有 10% 土地增值稅的稅率優惠。且夫妻兩人都各有一次機會,使用「一生一次」10% 的土增稅優惠稅率,所以當夫妻欲第二次賣房時,如果是自用住宅,可先將房子贈與給還沒申請過優惠稅率的另一半,之後再拿去賣房,這樣仍可以享受 10% 土地增值稅的優惠稅率。

(三) 可無限次利用一生一屋的策略

雖然利用「一生一次」移轉土地的限制條件較為寬鬆,但「一生一次」顧名思義就是一生只能用一次,但「一生一屋」的策略,卻可多次使用。所以只要當要售屋時,只要該房符合一生一屋的各項條件,就可無限次數使用。因此可多利用「一生一屋」的售屋策略,以享有土地增值稅的優惠稅率。

誰繳土增稅　要看移轉類型

買賣或移轉土地時，要注意土地增值稅的不同移轉類型中，納稅義務會落在不同人身上。若是透過交易，應由土地原持有方納稅；但若是透過贈與轉讓土地，則應由取得所有權人繳稅。

土地增值稅繳納義務歸屬

樣態	納稅義務人
買賣、交換、政府照價收買	原所有權人
贈與或遺產	取得所有權人
典當土地	出典人

資料來源：財政部　　　　　　　　　　　　　程士華／製表

當以交易形式進行土地移轉時，譬如買賣、交換、政府照價收買等情況，只要是有償的移轉，要支付土地增值稅的義務人就會是原本的土地所有權人；如果是無償移轉的情況，像是家人親友間的贈與或遺產，這種時候要支付土地增值稅的角色，就會變成取得土地所有權的一方，也就是受贈土地的一方。

還有一種特別的情況是拿土地進行典當的情況，與交易的狀況類似，是將土地拿去典當的一方繳納土地增值稅，若未來有機會回贖土地，可以要求無息退還原本上繳的土地增值稅款。

通常土地在買賣或移轉時，納稅義務人要依據土地價值的變化，繳納 20% 至 40% 不等的土地增值稅，但若是自用住宅用地，交易或贈與時可以享有 10% 優惠稅率。

由於土增稅的自由住宅優惠，有規定剛蓋好一年內自用住宅，房屋評定現值必須達到所占基地公告現值 10%，一旦老屋太晚設立房屋稅籍，可能就有必要達成這項條件，否則就要等到設籍滿一年整後，再進行交易來符合自住優惠。

圖文資料來源：節錄自經濟日報 2019/08/19

解說

通常買賣或移轉土地時，土地增值稅的納稅義務人會依據不同買賣移轉類型落在不同人身上。若是透過交易，應由土地原持有方納稅；但若是透過贈與轉讓土地，則應由取得所有權人繳稅；若是拿土地進行典當的情況，與交易的狀況類似，是將土地拿去典當的一方繳納土地增值稅。

第三篇　理財規劃

想留房給子女，小心被課大筆贈與稅！
專家教 1 招解決，順便省下鉅額土增稅

　　高房價使許多年輕人越來越難買房，再加上高齡化、少子化等因素，不少長輩會想留房給自己的孩子，據統計顯示，8 月的繼承移轉棟數將近 7,000 棟，創下歷史單月新高，顯見越多民眾面對繼承程序。

- **想留房給子女，小心被課大筆贈與稅！專家教 1 招解決**

　　房市專家曾指出，繼承數量逐年遞增的情形和當前的房屋移轉稅賦太高有關，因為若以贈與方式辦理房產移轉，除不得適用「自用住宅優惠稅率」，而需多繳不少「土地增值稅」外，恐怕還要補繳不少的「贈與稅」，民眾自然會藉由繼承來減少稅賦。

　　除了繼承數量屢創新高外，先前也觀察到到「繼承移轉平均面積比用買的還要更大間」的有趣現象，不過，全球居不動產情報室總監曾指出，雖然繼承宅會有坪數較大的情況，但隨著都更危老風氣，預料繼承的大坪數老宅後況都有改建可能，進而大坪數數量也會遞減，再則小宅化市場乃交易主流，未來也會看到愈來愈多小坪數物件繼承，相關數據無疑均會持續小宅化。

　　國內目前房價太高但所得卻停滯不前的困境，使許多年輕人買不起房，因此有很多父母在思考到底應該提前將房產轉移給子女，還是留以繼承方式來承接較為妥當？

　　基於稅務上的節稅考量，專家則表示應儘量「避開贈與方式」，一來以贈與方式除要繳納不少的贈與稅額外（超過法定贈與額度以上部分要繳納 10% 以上的贈與稅賦），另外土地增值稅部分仍需按一般稅率繳納，而「排除了自用住宅優惠稅率的適用」。

　　因此專家建議，房產在產權處理上，不論是否有改建，仍以登記父母名義，也就是原老屋所有權人為宜，待百年之後再由子女繼承，這樣一來可以只繳遺產稅而不需繳交土增稅和贈與稅，省掉巨額的稅賦，另外，也因保有不動產而可以「獲得更多的兒女孝順」。

資料來源：節錄自好房網 2022/11/06

解說

　　高房價使許多年輕人越來越難買房，再加上高齡化、少子化等因素，不少長輩會想留房給自己的孩子。若利用贈與移轉必須被課「土增稅」與「贈與稅」，若不想被課高額土增稅，也可等長輩百年後直接繼承，但仍有「遺產稅」的問題存在。

本章習題

題號前有★號之題目附詳解

【基礎題】

(　) 1. 下列何者非國稅？
(A) 地價稅　(B) 遺產稅　(C) 所得稅　(D) 菸酒稅

(　) 2. 下列何者非地方稅？
(A) 地價稅　(B) 房屋稅　(C) 所得稅　(D) 印花稅

(　) 3. 請問我國的所得稅法是採取何種制度？
(A) 屬人主義　(B) 屬地主義　(C) 屬物主義　(D) 屬人兼屬地主義

(　) 4. 下列何者非所得稅的課稅項目？
(A) 薪資所得　(B) 公益彩券獎金　(C) 退休金　(D) 資遣費

(　) 5. 通常利用列舉扣除額申報所得稅，在自用住宅購屋借款利息抵稅，每戶額度為何？
(A) 10 萬　(B) 12 萬　(C) 20 萬　(D) 30 萬

(　) 6. 通常所有存在銀行的存款利息的免稅額為何？
(A) 20 萬　(B) 25 萬　(C) 27 萬　(D) 30 萬

(　) 7. 請問現行所得稅法，所規定的最低累進稅率為何？
(A) 3%　(B) 5%　(C) 6%　(D) 10%

(　) 8. 請問贈與稅法規定，贈與人每年得贈與免稅額度為何？
(A) 150 萬元　(B) 244 萬元　(C) 300 萬元　(D) 440 萬元

(　) 9. 請問現行遺產稅法，所規定的最高累進稅率為何？
(A) 10%　(B) 15%　(C) 20%　(D) 25%

(　) 10. 請問我國現行法令規定，自用住宅用地出售時，土地增值稅為何？
(A) 10%　(B) 12%　(C) 20%　(D) 25%

【理財規劃人員證照題】

(　) 11. 下列何者非大企業雇主常用的理財節稅工具？
(A) 個人信託　(B) 高額保單　(C) 境外公司　(D) 新臺幣定存　　【第 26 屆】

( ) 12. 有關節稅規劃，下列敘述何者正確？
(A) 凡是能達到免繳稅或少繳稅之規劃，不論合法與否，均為好的節稅規劃
(B) 節稅規劃是避稅行為，是不道德的，不應該做租稅規劃
(C) 節稅規劃只適用於高所得或財富多的人，其他的人不需要規劃
(D) 節稅規劃是以合法方式而達到免繳或少繳稅的目的，所有納稅義務人均有規劃之權利 【第 30 屆】

( ) 13. 依我國目前稅法規定，投資商業本票之利息所得稅稅率為何？
(A) 免稅　(B) 併入綜合所得或營利事業所得申報課稅　(C) 20% 分離課稅
(D) 10% 分離課稅 【第 26 屆】

( ) 14. 政治獻金法規定，個人對同一政黨每年捐贈總額不得超過新臺幣多少元？
(A) 10 萬元　(B) 20 萬元　(C) 30 萬元　(D) 60 萬元 【第 30 屆】

( ) 15. 下列何種情況下，可以規劃設立投資公司節稅？
(A) 個人經常從事大額長、短期的股票投資交易，經常產生大額的證券交易所得
(B) 個人長期持有的股票投資每年產生大額的股利所得
(C) 個人擬出售名下持有多年並已有鉅額增值的土地
(D) 個人名下持有緩課股票，預估一旦出售，將產生鉅額證券交易所得
【第 29 屆】

★( ) 16. 某甲為全家人投保壽險，全年所繳保費為：本人 30,000 元、妻子 28,000 元、兒子 18,000 元、女兒 15,000 元、若全家合併申報綜合所得稅採列舉扣除方式，則可扣除之保險費為下列何者？
(A) 96,000 元　(B) 91,000 元　(C) 81,000 元　(D) 48,000 元 【第 26 屆】

( ) 17. 被繼承人死亡前二年贈與個人之資產，於死亡後仍應併入遺產總額課徵遺產稅，下列何者不屬於所謂之「個人」？
(A) 被繼承人之配偶　(B) 被繼承人之子女
(C) 被繼承人之父母　(D) 被繼承人之堂兄弟 【第 30 屆】

( ) 18. 被繼承人死亡前二年贈與特定人之資產，於死亡後仍應併入遺產總額課徵遺產稅，下列何者不屬於所謂之「特定人」？
(A) 被繼承人之配偶　(B) 被繼承人之子女
(C) 被繼承人之女婿　(D) 被繼承人之堂兄弟 【第 29 屆】

( ) 19. 有關贈與稅納稅義務人之敘述，下列何者錯誤？
(A) 贈與稅之納稅義務人為贈與人
(B) 贈與人行蹤不明時由受贈人為納稅義務人
(C) 受贈人有二人以上者按受贈人數平均分攤應納稅額負納稅義務
(D) 贈與人逾期未繳贈與稅又無財產可供執行者由受贈人為納稅義務人
【第 28 屆】

(　) 20. 有關計算贈與稅之資產價值，下列敘述何者錯誤？
(A) 土地以市價
(B) 房屋以評定標準價格
(C) 上市股票以贈與日該公司股票之收盤價格計算
(D) 未上市股票以贈與日該公司之資產淨值估定　　【第 27 屆】

(　) 21. 甲贈與給乙現金 1,000 萬元，被國稅局發現，而甲行蹤不明，請問贈與稅納稅義務人為何？（假設甲本年度僅有本次贈與）
(A) 甲　(B) 乙　(C) 甲之配偶　(D) 甲之子女　　【第 26 屆】

(　) 22. 在我國目前課稅基礎上，下列何種稅目原則上是採屬地主義之觀念？
(A) 贈與稅　(B) 綜合所得稅　(C) 遺產稅　(D) 營利事業所得稅　【第 26 屆】

(　) 23. 我國遺產稅之課稅基礎係採用下列哪一種？
(A) 屬人主義
(B) 屬地主義
(C) 原則屬人主義，例外屬地主義
(D) 原則屬地主義，例外屬人主義　　【第 30 屆】

(　) 24. 有關遺產稅的敘述，下列何者正確？
(A) 遺產稅起算稅率為 4%
(B) 採累進稅制，1 億元以上的遺產總額課徵 50% 的遺產稅
(C) 遺產稅若是屬於免稅案件就不必申報
(D) 被繼承人如為經常居住中華民國境外之中華民國國民，依法不得享有配偶扣除額　　【第 30 屆】

(　) 25. 被繼承人過世前多少年內所繼承的資產已納過遺產稅者，不必再計入遺產總額？
(A) 1 年　(B) 2 年　(C) 3 年　(D) 5 年　　【第 27 屆】

(　) 26. 買賣房屋不會產生何種稅費？
(A) 登記規費　(B) 契稅　(C) 土地增值稅　(D) 房屋稅　　【第 26 屆】

(　) 27. 有關不動產稅賦之敘述，下列何者錯誤？
(A) 土地增值稅以公告現值為開徵基礎
(B) 自用住宅租金支出扣除額最高為 12 萬元
(C) 因繼承而移轉的土地免徵土地增值稅
(D) 自用住宅房貸利息特別扣除額最高為 27 萬元　　【第 28 屆】

( ) 28. 有關土地增值稅之敘述，下列何者正確？
　　(A) 因繼承而移轉的土地，須課徵土地增值稅
　　(B) 土地移轉已課徵增值稅之一方，不必再課徵契稅
　　(C) 配偶相互贈與之土地，須課徵土地增值稅
　　(D) 土地增值稅之稅率可以分為自用住宅用地稅率及工業用地稅率 【第 26 屆】

( ) 29. 下列何項是遺產稅規劃之目的之一？
　　(A) 隱匿資產，以減少繳納遺產稅
　　(B) 妥善安排繳納遺產稅之資金，以免繼承人無足夠現金繳納
　　(C) 讓配偶與子女平均分配遺產
　　(D) 多角移轉，以少繳遺產稅 【第 32 屆】

( ) 30. 有關計算贈與稅之資產價值，下列敘述何者錯誤？
　　(A) 土地以市價為準
　　(B) 房屋以評定標準價格為準
　　(C) 上市股票以贈與日該公司股票之收盤價格計算
　　(D) 未上市股票以贈與日該公司之資產淨值估定 【第 33 屆】

( ) 31. 有關綜合所得稅節稅規劃，下列敘述何者錯誤？
　　(A) 在合法及不影響所得額的範圍內，儘可能將應稅所得轉換為免稅所得
　　(B) 年底的大額所得延緩到次年一月，可延緩繳稅的時間
　　(C) 當列舉扣除額高於標準扣除額時，選用列舉扣除額
　　(D) 只要邊際所得稅率高於短期票券分離課稅的稅率時，則一律以購買短期票券替代存入金融機構的存款 【第 36 屆】

( ) 32. 依我國所得稅規定，金額愈高，所面臨的稅負就愈高，是因為採行何種課稅制度？
　　(A) 定額稅制　(B) 比例稅制　(C) 累進稅制　(D) 波動稅制 【第 36 屆】

( ) 33. 有關個人節稅規劃，下列敘述何者正確？
　　(A) 我國有關個人之各項稅項均採「屬地主義」，將資金匯至海外投資，既可降低個人綜合所得稅亦可合法規避贈與及遺產稅
　　(B) 夫妻相互贈與免稅，故其中一方即將過世前，將其資產移轉予配偶可降低遺產稅
　　(C) 父親擬將資產以買賣方式移轉予子女，因子女資金不足，得由父親提供擔保向銀行貸款，子女取得資金後，匯入父親帳戶，即可避免贈與稅
　　(D) 母親擬贈送不動產予子女，若該不動產已由母親當做抵押品向銀行貸款，可將不動產連同貸款（負債）贈與子女，可降低贈與稅 【第 36 屆】

(　) 34.丙君欲以其所持有未上市公司股權售予子女，該公司淨值為 600 萬元，但持有一筆上市股票投資成本 100 萬元，市價 200 萬元，為避免被視為贈與課稅則該未上市公司之售價基礎為多少？

(A) 500 萬元　(B) 600 萬元　(C) 700 萬元　(D) 800 萬元　　　　【第 36 屆】

(　) 35.依遺產及贈與稅法規定，資產在計算贈與稅時，有關價值之認定，下列敘述何者錯誤？

(A) 土地係以公告地價計算

(B) 房屋係以評定價格計算

(C) 上市上櫃公司的股票，原則上以贈與日之收盤價認定

(D) 未上市（櫃）股票原則上以贈與日該公司資產淨值估定，惟仍須再考量其資產中所含有上市（櫃）之股票價值再加以調整　　　　【第 36 屆】

(　) 36.綜合所得淨額加計特定免稅所得及扣除額後之合計數（稱基本所得額）在多少金額以下之個人，不必申報繳納最低稅負？

(A) 新臺幣 670 萬元　(B) 新臺幣 720 萬元

(C) 新臺幣 800 萬元　(D) 新臺幣 1,000 萬元　　　　【第 37 屆】

(　) 37.依據我國遺產及贈與稅法規定，未上市（櫃）股票價值之認定係依據下列何者？

(A) 股票市價　(B) 股票承購價　(C) 公司資產淨值　(D) 股票面額

【第 37 屆】

(　) 38.有關我國贈與稅之規定，下列敘述何者正確？

(A) 將資金匯到國外銀行帳戶，再贈送給子女，不需繳納贈與稅

(B) 子女婚嫁時，倘父母各贈與一百萬元給該子女，如當年度沒有其他之贈與，則可免繳贈與稅

(C) 贈與財產之時價相同時，不論以那種形式之財產為贈與，其贈與稅均相同

(D) 財產之買賣係有償之行為，依契約自由原則，不會有贈與稅課稅問題

【第 37 屆】

(　) 39.有關我國遺產稅之納稅義務人的敘述，下列何者錯誤？

(A) 有遺囑執行人者，為遺囑執行人

(B) 無遺囑執行人者，為被繼承人

(C) 無遺囑執行人者，為繼承人及受遺贈人

(D) 無遺囑執行人及繼承人者，為依法選定之遺產管理人　　　　【第 38 屆】

(　) 40.申報個人綜合所得稅時，可列為「列舉扣除額」之項目中，不包括下列何者？

(A) 醫藥及生育費　(B) 災害損失　(C) 財產交易損失　(D) 購屋借款利息

【第 38 屆】

（　）41. 有關契稅，下列敘述何者正確？

(A) 房屋所有權移轉應繳納契稅，且納稅義務人為賣方

(B) 土地所有權移轉應繳納契稅，且納稅義務人為賣方

(C) 房屋所有權移轉應繳納契稅，且納稅義務人為買方

(D) 土地所有權移轉應繳納契稅，且納稅義務人為買方　　　　【第 39 屆】

（　）42. 下列何項遺產，非屬「不計入遺產總額」項目？

(A) 遺贈人捐贈各級政府之財產

(B) 被繼承人死亡前 5 年內，繼承之財產已納遺產稅者

(C) 約定於被繼承人死亡時，給付其指定受益人之人壽保險金額

(D) 當被繼承人死亡時，繼承人捐贈繼承之財產予尚未完成設立登記為財團法人之慈善團體　　　　【第 42 屆】

Chapter **10**

信託規劃

本 章 架 構

本章內容為信託規劃，主要介紹信託簡介、類型與運用規劃等。其內容詳見下表。

節次	節名	主要內容
10-1	信託簡介	介紹信託的運作與特徵。
10-2	信託類型	介紹信託的各種類型。
10-3	信託運用規劃	介紹三種信託的運用規劃功能。

本 章 導 讀

隨著社會的經濟發達，理財觀念的進步，現代人愈來愈重視自身財產的長期規劃，所以強調未來性的信託制度，逐漸被人們所重視與運用。因此有關信託的種種觀念，是作為現代人應該明瞭的重要知識。以下本章將分別介紹有關信託簡介、類型與運用規劃等內容。

10-1 信託簡介

所謂的信託（Trust）是指委託人將財產權或其他處分，移轉給信任的受託人，並授與受託人管理或處分信託財產之權責，使得受益人獲得處分的利益或特定目的。所以信託就是一種代他人管理財產的制度，其由「委託人」、「受託人」與「受益人」三者所連結形成的法律關係。以下將介紹這三者在信託制度運作中，所扮演的角色、以及信託制度的主要特徵。

一、信託的運作

一般而言，信託的運作是由「委託人」、「受託人」與「受益人」三者所構成。有關這三者在信託之間的關係圖，詳見圖 10-1 之說明。

(一) 委託人

「委託人」在信託關係中，就是擁有信託財產[1]者。通常委託人與受託人訂定信託契約，將財產委託給受託人代為管理或處分。通常委託人可以是自然人或法人，亦得一人、特定少數人[2]或數人的團體。

(二) 受託人

「受託人」在信託關係中，就是負責管理處分信託財產者。通常委託人將財產權移轉給受託人後，受託人須依信託契約約定之信託目的，為受益人之利益或特定目的，管理或處分該筆財產，直到契約期滿或信託目的完成為止。

依我國信託法規定，除了未成年人、受監護宣告或受輔助宣告之人及破產人以外，任何委託人所信賴的人，皆可以擔任受託人。通常進行營業性信託的受託人，都為信託公司，目前國內已無專營信託業務的金融機構，現都改由「銀行」、「信用合作社」或「證券商」兼營之。

(三) 受益人

「受益人」在信託關係中，就是得到信託利益的人，也就是委託人辦理信託財產，所想照顧的對象。通常受益人可為委託人自己、特定的第三人（如：委託人的子女、親人）或不特定多數人等。

---

1 通常信託財產，包含下列幾類：金錢、金錢債權、有價證券、動產、不動產、租賃權或地上權、專利權或著作權與其他財產權。
2 在信託機制中，委託人可私下集合（非公開募集）少數幾個特定信託人，依信託契約規定，幫這些特定的少數委託人集中管理運用資金，這種帳戶稱為信託資金「集合管理運用帳戶」。

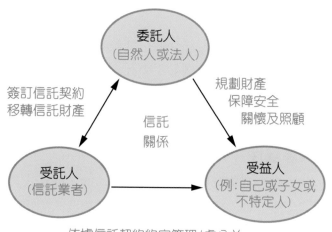

圖 10-1 信託的關係圖

二、信託的特徵

一般而言，信託的制度須具有以下幾點特徵：

(一) 信託財產具有獨立性

當信託關係成立時，不因委託人或受託人死亡、破產或喪失行為能力，而使得信託關係消滅。若受託人因死亡、辭任或違反信託法等，經受益人追回信託財產時，只是發生是否解任受託人重新選任問題，信託關係仍然存在，故信託是以「信託財產」為中心，非以受託人為中心。所以信託財產具有獨立性，也不屬於受託人的任何資產。

(二) 信託財產受法令保障

信託是受託人將信託財產權移轉給受託人，並限制受託人對該財產權之行使。將來無論是委託人、受託人及受益人的債權人，均不得對該信託財產求償或主張，所以信託財產受法令的保障，使其不受委託人或受託人死亡，破產等情形之影響。

(三) 受託人的權限受限制

當信託關係成立後，受託人對信託財產是唯一具有管理及處分權之人，但受託人只能為受益人之利益而為。若受託人因管理不當，導致信託財產發生損害或違反信託法處分信託財產時，委託人、受益人或其他受託人，得請求以金錢賠償信託財產所受損害或回復原狀，並得請求減免報酬。

（四）委託人仍享財產利益

當信託關係成立後，委託人雖然財產移轉信託業者，但委託人仍然可以在信託契約約定，繼續享有信託財產的部分利益。例如：委託人只要透過信託規劃，仍享有信託財產的利益（例如：股票的配息利益），直至信託契約終止時，再按照信託契約之約定，將信託財產移轉給受益人。

（五）受益人保障具專屬性

當信託關係成立後，信託財產移轉至受託人名下，除了受託人可以依照信託約定管理或處分信託財產外，不受其他人等的干涉，因此可讓委託人能按自己原意，真正照顧自己希望照顧的人，因此信託對受益人的保障，具有專屬性。

理財 NEWS

透過信託 幫你顧好資產傳承池

70多歲的黃先生有1男2女，原本預計將財產均分給3名子女，但又擔心小孩太早拿到錢，沒法做好資產管理，他只先分配了少部分財產，剩下資金正打算慢慢分配時，不料一場車禍打亂安排，因黃先生還來不及做好遺產規劃，最後子女果然為了爭產鬧得不可開交。中國信託銀行指出，若黃先生預先安排「信託」，將財產平均分配給3名子女，就不至於發生這樣的憾事。

中信銀行建議，像黃先生的例子，可考慮兩種信託方式；一是生前「子女保障信託」、二是「遺囑信託」；所謂「子女保障信託」，由父母設立，以子女為信託「受益人」，父母親可利用每年贈與免稅額度，將贈與子女的資金交付信託，並透過信託契約，事先約定子女動用信託財產的條件，例如結婚禮金、生育津貼等，以確保依父母親意志來執行財產使用用途。

另外，父母也可先行預立遺囑並簽訂「遺囑信託」契約。中信銀行解釋，遺囑中可指定遺產分配對象及比例（須符合民法特留分規定），若能結合「遺囑信託」規劃，等於事先幫繼承人規劃一個長期理財方式，避免遺產遭不當使用。

中信銀行指出，一般人多只有1個「儲蓄池」，但財富有「金三角」概念，退休規劃相關需求最好「分流」為「退休池、醫療池和傳承池」；尤其「傳承池」這一塊，可透過「信託」，將信託財產，包括「金錢、股票、不動產」等交付給「受託機構（即銀行）」，再由銀行依信託契約來管理處分信託財產，並依約定給付信託財產給受益人，以達成退休生活或財富傳承等目的。

圖文資料來源：節錄自經濟日報 2017/11/12

> **解說**
>
> 　　將預計留給後代的資產，提早利用信託制度來進行規劃，對於有大筆資產的長者而言，是一件重要的事情。案例中，信託銀行建議，可將資金分成「退休池、醫療池和傳承池」這三塊，其中可將「傳承池」透過信託，讓銀行來管理處分信託財產，以達成財富傳承之目的。

10-2 信託類型

　　一般而言，信託的種類可依各種屬性，大致可分為下列這八種類型：

一、設立屬性

　　一般而言，信託設立的屬性，大致可分為下列三種：

(一) 契約信託

　　契約信託是指設立信託之人，須與接受信託之人訂立契約，並將其財產移轉或為其他處分於受託人，使受託人成為該財產權之權利人，並為契約所訂定的受益人利益或特定目的，管理或處分該財產之信託。

(二) 遺囑信託

　　遺囑信託是指委託人以遺囑方式設立，並將其財產的全部或一部份委託給受託人，受託人將為遺囑中，所設定之受益人利益或特定目的，管理或處分該財產之信託。

(三) 宣言信託

　　宣言信託是指委託人以書面或口頭方式，對外宣言以自己為受託人，自本身財產中提出一部分，今後將為第三人（受益人）的利益，管理或處分該財產之信託。

二、受益屬性

　　一般而言，信託的受益屬性，大致可分為下列兩種：

(一) 自益信託

　　自益信託是指委託人為自己的利益所設立的信託，此時委託人與受益人均為同一人。

(二) 他益信託

　　他益信託是指委託人為他人的利益所設立的信託，此時委託人與受益人不為同一人。

三、利益屬性

一般而言，信託的利益屬性，大致可分為下列兩種：

（一）公益信託

公益信託是指設立信託的目的，是以公共利益為目的者。舉凡以慈善、文化、學術、技藝、宗教、祭祀或其他公共利益為目的的信託。所以公益信託必為他益信託。

(二) 私益信託

私益信託是指設立信託的目的，是以自己或特定他人利益為目的者。例如：投資信託。所以私益信託可為自益信託，亦可為他益信託。

四、營利屬性

一般而言，信託的營利屬性，大致可分為下列兩種：

(一) 營業信託

營業信託是指受託人接受信託，以營業為目的者，又稱「商事信託」。通常以營業為目的就是以從事「接受信託」為業。通常從事營業信託者，就是國內經營信託的金融機構。

(二) 非營業信託

非營業信託是指受託人接受信託，以非營業為目的者，又稱「民事信託」。例如：一般自然人或律師為受託人。

五、時效屬性

一般而言，信託的執行時效屬性，大致可分為下列兩種：

(一) 生前信託

生前信託是指委託人在世時所設立，並保有更改權利。若委託人死亡後，其修改信託契約之權利，將隨之消滅。

(二) 遺囑信託

遺囑信託是指委託人以遺囑的方式設立，生效的時間是委託人發生被繼承之事實時。若委託人死亡後，其修改信託契約之權利，將隨之消滅。

六、成員屬性

一般而言，設立信託的成員組成屬性，大致可分為下列三種：

(一) 個別信託

個別信託是指接受個別委託人委託，為個別受益人利益管理或處分信託財產的信託。

(二) 集團信託

集團信託是指接受相同信託目的之不特定多數人委託，將個別信託財產集中成集團財產來管理運用，再將信託收益，依個別受託財產比例，分配給受益人的信託。

(三) 準集團信託

準集團信託是指委託人或受益人為特定多數人（如：某一企業或團體成員），所成立的信託。例如：「家族信託」（Family Trust）其受益人為特定多數的家族成員，其目的乃保護、管理與傳承家族財產。

七、帳戶屬性

一般而言，依信託帳戶內所管理的資金，是來於自特定人或非特定人之差別，可分為以下兩種：

（一）共同信託基金

共同信託基金是由「信託業」發行受益證券，向不特定多數人公開募集資金，並為該不特定多數人之利益而運用之信託資金。基本上，共同信託基金與共同基金類似，一樣都是集合投資大眾資金，再由專業經理人建構投資組合進行專業的投資管理。但兩者最大區別在於共同信託基金是由「信託業」所募集發行，跟投資人為信託關係，須與投資人簽定共同信託契約，且資產保管由信託業自行保管；共同基金為「投信業」所募集發行，跟投資人為委任關係，須與投資人簽定證券投資信託契約，且資產保管委由保管銀行。

（二）集合管理運用帳戶

集合管理運用帳戶是指「信託業」私下集合少數幾個特定信託人，簽訂「集合管理運用契約」，並幫特定委託人投資管理運用資金。集合管理運用帳戶與共同信託基金的差別在於：共同信託基金是與信託人簽定「共同信託契約」，且是向不特定投資人公開募集。

以下表 10-1 將整理「共同基金」、「共同信託基金」與「集合管理運用帳戶」的差異比較：

表 10-1　共同基金、共同信託基金與集合管理運用帳戶之比較

	共同基金	共同信託基金	集合管理運用帳戶
發行機構	投資信託公司	信託業	信託業
契約方式	證券投資信託契約	共同信託契約	集合管理運用契約
服務對象	不特定投資人	不特定投資人	特定少數人
募集方式	公開募集	公開募集	私下募集
資產保管	委託保管銀行	信託業自行保管	信託業自行保管
與投資人關係	委任關係	信託關係	信託關係

八、財產屬性

　　一般而言，信託財產的屬性，大致可分為下列六種：

(一) 金錢信託

　　金錢信託是指以「金錢」直接交付信託，是最常見也是最為普羅大眾熟知的一種信託方式。通常金錢信託可分為「指定用途」與「非指定用途」兩種。指定用途金錢信託是指委託人保留對信託財產的運用的決定權；而非指定用途金錢信託則無。

　　現在許多人會利用指定用途的金錢信託，進行投資理財規劃，所以又被稱為「投資理財信託」。此外，也有眾多數人透過指定用途金錢信託，用於自身退休安養、子女教養、照護身心障礙者、遺產或做特殊目的性的規劃。

(二) 有價證券信託

　　有價證券信託是指以「有價證券」交付信託。通常有價證券包括債券、股票、以及主管機關核定的有價證券，如：受益憑證、認購（售）權證等，均可作為有價證券信託之標的。

　　通常有價證券信託，常為公司大股東用於節省贈與稅規劃，將有價證券信託後，約定孳息部分，分年贈與受益人，待信託中止後，有價證券仍可歸委託人持有的一種信託方式。其中，此類信託規劃中，常見的方式可分為「本金自益、孳息他益」、「本金他益、孳息自益」或「全部他益」等三類型，委託人可依本身的需求量身規劃，以達到資產傳承或稅務規避等目的。

（三）保險金信託

　　保險金信託就是將「保險理賠金」交付信託，乃是一種「保險」與「信託」相結合的金融商品。其主要目的在於藉由信託與保險制度，提升受益人的權利保障，為避免未成年子女，遇到父母意外雙亡，所獲得的保險理賠金，卻因遭監護人，盜用或不當使用，致使保險金無法落實保障遺族的目的。此外，根據我國遺贈稅法規定[3]，給付受益人的保險理賠金最高可享有 3,740 萬，可不計入遺產總額，所以保險金信託也常被運用於規避遺產稅的工具之一。

（四）動產信託

　　動產信託是指以「動產」交付信託。通常常見的動產信託標的，舉凡車輛、船舶、飛機、電腦與機器設備等，皆可交付信託。其運作架構為動產設備的製造商及出售者作為委託人，將設備信託給受託人，受託人對動產設備進行適當的管理，並將動產設備出租給用戶使用，再將所得淨利（信託利益）交給受益人。

（五）不動產信託

　　不動產信託是指以「不動產」交付信託，其運作架構為委託人將其所持有之不動產（包括：土地與建築物等）信託予受託人，雙方簽訂信託契約，受託人依該信託契約約定將信託之不動產為開發、管理或處分，藉以提高不動產運用效益。

（六）無形資產信託

　　無形資產信託是指以「無形資產」交付信託，無形資產包括：商標、技術、著作權、專利權等各種智慧財產權。其運作乃擁有智慧財產權的委託人，移轉其財產權於受託人，並由受託人管理該智慧財產權。其目的乃為保護智慧財產權，以防止被盜用與仿冒，且可將這些無形資產證券化，以提升增值空間且具融資功能。

3　根據 2024 年的遺贈稅版本。

企業主退休傳承　善用家族信託

企業主可選擇的四大類型家族信託模式

主要方式	說　明
股權信託	可選擇以成立閉鎖公司方式來進行股權信託
家族憲章	訂定家族成員必須遵守的各類與股權、經營權相關的規約，以信託方式要求家族成員必須遵守
家族辦公室	對於資產規模超過200億的企業，透過設立家族辦公室，之下再設立各種不同的功能的專責委員會作更細的分工來作信託監督管理
完整型信託	結合閉鎖公司、股權信託、家族憲章、家族辦公室等類型的綜合型家族信託

資料來源：信託公會、業者　　　　　　　　　　　　製表整理：朱漢崙

　　家族信託雖然在臺灣是新名詞，但在歐美、日本等地已行之多年，而且運作得相當成熟。日本的經驗對此指出，根據日本帝國數據銀行的統計，日本帝國數據銀行曾經針對全國約三分之一的企業戶進行調查，發現有 1 萬多家是百年企業，倘若依照樣本比重來推估，全日本共有超過 3 萬家企業是百年老店，而這些企業之所以能過百年而不墜，家族信託在其中扮演非常重要的角色。

　　臺灣近 30、40 年有不少創業成功的中小企業主，闖出一片天也打出國際知名的品牌，可以仿效日本的經驗，透過家族信託的方式，讓這些企業主即使是在退休之後，既能將所有權透過家族信託裡股權信託等方式來傳承，另一方面也能透過家族信託，來找到接續經營的專業經理人來繼續經營，並且透過銀行作為受託人來監督委任的專業經理人，是否有善盡經營之責。

　　家族信託大致依照信託及管理項目的多寡不同、複雜程度，或是資產金額的多寡，可分成四大類型，計有股權信託、家族憲章、家族辦公室、以及這三種類型結合的「完整」信託模式。

　　其中股權信託的方式，可選擇成立閉鎖公司，或不成立閉鎖公司來進行，兩者均可，倘若成立閉鎖公司，執行的方式大致是企業主先成立閉鎖公司，將其所持有的所有股權放入該閉鎖公司裡，接下來該閉鎖公司會組成董事會，由該董事會來議決各種與經營決策相關的事項，通常這種方式是最常見的中小企業主進行家族信託的選項。

　　至於家族憲章，則是會訂定各類型的關於企業主的家族成員必須遵守與股權、經營等相關的規約；而家族辦公室則可說是家族憲章在執行管理面更多元，或是資產金額更大的「進階版」，根據外國經驗指出，通常資產金額規模在等值超過臺幣 200 億以上，較適合選擇「家族辦公室」的執行方式，目前會計師參與家族辦公室的也愈來愈多，包括會計師事務所已出面設有「家族辦公室」，處理多個企業家族的家族信託事宜。

圖文資料來源：節錄自工商時報 2019/08/17

解說

　　近年來，國內信託業者極力推行家族信託業務，並提供 4 種實行方案，供國內中小企業主參考，希望藉由家族信託機制，將家族內的資產或公司，能夠達到永續傳承與經營之目的。

理財
NEWS

善用有價證券信託規劃 讓生活更輕鬆樂活

　　近年時有知名企業家們將其資產交付信託，無論是基於退休生活、企業傳承、第二代交棒安排，亦或是資產贈與、稅務考量因素等，都顯現出信託規劃已逐漸成為財富管理相當重要的一環。在歐美國家，財產信託管理已十分普遍，而國內信託發展也逐步跳脫傳統框架，朝更具彈性、多功能面向發展。

- **善用「有價證券他益信託」 稅務規劃好工具**

　　「有價證券他益信託」為信託規劃中常見的方式之一，架構上分為「本金自益、孳息他益」、「本金他益、孳息自益」或「全部他益」，可依委託人的需求量身規劃，來達成股權集中、資產傳承或稅務規劃等效果。

　　其中，「本金自益、孳息他益」類型常被用於將股息股利規劃贈與下一代的傳承工具，雖透過信託將孳息贈與他人仍須繳交贈與稅，但若在辦理信託時仍未確定未來的配息狀況，依規定應按贈與時郵局一年期定儲固定利率複利折算現值計算其孳息價值，以作為課稅基礎，故若未來配發的股利殖利率愈高，稅務規劃效果則愈大。因此，當市場利率較低、股價處於相對低檔或股票殖利率較高時，都是承作有價證券孳息他益信託的好時機！

- **信託服務更普及，財富管理再升級！**

　　為提升證券商財富管理服務面向，金管會陸續開放證券商信託業務範疇，例如：「有價證券他益信託」，投資人可透過證券商規劃孳息他益信託，將股息股利移轉給下一代，同時亦可將信託股票出借，以賺取額外利息收入活化資產。目前券商已開辦有價證券他益信託業務，在資產增值與保值外，進一步提供資產傳承、稅務規劃等更全面的服務，以滿足投資人生命週期各階段理財所需，完整券商財富管理的服務。

資料來源：節錄自自由時報 2022/09/05

解說

　　近年來，國內信託發展逐步跳脫傳統框架，朝多元面向發展。金管會陸續開放證券商信託業務，讓「有價證券他益信託」已成為許多投資人在進行資產傳承與稅務規劃上的好幫手。

10-3　信託運用規劃

　　一般而言，普羅大眾會利用信託商品來進行人生規劃，不外乎就是進行投資理財、教育安養以及遺產安排等規劃。以下將分別介紹之：

一、投資理財規劃

　　一般而言，擁有大額資產的人，可以使用信託制度，來提高財產的運用效率。通常可藉由信託制度，來使得資產能夠獲得專業增值的投資服務，讓資產達到安全隱匿的效果，並也可進一步運用來進行節稅。

(一) 專業增值

　　通常委託人經由信託契約，將財產權移轉予專業受託機構，由專業人員依契約內容，進行長短期的資金規劃，可使財產能夠得到專業的投資服務，進而充分發揮其累積增值的效果。

(二) 隱匿安全

　　通常委託人將財產信託移轉予受託人後，形式上與名義上，已不是委託人的財產，具有隱匿之特性，所以透過信託可充分保障委託人及受益人之隱私權。且信託財產受到信託法令的保護，具有安全保障的特性。

(三) 節省稅負

　　由於信託具有調節課稅時點、以及折現計算的效果，所以若想移轉財產贈與給子女，可設計信託本金於信託終止後，歸屬子女，雖可能仍須繳納贈與稅，但由於信託財產的贈與價值，是以複利方式折算成現值，會較以前的價值少，所以透過妥善的規劃，仍具節稅效果。

二、教育安養規劃

　　通常會有信託計劃的大都是具有大額資產的人居多，但其實信託也並非有錢人的專利，一般的小老百姓也可藉由信託，對自己的未來人生進行長期照料規劃，並使自己的財產受到妥善的保護。

(一) 長期照料

　　由於信託制度，具有可規劃未來的特質，因此委託人將資產信託給受託人後，可進行較長期的資金運用規劃。例如：將資金規劃用於子女教育養成、自身的退休安養晚年、或者特殊目的性的計劃等。

（二）資產守護

一般人將自己的資產或退休金，託付給信託機構，除了可進行長期的照料外，尚可使自己的資產受到妥善的保護與運用，以避免自身的資產或退休金被晚輩濫用或被欺詐，為高齡者的財產加一道防護網。

三、遺產安排規劃

通常信託制度，可先預作遺產避稅規劃，以避免日後子孫發生爭產風波、並且能夠達到妥善照顧遺族之目的。

（一）避免爭產

通常家財萬貫的富豪，可在生前將大額財產，先設立遺囑信託，除了可先信託安排贈與，以避免死後留下大筆遺產，須被課巨額遺產稅外，亦可避免日後子孫發生爭產風波。

（二）照顧遺族

人生在世難免發生意外遭逢巨變，若尚有其他親人、或年幼子女還需要照顧時，可先透過信託機制，將資產或保險金先預作規劃，讓受託人依照信託契約，為委託人照顧遺族。

 理財 NEWS

高齡社會無法擋 「安養信託」是法寶

信託種類	適合對象	規劃建議事項
高齡者安養信託	1. 單身年老者 2. 擔心不慎被詐騙者 3. 擔心年老狀況不佳，財產被挪用者（如罹患阿茲海默症、失智症或長年臥病在床） 4. 因子女移民或工作忙碌，無法隨侍在側者	1. 設定信託監察人並約定契約變更或終止，需經信託監察人同意 2. 依交付信託規模，設定給付金額及項目，避免退休金提早消耗殆盡 3. 讓家人知悉信託內容，若自己身體不佳時，可請家人聯絡銀行，協助辦理信託給付事宜

根據統計資料顯示，我國將成為超高齡社會。政府在人口高齡化速度加快趨勢下，積極鼓勵各金融機構推出符合老年化社會需求的相關金融商品，例如：銀行業者推出高齡者「安養信託」，就可成為高齡者財產保障的最佳工具。

第三篇　理財規劃

所謂的「安養信託」是指高齡者可將自己辛苦累積的養老金，交給銀行專業管理，信託契約除可約定定期給付生活費給自己外，還可憑單據實支實付醫療費、養護機構及看護等費用，並可指定信賴的親友、社福團體或專業人士擔任信託監察人，約定契約變更或提前終止需經信託監察人同意，共同為信託財產把關，確保養老金可「專款專用」在自己身上，避免遭他人詐騙或挪用。

除了高齡者可辦理照顧自己的自益信託外，子女也可將奉養金成立信託照顧父母。可信託的財產包括現金、保險金、股票及不動產，還可依照自己的資金分配時程分批交付；至於信託財產未來的管理方式，也可在成立信託時約定，讓長者真正能享受安養生活，日後毋需再逐次指示銀行辦理信託事務。

資料來源：節錄自中時電子報 2017/10/03

解說

根據統計臺灣逐漸走向高齡社會，老年人的退休生活規劃，確實需要有目標的提早規劃，才能安養晚年。近年來，政府積極鼓勵各金融機構推廣「安養信託」，讓信託機制協助長者，可以安養晚年的生活。

理財 NEWS

借鑑國外五大信託優先引進

在臺灣，「信託」只有在特定業務較有大宗的發展，但在國外應用很廣，信託公會理事長認為，信託在國外發展有百年歷史，臺灣才發展 20 幾年，還有很多發展空間，「家族信託」、「監護支援信託」、「遺囑代用信託」、「結婚及育兒支援信託」、「以信託方式辦理勞退自提自選」，是臺灣亟需引進的五大標的。

在國外很多家族藉由信託可將財富傳承到第六代，但國內最多傳到第二代，主要是法規、稅制限制，正是信託公會努力解決之處。臺灣的法令沒有國外那麼具有彈性。像國外家族信託常見的「王朝信託」（Dynasty Trust），可利用連續受益人架構，以確保歷代家族成員能享有信託利益，美國實務上有三代傳承或四代傳承信託，甚至洛克菲勒家族信託已經傳遞到第六代家族成員；但臺灣的法令受益人為自然人時，至少要是成型的胎兒，因此家族信託一般只能做到三、四代。

「監護支援信託」在日本於 2012 年 4 月就開始實施，法院裁定監護時，需同步思考受監護人資產是否需要交付信託，以避免親屬監護人濫權，之前金管會已參考日本透過家事法院及信託銀行共同協力推動監護信託制度的經驗，建議司法院推動「成年監護制度支援信託」。

至於「遺囑代用信託」在日本運用也很廣泛。高齡者就不必擔心太早給小孩財產，會發生小孩不孝順背棄父母；太晚給則擔心引發小孩爭執產生家庭糾紛。

「結婚及育兒支援信託」則可解決年輕人因經濟壓力不婚、晚婚或婚後不生小孩、出生率下降的問題，結婚及育兒支援信託在臺灣可不必修法即可辦理。

「勞退自選」部分，國外許多國家例如美國 401K、日本的年金信託及香港強積金計畫等建立自提自選的制度，提供投資商品以供勞工自行選擇，以利勞工為自身退休金帳戶爭取更高的投資報酬率，信託公會也已委外研議完成，以信託方式辦理勞退自提自選帳戶可攜式機制的可行性，希望未來政策開放後信託業能積極參與，並透過勞工帳戶可攜方式，減少勞工因更換工作而造成多個帳戶的問題。

資料來源：節錄自工商時報 2021/05/17

解說

信託業務在國外已發展百年，臺灣發展歷史較短，雖國內已有多起案例，但大部分都局限在某些特定業務的信託，所以在信託業務多元性尚還有很大的發展空間。例如：「家族信託」、「監護支援信託」、「遺囑代用信託」、「結婚及育兒支援信託」、「以信託方式辦理勞退自提自選」，是臺灣亟需引進的五大標的。

第三篇 理財規劃

本章習題

【基礎題】

( ) 1. 下列何者非信託制度下的成員？

(A) 委託人　(B) 受託人　(C) 受益人　(D) 簽證人

( ) 2. 通常信託制度中的集合管理運用帳戶，是針對哪些人所開設？

(A) 一人　(B) 一個家族　(C) 特定少數人　(D) 簽證人

( ) 3. 下列對信託制度的敘述，何者有誤？

(A) 以信託財產為中心　(B) 信託財產受法保障

(C) 信託是標準化合約　(D) 受託人的權限受限

( ) 4. 下列何者信託，受託人與委託人為同一人？

(A) 契約信託　(B) 遺囑信託　(C) 宣言信託　(D) 營業信託

( ) 5. 請問公益信託必為下列何者型式？

(A) 他益信託　(B) 私益信託　(C) 營業信託　(D) 自益信託

( ) 6. 通常非營業信託，又稱為何？

(A) 民事信託　(B) 商業信託　(C) 接受信託　(D) 自益信託

( ) 7. 通常最常見的財產信託方式為何？

(A) 金錢信託　(B) 保險金信託　(C) 動產信託　(D) 不動產信託

( ) 8. 下列何者又被稱為是投資理財信託？

(A) 指定用途金錢信託　(B) 非指定用途金錢信託

(C) 指定用途遺囑信託　(D) 指定用途動產信託

( ) 9. 通常遺囑信託的生效日為何？

(A) 委託人簽約之日　　　(B) 受益人發生被繼承之日

(C) 委託人發生被繼承之日　(D) 受託人發生被繼承之日

( ) 10. 下列何者非信託被運用時會產生的效果？

(A) 照顧遺族　(B) 規避債務　(C) 隱匿安全　(D) 節省稅負

【理財規劃人員證照題】

( )　11. 信託關係中，信託財產須移轉交付給下列何者？
　　　　(A) 委託人　(B) 受託人　(C) 受益人　(D) 不須移轉　　　　【第 26 屆】

( )　12. 僅單純享受利益之人，係指下列何者？
　　　　(A) 委託人　(B) 受託人　(C) 受益人　(D) 信託監察人　　　【第 30 屆】

( )　13. 集合管理運用帳戶依相關法令規定，其所參與之委託人為何？
　　　　(A) 為公開募集之不特定大眾　　　(B) 為非公開募集之特定人
　　　　(C) 為非公開募集之國外投資人　(D) 為公開募集之政府機構法人【第 30 屆】

( )　14. 有關遺囑信託，下列敘述何者正確？
　　　　(A) 預立遺囑對於財產規劃與分配並無幫助
　　　　(B) 遺囑信託能協助解決遺產管理和遺囑執行之問題
　　　　(C) 與受託人簽訂信託契約時將遺囑附註於後即為遺囑信託
　　　　(D) 若成立遺囑信託，委託人死亡後遺產可免納遺產稅　　　【第 30 屆】

( )　15. 有關生前信託，下列敘述何者錯誤？
　　　　(A) 金錢、保險單、有價證券、動產及不動產都可作為信託財產
　　　　(B) 委託人仍有修改信託契約的權利
　　　　(C) 一個完整的信託規劃，應以單一資產配置為原則
　　　　(D) 依個人生活環境與狀況而存在「多重且混合的信託財產和信託目的」
　　　　　　　　　　　　　　　　　　　　　　　　　　　　　　　【第 28 屆】

( )　16. 遺囑信託契約的生效日為下列何者？
　　　　(A) 委託人與受託人簽約之日　(B) 委託人發生繼承事實之日
　　　　(C) 受益人與受託人簽約之日　(D) 選定信託監察人之日　　【第 27 屆】

( )　17. 有關遺囑信託，下列敘述何者正確？
　　　　(A) 預立遺囑對於財產規劃與分配並無幫助
　　　　(B) 遺囑信託能協助解決遺產管理和遺囑執行之問題
　　　　(C) 與受託人簽訂信託契約時，將遺囑附註於後即為遺囑信託
　　　　(D) 若成立遺囑信託，委託人死亡後遺產可免納遺產稅　　　【第 27 屆】

( )　18. 下列何種金錢信託表示受託人對信託財產之運用裁量權最大？
　　　　(A) 特定金錢信託　(B) 不特定金錢信託
　　　　(C) 指定金錢信託　(D) 不指定金錢信託　　　　　　　　　【第 27 屆】

( )　19. 下列何者不是成立信託之主要目的？
　　　　(A) 投資理財，降低風險　(B) 防止家族爭產
　　　　(C) 進行訴訟，打贏官司　(D) 永續保存資產　　　　　　　【第 30 屆】

( ) 20. 家庭形成期若有信託上的安排，應以下列何種規劃較為適當？
(A) 遺產信託　(B) 購屋置產信託
(C) 公益信託　(D) 退休安養信託　　　　　　　　　【第 30 屆】

( ) 21. 有關信託資金集合管理運用帳戶之敘述，下列何者錯誤？
(A) 具有信託之法律關係　　　(B) 規模大小無限制
(C) 運用範圍不限有價證券　　(D) 以不特定大眾為參加對象　【第 33 屆】

( ) 22. 依受託人是否以信託為業來區分，下列敘述何者錯誤？
(A) 包括商事信託　(B) 包括民事信託
(C) 包括營業信託　(D) 包括宣言信託　　　　　　　【第 34 屆】

( ) 23. 關於國人透過銀行指定用途信託資金投資國內外共同基金，下列敘述何者正確？
(A) 屬於自益信託
(B) 屬於指定金錢信託
(C) 為全權委託投資之代客操作
(D) 委託人僅須對投資運用的種類或範圍作概括指示　【第 37 屆】

( ) 24. 遺囑信託契約的生效日係為下列何者？
(A) 委託人與受託人簽約之日　(B) 委託人發生繼承事實之日
(C) 受益人與受託人簽約之日　(D) 選定信託監察人之日　【第 37 屆】

( ) 25. 有關信託之敘述，下列何者錯誤？
(A) 信託是一種為他人利益管理財產的制度
(B) 信託具有節省稅負之功能
(C) 信託時所交付財產為有價證券者，稱為「動產信託」
(D) 信託時所交付財產為土地者，稱為「不動產信託」　【第 37 屆】

( ) 26. 有關信託的主要功能，下列敘述何者錯誤？
(A) 信託最主要功能就是財產管理
(B) 信託機制具有委託專家管理財產
(C) 避免遺產爭訟過程
(D) 以複利年金方式降低稅負　　　　　　　　　　【第 38 屆】

( ) 27. 有關信託之敘述，下列何者正確？
(A) 將自己資金透過全權委託投資方式委任投信公司代為操作屬於金錢信託
(B) 委託人概括指定信託財產運用範圍的金錢信託稱為特定金錢信託
(C) 企業員工持股信託屬於準集團信託
(D) 委託人以遺囑設立的信託稱為宣言信託　　　　【第 38 屆】

(　) 28. 按信託法規定，信託依其設立之「原因」分為三類，下列何者錯誤？

　　　(A) 契約信託　　(B) 宣言信託　　(C) 營業信託　　(D) 遺囑信託　　【第 38 屆】

(　) 29. 關於國人透過銀行指定用途信託資金投資國內外共同基金，下列敘述何者正確？

　　　(A) 屬於自益信託

　　　(B) 屬於指定金錢信託

　　　(C) 為全權委託投資之代客操作

　　　(D) 委託人僅須對投資運用的種類或範圍作概括指示　　【第 41 屆】

(　) 30. 有關信託業務，下列敘述何者正確？

　　　(A) 委託人兼受託人稱為「自益信託」

　　　(B) 設立信託之人稱為「受託人」

　　　(C) 信託時所交付的財產為金錢者，稱為「動產信託」

　　　(D) 信託是一種為他人利益管理財產的制度　　【第 42 屆】

NOTE

附錄

中英索引

教學活動

中英索引

國家圖書館出版品預行編目(CIP)資料

投資理財規劃 / 李顯儀著. -- 四版. -- 新北
市 : 全華圖書股份有限公司, 2024.05
　　面 ；　公分
ISBN 978-626-328-917-8(平裝)
1.CST: 理財　2.CST: 投資
563　　　　　　　　　　　　113004900

投資理財規劃(第四版)

作者 / 李顯儀

發行人 / 陳本源

執行編輯 / 林亭妏

封面設計 / 戴巧耘

出版者 / 全華圖書股份有限公司

郵政帳號 / 0100836-1 號

圖書編號 / 0825603

四版一刷 / 2024 年 05 月

定價 / 新台幣 480 元

ISBN / 978-626-328-917-8

全華圖書 / www.chwa.com.tw

全華網路書店 Open Tech / www.opentech.com.tw

若您對本書有任何問題，歡迎來信指導 book@chwa.com.tw

臺北總公司(北區營業處)
地址：23671 新北市土城區忠義路 21 號
電話：(02) 2262-5666
傳真：(02) 6637-3695、6637-3696

南區營業處
地址：80769 高雄市三民區應安街 12 號
電話：(07) 381-1377
傳真：(07) 862-5562

中區營業處
地址：40256 臺中市南區樹義一巷 26 號
電話：(04) 2261-8485
傳真：(04) 3600-9806(高中職)
　　　(04) 3601-8600(大專)

得　分

投資理財規劃

教學活動 Part 1

班級：＿＿＿＿＿＿＿＿

學號：＿＿＿＿＿＿＿＿

姓名：＿＿＿＿＿＿＿＿

　　人生隨著年齡的增長，投資理財的規劃亦會有所不同，以下針對人生的四大階段，試著利用下列的各種投資工具，進行適合自己的理財規劃活動。

一、人生四大階段

1. 如果你現在是剛踏入職場的社會新鮮人。
2. 如果你現在已成家，家中的小孩正處於逐漸長大的階段。
3. 如果妳現在已步入中壯年期，小孩也大都完成學業。
4. 如果你現在已經是退休的樂活族。

二、投資工具

1. 定期定額基金/股票
2. 單筆基金/股票
3. 權證
4. 期貨
5. 選擇權
6. 外幣存款
7. 臺幣定存
8. 儲蓄型保險
9. 投資型保險
10. 年金保險
11. 醫療保險
12. 長照保險
13. 黃金存摺
14. 子女教育信託
15. 安養信託

（請沿虛線撕下）

得　分

投資理財規劃

教學活動 Part 2

班級：＿＿＿＿＿＿＿＿＿

學號：＿＿＿＿＿＿＿＿＿

姓名：＿＿＿＿＿＿＿＿＿

　　如果你現在於金融機構從事理財顧問的工作，以下針對不同的客戶族群，並針對不同的景氣階段，提供你們的投資商品，幫客戶進行理財規劃活動。

一、客戶族群

1. 剛踏入職場的小資族
2. 剛成家立業的小家庭
3. 事業有成的中壯年族群
4. 已退休的樂活族群

二、景氣階段

1. 景氣落入谷底階段
2. 景氣增溫擴張階段
3. 景氣活絡高峰階段
4. 景氣邁入收縮階段

三、投資商品

1. 股票型基金
2. 債券型基金
3. 貨幣型基金
4. 平衡型基金
5. 生命週期基金
6. 臺幣存款
7. 外幣存款
8. 黃金存摺
9. 投資型保險

（請沿虛線線撕下）

10. 儲蓄型保險
11. 年金保險
12. 醫療保險
13. 長照保險
14. 安養信託
15. 子女教育信託

歡迎加入 **全華會員**

● 會員獨享

會員購書折扣、紅利積點、生日禮金、不定期優惠活動……等。

● 如何加入會員

掃 QRcode 或填妥讀者回函卡直接傳真 (02) 2262-0900 或寄回，將由專人協助登入會員資料，待收到 E-MAIL 通知後即可成為會員。

如何購買 **全華書籍**

1. 網路購書

全華網路書店「http://www.opentech.com.tw」，加入會員購書更便利，並享有紅利積點回饋等各式優惠。

2. 實體門市

歡迎至全華門市（新北市土城區忠義路21號）或各大書局選購。

3. 來電訂購

(1) 訂購專線：(02) 2262-5666 轉 321-324
(2) 傳真專線：(02) 6637-3696
(3) 郵局劃撥（帳號：0100836-1　戶名：全華圖書股份有限公司）
※ 購書未滿 990 元者，酌收運費 80 元。

OpenTech.com.tw 全華網路書店

全華網路書店 www.opentech.com.tw
E-mail: service@chwa.com.tw

※ 本會員制如有變更則以最新修訂制度為準，造成不便請見諒。